아름다운 서양식기의 세계

あたらしい洋食器の教科書
(Atarashi Yoshokki no Kyokasho: 7303-0)
© 2022 Amiko Kanou, Emiko Genba
Original Japanese edition published by SHOEISHA Co., Ltd.
Korean translation rights arranged with SHOEISHA Co., Ltd.
through EntersKorea & Rights Agency
Korean translation copyright © 2023 by CloudNine

이 책의 한국어판 저작권은 (주)엔터스코리아를 통해 저작권자와 독점 계약한 클라우드나인에 있습니다.
저작권법에 의하여 한국 내에서 보호를 받는 저작물이므로 무단전재와 무단복제를 금합니다.

아름다운 서양 식기의 세계

서양 식기로 보는
미술 양식과
세계사

카노 아미코·겐바 에미코 지음 | 박서영·김경철 옮김

서문

아름다운 서양 식기의 세계로의 초대

이 책은 여러분이 지금까지 본 서양 식기 관련 책과는 다르다. 지금까지 여러분이 접한 서양 식기 관련 책은 명품 식기의 카탈로그나 테이블 세팅을 소개하는 책, 도자기 역사에 관한 학술 책, 앤티크 전문 책 등이 많았을 것이다. 그러다 보니 수많은 전문용어 때문에 좌절하여 '알기 쉽게 쓴 서양 식기 입문서가 있었으면 좋겠다.'라고 생각하는 분들이 계셨을 것이다. 이 책은 초보자들도 쉽게 이해할 수 있도록 차근차근 가르쳐준다.

이 책은 '아름다운 서양 식기의 세계'라고 이름을 붙였다. 지금까지의 서양 식기 관련 서적이 카탈로그 스타일의 보는 즐거움이나 테이블 세팅 방법을 배워서 사용하는 즐거움을 주로 소개한 것과 비교해 교양으로서 아는 즐거움도 있다는 것을 새롭게 제안하고자 한다. 최근에는 예술작품도 감성적으로 즐길 뿐 아니라 지식을 쌓은 후에 '미술회화를 해독'하는 감상법도 점차 보급되고 있다. 마찬가지로 서양 식기의 디자인도 '해독'이 가능하다.

이 책은 '세상에서 가장 친절한 서양 식기의 교과서'를 표방한다. 지금까지 여러 권의 책을 읽어야만 알 수 있었던 식기의 종류, 제조 방법, 역사적 배경, 디자인의 미술양식 등이 모두 이 한 권에 망라되어 있다.

"요리가 취미라 음식을 담는 그릇에 흥미가 생겼다."
"홍차를 좋아해 찻잔에 대해 알고 싶어졌다."
"여행지나 전람회 등에서 본 식기에 대해 좀 더 알고 싶다."

이처럼 "서양 식기가 좋아져서 좀 더 자세히 알고 싶다." 하는 분들이 꼭 읽어주셨으면 한다.

이 책은 지금까지 기초지식이 전혀 없는 초보자를 대상으로 서양 식기 강좌를 진행해온 경험을 토대로 '기초지식' '브랜드' '미술 양식' '역사용어' '인물'별로 카테고리를 만들어 이해를 돕게 만들었다. 초보자가 배움을 중도에 포기하게 되는 전문용어를 가능한 알기 쉽게 설명하고 역사 해설에는 어떤 배경이 있었는지를 "이 식기가 그러한 역사가 있었기 때문에 탄생했다"는 흐름에 따라 구체적으로 다루어 이해하기 쉽게 구성했다. 한눈에 디자인을 비교할 수 있도록 사진을 풍부하게 수록했으며 문장만으로는 이해가 어려운 부분은 일러스트를 덧붙여 이해를 돕고 있다.

또한 이 책으로 독학할 때 딱딱한 문장들로 좌절하지 않도록 지금까지 서양 식기 강좌에서 문의를 자주 받는 Q&A와 교양의 폭을 넓히기 위한 읽을거리-칼럼도 충실히 구성했다.

이 책의 최종 목표는 독자 여러분의 머릿속에 점처럼 흩어져 있는 단편적인 지식과 경험이 전부 하나로 연결되는 감동을 느끼게 하는 것이다. 학창 시절에 닥치는 대로 암기하고 있었던 역사용어, 과거에 본 미술관의 회화, 독서와 영화 감상, 콘서트에서 들었던 음악, 언젠가 간 레스토랑에서 사용된 식기……. 이런 '점'들이 이 책을 읽음으로 인해 하나의 '선'으로 연결되면서 "아! 그렇구나! 이거랑 저거랑 다 연결되어 있었구나."라고 놀라움을 경험할 것이다. 이 책의 독자들은 자신의 세계관이 넓어지는 것에 대해 즐거움을 느끼실 수 있으리라 확신한다.

독자 여러분이 이 책을 통해 식기를 사랑하는 즐거움, 식기를 사용하는 즐거움, 그리고 교양을 쌓는 즐거움 등에 더 깊이 매료되고 유행에 좌우되지 않는 자신만의 기준으로 "꼭 그 식기를 가지고 싶다."라며 서양 식기 매장으로 발을 옮기게 된다면 더없이 기쁠 것이다.

카노 아미코, 겐바 에미코

헤렌드의 아포니

웨지우드의
스프링 블로섬

노리다케의 이브닝 마제스티

베르나르도의 콘슬러(좌), 지노리1735의 임페로(우)

차례

서문 4
아름다운 서양 식기의 세계로의 초대
이 책의 사용법 13

1장
서양 식기의 기초지식 15

도자기의 정의 16
도자기의 분류 18
경질자기의 필수 재료 카올린 20
유약의 정의 21
서양 식기의 제조법 22

더 깊이 보는 식기 × 과학
자기 제조는 어떤 과정을 거치는가 24
서양 식기의 페인팅 기법 26
서양 식기의 시작 28
본차이나 30
크림웨어 31
서양 식기의 종류와 이름 32

더 깊이 보는 식기 × 디자인
왜 찻잔에 손잡이가 달리게 됐는가 34
서양 식기의 디자인 36
서양 식기의 도안 38

역사
유럽 왕후와 귀족들을 매료시킨 일본 가키에몬 양식 40
청화, 소메츠케, 크라크웨어,
 블루 앤드 화이트는 모두 청색 그릇이다 42

2장
서양 식기의 브랜드 43

독일의 식기 44
마이센 46
님펜부르크 50
빌레로이앤보흐 52
카페엠 베를린 54

브랜드
독일 7대 명요 55
후첸로이터 56
로젠탈 57

더 깊이 보는 식기 × 여행
독일 도자기 가도와 추천 장소 59

프랑스의 식기 62
세브르 64
앙시엔 마뉴팍튀르 루아얄 66
베르나르도 67

역사
세브르와 리모주의 관계 69
하빌랜드 70

이탈리아의 식기 72
지노리1735 74

문화
뜻밖의 지노리 가문과 피노키오의 인연 76

영국의 식기 78
로얄 크라운 더비 80
로얄 우스터 82

역사
영국 도자기의 고향
 스토크온트렌트는 어떤 장소인가 84
웨지우드 86
스포드 88

더 깊이 보는 식기 × 영화
영화 「신데렐라」에 등장하는
 스포드의 트랩넬 스프레이즈 90
민턴 92

역사
민턴의 상감 타일과 고딕 복고 94

더 깊이 보는 식기 × 디자인
윌로 패턴 96
로얄 덜튼 98

중유럽, 동유럽, 러시아의 식기　　100
아우가르텐　　102

더 깊이 보는 식기 × 역사
아우가르텐 역사에 재등장한 마이센 관계자　　104
헤렌드　　106

역사
다른 가마의 제품을 복구하면서 피셔 전법 발전　　108

문화
영화 「해리포터」에 등장하는 헤렌드의 티포트　　109

북유럽의 식기　　110

브랜드
서양 식기 브랜드의 흡수 합병이 계속되고 있다　　111
로얄코펜하겐　　112
로스트란드　　114

더 깊이 보는 식기 × 역사
프리드리히 대왕의 여동생이
　유행시킨 스웨덴 로코코 시대　　117
아라비아　　118
이딸라　　120

더 깊이 보는 식기 × 디자인
1950년대 분위기를 머금은
　스칸디나비아 디자인　　122

일본의 서양 식기　　124
노리다케　　126
오쿠라도엔　　128
귀족 자기와 다른 서민 도기의 세계　　132

디자인
도기 사용 팁　　135
지앙　　136
포르셀레이너 플러스　　138

3장
서양 식기와 미술 양식　　143

서양 식기 탄생의 미술 배경　　144
바로크 양식　　146

건축
'도자기의 방'은 바로크와 시누아즈리가 융합됐다　　148
시누아즈리　　150
로코코 양식　　154

디자인
'독일의 꽃'은 모든 서양 식기 꽃무늬 디자인의
　기초가 됐다　　158

역사
애프터눈 티 문화로 영국의 로코코 양식이
　복고됐다　　158

역사
현대의 로코코 양식 식기는 화려하고
　여성적이다　　159
루이 16세 양식　　160
신고전 양식　　164

디자인
어트리뷰트로 읽는
　그리스 신화가 담긴 도자기　　170

더 깊이 보는 식기 × 디자인
'그로테스크 문양'은 잔인이나 잔학과는
　거리가 멀다　　171
앙피르 양식　　172

더 깊이 보는 식기 × 디자인
루이 16세 양식이 타이태닉호에서 발견됐다　　176

더 깊이 보는 식기 × 디자인
영국 특유의 미술 양식인
　리젠시 양식과 이마리 문양　　177
고딕 복고　　178

더 깊이 보는 식기 × 디자인
모리스의 아트 앤드 크래프트　　182
비더마이어 양식　　184
낭만주의 양식　　188
자포니즘　　192
세기말 예술　　196
아르누보　　200
아르데코　　204

디자인
모던 디자인 식기　　208

더 깊이 보는 식기×문학
안데르센의 『그림 없는 그림책』에서
    찾아보는 미술 양식 210

4장
서양 식기와 역사 211

서양 식기 탄생의 역사적 배경 212
서양 식기의 역사 연표 214
네덜란드 동인도회사 222
데지마 224
종교개혁 226
페티코트 동맹과 7년 전쟁 228
계몽사상 231
프랑스 혁명과 영국 혁명 232
대서양 삼각무역 234
그랜드 투어 235
픽처레스크 236

더 깊이 보는 식기×역사
폼페이 유적 239
빈 체제 240
파리 대개조 242
만국박람회 244
독일 통일 248
유럽의 세기말 예술 250
제1차 세계대전 252
다이쇼 모던과 시라카바파 254
민예운동 256

더 깊이 보는 식기×디자인
왕관과 바꾼 사랑과 도자기 257

더 깊이 보는 식기×문학
애거사 크리스티의 도자기 컬렉션 258

5장
서양 식기와 인물들 259

베르나르 팔리시 260
요한 프리드리히 뵈트거 262

역사
『서국입지편』과 도자기 263
합스부르크 왕가 264
퐁파두르 부인 265
마리 앙투아네트 266
크리스토프 콘라트 훙거 267
조사이아 웨지우드 268
조사이아 스포드 269

디자인
빅터 스켈런 270

부록
서양 식기 사용법 271

용도별 서양 식기 272
색인 280
저자 후기 284
역자 후기 286
주요 참고문헌 288

이 책의 사용법

이 책은 기초지식, 브랜드, 미술 양식, 역사 용어, 인물의 5개 장으로 나누어 구성되었다.

우선 1장에서는 서양 식기와 도자기의 기본이 되는 원료, 도자기의 종류, 문양의 종류 등에 대해 설명한다. 2장에서는 세계 서양 식기 브랜드를 국가별로 게재했다. 3장에서는 서양 식기의 디자인 도안의 베이스가 된 미술 양식에 대해서 연대순으로 정리했다. 미술 양식마다 특징적인 요소, 대표적인 서양 식기를 사진과 함께 설명했다. 4장의 주제는 미술 양식과 서양 식기 디자인이 탄생한 배경이 되는 역사이다. 연도나 사건을 암기하지 말고 흐름을 의식해서 읽어보자. 마지막 5장에서는 세계 역사상 위인과 도자기의 역사에 빼놓을 수 없는 인물에 관해 소개하고 있다. 부록에서는 서양 식기 구입과 사용의 포인트를 간단히 정리했다.

👉 페이지를 읽는 방법

창업,
창업지,
브랜드명의 유래,
특징,
대표 양식

관련 인물 대표 식기

더 깊이 알아보기

브랜드명	브랜드명을 한글과 원어로 표기함 브랜드명 표기는 기본적으로 각 브랜드 공식 명칭에 근거하지만 일부 대중에게 통용되는 명칭을 따름	대표 양식	해당 브랜드 식기에 사용된 주된 미술 양식에 대해 설명함
		관련 인물	브랜드 창업과 개발에 관련된 인물을 소개함
백스탬프	식기 뒷면에 인쇄된 인장 혹은 로고마크를 기재함(p. 32)	대표 식기	해당 브랜드의 여러 시리즈 중 대표적인 것을 소개함. 시리즈명 표기는 기본적으로 각 브랜드 공식 명칭에 근거하지만 일부 대중에게 통용되는 명칭을 따름
창업	창업연도		
브랜드명의 유래	브랜드명이 어디에서 유래했는가를 소개함	브랜드 히스토리	브랜드 탄생과 발전 과정을 정리함 중요한 부분은 굵은 글씨로 표시하고 가장 중요한 부분은 마커로 표시함
특징	해당 브랜드에서 만드는 식기의 주요한 특징을 소개함	더 알아보기	다른 장에서 소개한 페이지를 정리함 (1장, 5장에도 있음)

1장

서양 식기의 기초지식

서양 식기에 대해 알기 전에 도자기의 정의,
원료, 유약, 제조 방법, 종류 등에 대해 알아보자.
식기의 분류와 성분, 제조 방법, 역사, 아이템의 종류,
디자인 순으로 살펴보자.

> 기초지식

도자기의 정의

식기에는 칠기, 유리, 플라스틱, 나무 등 다양한 종류가 있지만 그중 대부분을 차지하는 것은
뭐니 뭐니 해도 도자기다. 도자기류 식기는 공통으로 '흙으로 형태를 만들어 굽는다'는 것인데
분류, 소성온도, 명칭 등은 국가나 지역별로 실로 다양하다. 이 책에서는
유럽에서 일반적으로 사용되고 있는 네 가지 분류로 도자기의 차이를 설명하였다.

> 영어의 '웨어ware'는 '도자기'를 나타내는 단어로 '
> '(의류를) 입다'라는 동사 '웨어ware'와는 다르다.
> 이 책에서 '웨어'라고 표기한 것은 '도자기'를 이른다.

도자기의 분류

토기 clayware

○ 세계에서 가장 오래된 도자기. 이른바 '초벌구이(테라코타)'
○ 점토가 재료이며 밀도가 거칠고 물이 새기 쉽다. 550~800도로 초벌구이를 하여 완성한다.

석기 stoneware

○ <mark>서양 식기로는 웨지우드의 재스퍼웨어가 있고 일본 식기로는 비젠 자기 등이 있다.</mark>
○ 도기와 자기의 중간 성질을 가진 도자기이다.
○ 흡수성이 낮고 단단하게 구워져 있다. 1,200~1,300도로 장시간 구워 낸다.
○ 흡수성이 낮고 단단하게 구워져 있다. 1,200~1,300도로 장시간 구워 사용의 편의성을 위해 유약을 사용하는 경우가 있다(단, 웨지우드의 재스퍼웨어는 유약을 사용하지 않음).
○ '석기炻器'는 메이지 시대 이후에 영어를 직역하여 만든 일본어로 그 이전에는 고온에서 유약 없이 구운 그릇을 '야키시메焼き締め'라고 불렀다.

도기 earthenware

- 세계적으로 주류인 도자기. 서양 식기는 마욜리카 도기와 델프트 도기, 일본 식기는 하기 도기와 마시코 도기 등이 유명하다.
- '유약을 사용하여 두 번 굽는다'는 점이 석기와 다르다. 1,000~1,250도에서 굽는다.
- 유약(p. 21)의 종류에 따라 석유도기錫釉陶器와 연유도기鉛釉陶器 등으로 분류된다.

\ 이 책의 주인공! /

자기 porcelain · china

- 서양 식기는 마이센, 일본 식기는 아리타 자기 등이 유명하다.
- '자기'라는 명칭은 송나라의 관요官窯가 자주磁州에 있었던 데서 유래되었다.
- 12세기경 중국 경덕진景德鎭에서 백자(p. 20)가 최초로 만들어졌다.
- 17세기 무렵 서양에서는 '하얀 금'으로 불리며 금과 거의 같은 가치를 지녔다.
- 재료는 도석이다(p. 20).
- 빛은 통과되고 흡수성은 없다. 손가락으로 가볍게 튕기면 맑은 금속음이 난다.
- 재료의 종류와 소성온도 등에 따라 경질자기(진정자기), 연질자기, 골회자기(본차이나) 등으로 분류된다.
- 자기의 발상지는 중국이다. 그래서 '차이나china'는 '자기'라는 뜻도 있다. 포슬린porcelain의 어원은 p. 28 참조.

 도자기의 분류

흙으로 만든 그릇 · 돌로 만든 그릇

서양 식기에서 주로 사용하는 것은 사기, 도기, 자기

		토기	석기	도기	자기
소지의 성질	투광성	없음	없음	없음	있음
	타음*	탁음	청음	탁음	금속음
	흡수성	있음	약간 있음	약간 있음	없음
	색	흙색	흙색	흙색	백색
유약		사용 안 함	약간 사용	많이 사용	많이 사용
소성온도		550~800도	1,200~1,300도	1,000~1,250도	1,200~1,400도

*두드릴 때 나는 소리

기초지식

도자기의 분류

서양 식기의 3대 종류는 도기, 자기, 본차이나로 도기는 흙, 자기는 돌, 본차이나는 골회가 들어간다. 서양 식기에서 3대 종류는 기본적으로 모두 백색을 띤 그릇으로 구별하기가 쉽지 않다. 먼저 이 3대 도자기의 특징을 확실히 짚고 넘어가자.

☞ 도기 (p. 132)

프랑스 사르그민 가마

주원료
도토(陶土, 진흙). 굽(p. 32)이 흙색이 많다.

기물
전체적으로 통통하며 살짝 두꺼운 느낌이 드는 것이 많다. 흰 그릇은 새하얗지 않은 흰색이다.

관입
유약에 의해 생긴 '관입'이 있다. 관입은 표면의 미세한 금을 일컫는다. 보통 크랙crack이라고 부른다. 소성(굽기) 과정에서 흙과 유약의 수축률에 의해 자연스럽게 생긴 것이다.

소리
손가락으로 튕기면 둔탁한 소리가 난다.

투광성
없음

👉 자기 (p. 17)

주원료
도석(陶石, 돌). 최근에 합성도 토나 '반자기토' 점토가 개발되어 도기와 자기를 원료로 구별하기가 어려워졌다.

기물
전체적으로 윤기가 있고 얇은 것이 많다.
흰 그릇은 새하얗고 유리처럼 반들거린다.

관입
없음

소리
손가락으로 팅기면 쨍하고 금속음이 난다.

투광성
있음

투광성이 도기와의 결정적 차이!

오스트리아 빈 아우가르텐 가마

👉 본차이나 (p. 30)

주원료
골회(뼈를 태우고 남은 재)
골회를 50% 이상 함유한 본차이나를 파인 본차이나라고 부른다.

기물
전체적으로 윤기가 있고 얇은 것이 많다.
흰 그릇은 크림색이며 윤기가 난다.

관입
없음

소리
손가락으로 팅기면 쨍하고 금속음이 난다.

투광성
있음

영국 웨지우드 가마

경질자기의 필수 재료 카올린

일반적으로 '자기'라고 할 때는 경질자기hard-paste porcelain를 말하는데 카올린(고령토)이 포함된 자기는 진정자기라고도 한다. 카올린이 함유되지 않은 자기는 연질자기라고 한다. 대표적인 예로 본차이나(골회자기, p. 30)가 있다.

경질자기는 '도석'이라는 돌이 원재료에 포함되어 있다. 도석은 카올린, 석영, 장석을 망라하는 관용적 표현으로 그중에서도 특히 중요한 재료가 유리질 성분을 함유한 '카올린' 점토광물이다.

카올린이란 이름은 중국의 '가오링산(高嶺山, 고령산)'에서 채취된 데서 유래되었다. 철 등의 불순물이 거의 없기 때문에 흰색을 띠는데 자기뿐만 아니라 복사용지, 화장품, 플라스틱을 하얗게 착색하는 데도 사용된다. 즉 자기는 카올린이 함유되어 있기 때문에 도기보다 색이 희고 얇으며 투광성(p. 19)을 가진 그릇이 되는 것이다.

자기 중에 갈색 산화철을 제거하고 하얗게 구워낸 것을 '백자'라고 한다. 백자는 송나라에서 원나라(12~14세기) 시대에 경덕진景德鎭이라는 가마에서 탄생했다. 지금도 경덕진 하면 자기의 고향으로 매우 유명하다.

유럽에서는 희고 아름다운 백자의 제작 비법을 불과 300년 전까지만 해도 도저히 알아낼 수 없었다. 제작 비법이 수수께끼인 매혹적인 자기가 바다를 건너와 유럽의 왕후와 귀족들을 매료시켰고 이윽고 마이센 자기가 제작되기에 이른다. 드디어 서양 식기 탄생의 역사가 막을 올린 것이다(p. 28).

기초지식

유약의 정의

식기의 유약은 유리질 가루로 도포하는, 이른바 겉옷 같은 것이다.
식기의 중요한 요소인 유약에 대해 알아보자.

유약이란 초벌구이를 한 도자기 표면에 얇은 막을 만들기 위해 바르는 유리질 분말이다. 한자 한 글자로 '釉'라고 표현하기도 한다. 유약을 물 등에 녹여서 초벌구이를 한 도자기의 표면에 입히는 것을 '시유'라고 한다.

도기와 자기는 우선 소지를 말리기 위해 낮은 온도에서 구워내는데 '초벌구이'라고 한다. 초벌구이를 한 그릇에 유약을 바른 후 초벌구이보다 높은 온도로 굽는데 이것을 '재벌구이'라고 한다. 이 과정에서 유약 속에 들어 있는 유리질 성분이 고온에서 녹아 도자기 표면에 매끄럽게 코팅되면서 도자기의 강도, 장식성, 치밀성, 평활성이 향상된다.

무엇보다 가장 큰 기능은 흡수성(액체가 스며드는 성질)을 없애는 것이다. 이처럼 유약은 마치 식기의 겉옷과 같은 존재라고 할 수 있다.

소지 / 유약

납유

납을 사용한 유약이다. 슬립웨어(p. 134)에서 사용하는 갈레나유도 납유이다. 갈레나는 방연광(황화연광)을 말한다.

석유 錫油

주석을 사용한 유약. 마욜리카 도기(p. 133), 파이앙스 도기(p. 133) 등에 사용된다.

염유 (소금유)

가마에 넣은 소금이 고온에서 기화되며 도자기 표면에 붙어서 투명하고 매끄러운 막이 형성된다. 로얄 덜튼(p. 98)의 램버스웨어(염유기)가 유명하다.

자연유

도기를 구울 때 유약을 바르지 않아도 가마 안에서 식물성 재에 포함된 유리질 성분이 기물 표면에 흡착되는 것. 불균일하게 붙기 때문에 자연스러운 조형미가 만들어진다. 일본의 비젠 도기 등에서 볼 수 있다.

기초지식

서양 식기의 제조법

오쿠라도엔(p. 128)의 제조법을 통해 경질자기가 만들어지기까지 대략적인 흐름을 알아보자.

취재 협력: 오쿠라도엔주식회사

소지에서 초벌도자기로

오쿠라도엔에서는 성형에서 초벌구이 단계까지의 것을 '소지'라고 하고 시유에서 재벌구이 단계까지의 것을 '초벌도자기'라고 한다. 성형한 도자기 사이즈를 100이라고 하면 재벌구이 후에는 82~85(15~18%) 정도로 수축된다.

1 소지 만들기

≪2종류의 소지≫

카올린, 장석, 규석을 섞어서 습식분쇄를 한다. 분쇄 후 물을 짜내고 흙을 꺼낸다.
① 연토練土: 소지(흙) 속 공기를 빼고 반죽한 것. 수분 양이 적은 소지
② 이장泥漿: 소지에 해교제와 물을 첨가하여 유동성을 준 수분 양이 많은 소지

소지 속 공기를 빼고 반죽한 연토

→

2 모양 만들기

≪소지의 성형≫

① 연토는 석고 틀에 올려 롤러머신으로 성형(물레 성형)한다.
② 이장을 석고 틀에 부어 수분을 흡수시켜서 성형(주입 성형)한다.

석고 틀에 이장을 붓는다.

석고가 소지의 수분을 흡수해 기준 두께가 되면 여분의 이장을 부어서 석고 틀에서 떼어낸다.

→ 소지를 건조함

\ 소지를 완성! /

3 초벌구이

≪1차 소성≫

점토의 탈수분해를 위해 건조된 소지를 약 880도에서 3시간 동안 굽는다. 소지(흙)가 탈수분해가 되어 하회와 시유가 가능해진다.

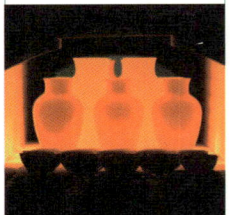

초벌구이 소성 시 빛을 발하는 소지

→ 시유 전에 소지에 그림을 그리는 것을 하회下絵라고 함

4 시유

≪유약을 바른다≫

초벌구이 후 또는 하회한 소지에 유약을 바른다. 유약은 소지와 같은 원료(카올린, 장석, 규석)를 사용하지만 배합량이 다르다. 유약은 고온에서 구우면 녹아 유리화되는 특성이 있다.

유약을 입힌다.

브랜드

세계에서 유일한 고온소성 – 1,460도에 대한 고집
〈오쿠라도엔 취재 후기〉

오쿠라도엔은 현재 다른 서양 식기 브랜드에서는 찾아볼 수 없는 '1,460도'의 고온소성을 하는 제조사다. '1,460도'라는 온도는 원래 프랑스의 리모주 가마(p. 66)의 소성온도로 그 기술을 참고로 했다고 한다. 다만 상업적인 식기의 제작은 더 낮은 온도로도 충분하다. 현재 1,460도에서 소성하는 식기는 전 세계적으로도 오쿠라도엔이 유일하다.

이 정도의 고온소성에서는 단 10도를 올리는 것만으로도 막대한 비용이 든다. 하지만 오쿠라도엔은 창업 당시부터 '좋은 것 위에 더 좋은 것'이라는 이념을 지키기 위해 절대 양보할 수 없는 중요한 온도라고 자부한다. 1,460도의 고온이기 때문에 가능한 오쿠라도엔의 독자적인 '오카 염색 기법'(p. 129)이나 세상에 둘도 없는 견고하고 아름다운 백자는 이런 고집으로 태어나게 되었다. 이번 취재를 통해 지금도 여전히 일본 황실을 비롯해 심미안을 가진 많은 사람에게 사랑받는 이유를 다시 한번 실감할 수 있었다. (카노)

공장을 안내하는 스즈키 요시유키 사장

초벌도자기의 완성!

5 재벌구이
《2차 소성》

시유를 한 소지를 고온에서 굽는다. 소지 성분이 소결(燒結, 가열로 분말이 응고되는 현상)되면 경질자기가 되고 표면의 유약은 유리질로 바뀐다. 초벌도자기는 소지와 비교해 한층 작고 반들반들하다.

재벌구이용 터널 가마 안 갑발(불에 강한 용기)에 한 장씩 넣은 소지를 대차에 올려 소성한다. 갑발이 식으면 초벌도자기를 꺼낸다.

재벌구이를 하는 가마 모습

6 그림 그리기 (페인팅)
《상회》

재벌구이 후에 그림을 그리는 것을 '상회上繪'라고 한다. 손으로 그리거나 전사지(프린트)를 사용한다.

견본을 보면서 정성스럽게 그림을 그리는 화가

7 상회 후 소지
《3차 소성》

그림을 그린 초벌도자기를 약 880도에서 굽는다. 기법에 따라서는 그림 그리기와 소성을 여러 번 반복하기도 한다.

8 경질자기의 완성

더 깊이 보는
식기 × 과학

자기 제조는 어떤 과정을 거치는가

식기를 좀 더 깊이 이해하기 위해 과학적인 관점에서 제조 방법을 생각해보자.

원료와 성형

도기의 원료로는 주로 회색~갈색의 흙(도토)을 사용하는 반면에 자기는 흰색의 돌(도석)을 분쇄하여 가루 형태로 만든 것을 사용한다. 도석에는 여러 종류가 있어서 하나로 묶을 수는 없지만 풍화되어 취약해진 화강암[1] 등이 땅속에서 열수(熱水)의 영향을 받아 변질된 암석이 대표적이다. 열수에 의해 암석 중의 철분이 용탈(溶脫, 철을 포함한 검은색의 광물이 소실)되어 흰 돌이 되는 것이다.

화강암이 변질될 때 결정구조가 견고한 석영 입자는 그대로 남지만 장석은 열수의 영향을 받아 일부가 카올린[2]이라는 점토광물로 변한다. 점토광물은 도자기의 원형을 빚는 데 매우 중요한 역할을 한다. 점토는 '끈적끈적한 흙'이라는 뜻으로 여기에 물을 더하면 끈적거리는 성질(가소성)이 발현된다. 석영과 장석의 입자는 아무리 잘게 부수어도 보송보송하고 물에 섞어도 끈적거림이 없어 소지(벽돌 업계에서는 '시라지'라고 부른다)를 만들 수 없다. 즉 이 점토 광물이 포함되어 있기 때문에 도자기의 원형을 만들 수 있다. 석영과 장석은 불에 구워도 색이 나오지 않지만 점토에 철분이 있는 광물이 포함되어 있으면 비젠 도기나 단바 도기처럼 적갈색이 된다. 카올린은 철분이 없는 순백의 점토이기 때문에 깨끗한 흰색 자기로 완성된다.

* 1 : 묘석이나 건자재 등에 많이 쓰이는 암석. 산지에 따라 다양한 명칭이 있다. 미카게이시(御影石), 고베시 미카게 지방에서 나오는 화강암)나 아지이시(庵治石, 카가와현 고마츠시 동부에 위치한 아지마치에서 나오는 화강암) 등이 유명하다. 주로 석영(투명감이 있는 흰색~회색이며 성분은 SiO_2. 투명한 결정은 수정이라 한다), 장석(유백~분홍색, 성분은 $(K,Na)AlSi_3O_8$. 칼륨이나 나트륨을 함유하고 있는 것이 핵심), 흑운모(철이 포함되어 있어 검은색을 띤다. 성분은 $K(Mg,Fe)_3(Al,Fe)Si_3O_{10}(OH,F)_2$)로 구성된다.
* 2 : 카올린은 점토광물의 일종으로 돌치고는 상당히 귀여운 이름이다. 과거 중국의 경덕진에서 만들어진 자기 원료가 채굴된 곳(高陵·高嶺)의 지명이 이름의 유래가 되었다. 성분은 $Al_2Si_2O_5(OH)_4$로 장석이었을 때 함유된 칼륨과 나트륨은 용탈되어 있음을 알 수 있다.

건조

성형 시에는 끈적거리는 점토의 성질을 되살리기 위해 물을 첨가하지만 소성(燒成, 도자기를 굽는 과정) 단계가 되면 골칫덩어리가 된다. 조금이라도 물이 남아 있으면 열기로 인해 급격히 기화되어 깨져버리기 때문이다.

고등학교 화학 시간에 배운 것을 기억하는 분이 있을지 모르겠지만 1mol(물질량 단위) 액체의 물 18cc는 기화시 22.4L(2만 2,400cc)까지 치솟는다. 기화된 물이 소지를 굽는 중에 입자 사이에서 빠져나와 외부로 날아갈 수 있다면 아무런 문제가 없다. 하지만 입자 사이가 막혀 있으면 물의 팽창으로 압력이 급격하게 상승한다. 결국 그 주위가 압력을 견디지 못해 균열이 생기거나 깨져버리는 것이다.

소성 전에 시간을 들여 소지를 정성스럽게 건조하는 것은 바로 이 때문이다. 점토광물의 결정구조 안에도 물이 포함되어 있다. 성형 시 가한 물의 양보다 압도적으로 적기 때문에 그다지 큰 문제가 되지는 않는 것 같다.

소성

건조한 소지를 구울 때 중요한 포인트로는 소결과 유리화를 들 수 있다. 가마의 온도가 올라가면 입자 간 간격이 꽉 조여지며 단단해진다. 이것이 소결(燒結)이다.

이 때문에 어떤 도자기든 구운 제품을 보면 소성 전과 비교해 상당히 작아진 느낌을 받는다.

다만 이것만으로는 기공(공기구멍)이 숭숭 남아 있어 기공률이 높은 상태이기 때문에 충분한 강도가 나오지 않을 뿐만 아니라 물이 새는 등 그릇의 기능을 하지 못한다. 그래서 도기는 유약을 입혀(시유) 고온에서 유약을 유리화하여 도기의 강도를 높이고 누수를 방지한다. 한편 자기는 도기보다 강도가 월등히 높고 누수의 걱정도 없다. 자기는 입자가 치밀하고 두드리면 맑은 금속음이 난다. 소성 시 소지의 소결과 유리화가 동시에 일어났기 때문이다. 도기는 표면에만 유리 코팅을 한 그릇이고 자기는 표면의 유리 코팅뿐만 아니라 내부까지 유리화된 고강도의 그릇이라고 기억해두자.

유리화의 열쇠를 쥐고 있는 것은 알칼리 금속과 알칼리 토금속 원소인데 구체적으로 말하면 장석에 포함된 칼륨과 나트륨이다. 또한 엄밀하게는 자기는 아니지만 그에 가까운 성질을 가진 본차이나는 원료인 골재에 포함된 칼슘이 해당한다.

소지의 원료 중 석영은 소성 단계에서 1,050도 부근에 이르면 크리스토발라이트cristobalite[3]라는 광물(성분은 동일하고 결정구조만 바뀜)로 바뀐다. 카올린은 여러 단계를 거쳐(과정이 복잡하기 때문에 여기서는 생략함) 약 1,000도에 도달하면 멀라이트mullite[4]라는 광물로 바뀐다. 석영과 카올린은 형태를 바꿔 고체로 남는 반면 장석은 1,200도에서 녹아 유리화되어 크리스토발라이트나 멀라이트 입자의 틈새를 파고들어 접착제처럼 입자들을 서로 달라붙게 만든다. 그뿐만 아니라 장석에 포함된 칼륨과 나트륨은 다른 광물이나 멀라이트로 변해 남은 성분과 반응하여[5] 표면의 녹는 점을 낮추고 그 부분의 유리화(액화)를 촉진한다. 즉 장석이 유리화의 열쇠를 쥐고 있는 광물이다. 만약 모든 광물이 유리화된다면 가마 안에 늘어놓은 도자기들은 녹아서 무너지고 말겠지만 크리스토발라이트나 멀라이트는 소성 온도를 조절하면 녹지 않고 골재(骨材, 밸러스트)로서 기능을 하기 때문에 도자기들이 형태를 유지한 채 구워진다. 본차이나에서 배합하는 골회(인산칼슘)는 자기와 달리 인산계 유리를 생성하는 것이지만 유리화라는 의미에서는 같은 효과를 노린 것이다. 눈에 띄지 않는 골재가 들어간 콘크리트나 아스팔트 도로를 현미경으로 자세히 들여다본 모습을 상상하면 자기 내부의 구조를 머릿속에 그리기 쉬울 것이다.

* 3 : 방규석方珪石이라고도 한다. 이산화규소(SiO_2)의 결정 형태 중 하나로 소성 시 석영이 이것으로 변화하면 부피가 급격히 증가한다. 고온에서 일단 베타-크리스토발라이트로 변화한 석영은 냉각 시 원래대로 돌아가지 않고 220도 부근에서 알파-크리스토발라이트가 되어 급격히 수축한다. 이러한 부피 변화는 소성 중에 도자기가 깨지는 원인이 된다. 그러나 도석을 잘게 부수어 구워내는 자기는 입자 하나하나가 작기 때문에 거의 문제가 되지 않는다.

* 4 : 천연에서는 좀처럼 산출되지 않는 희귀한 광물인데 도자기에서는 일반적으로 볼 수 있는 인조광물이다. 성분은 $Al_6Si_2O_{13}$으로 카올린에 비해 알루미늄 함유 비율이 높다. 카올린이 멀라이트로 변하는 반응 과정에서 남은 이산화규소(SiO_2)는 석영이나 크리스토발라이트로 방출된다고 한다.

* 5 : 전문용어로 '공융계共融系를 만든다'고 한다. 일례로 순수 이산화규소(SiO_2)의 녹는점은 1,650도인데 칼륨이 더해져서 칼리글래스 성분($K_2O·3SiO_2$)이 되면 녹는점은 단번에 750도까지 떨어지고 나트륨의 작용으로 소다유리 성분($Na_2O·3SiO_2$)이 되면 635도 정도에서 유리화된다.

마지막으로

지금까지 설명한 대로 성형에는 점토인 카올린, 유리화에는 장석, 소성 시 형태가 무너지는 것을 막는 데는 크리스토발라이트(석영에서 유래)와 멀라이트(카올린에서 유래)가 큰 역할을 한다. 자기의 원료가 되는 도석에는 이 3대 광물이 절묘하게 조합되어 있다. 즉 도석은 핫케이크 믹스와 같은 올인원 원료인 것이다.

분석기술이 발전한 현대에는 자기의 구조나 원료 추정이 매우 간단하다. 하지만 동아시아(중국의 경덕진, 한국, 일본)에서만 자기가 만들어지던 시대에 유럽에서는 혈안이 되어 자기 제조의 비밀을 밝혀내려고 노력했다. 자기의 역사를 접하면서 당시의 제한된 기술로 원료가 도석임을 밝혀내고 그것을 소성하는 최적의 온도를 용케도 찾아냈다는 것에 새삼 감동하게 된다.

여기서는 자기의 구조에 대해 '물질'이라는 관점에서 가능한 한 알기 쉬운 말로 설명해보았다. 그러나 각 산지에 따라 원료인 도석의 성분과 구성 광물도 다르고 소성 온도와 프로세스도 당연히 다르다. 따라서 이 책의 내용은 모두에 해당되는 것은 아니라 일반론임을 전제하고 읽어주면 감사하겠다.

겐바 슈이치로玄馬 脩一郎
2006년 도호쿠대학교 이학연구과 지학 전공으로 석사 과정을 수료하였다.
광산회사와 내화물 제조사를 거쳐 현재는 대형 화학 제조사에 근무하고 있다. 현재는 취미로 광물 수집과 조개류 연구를 하고 있다.

서양 식기의 페인팅 기법

식기에 그림이나 문양 등의 장식을 그릴 때는 주로 세 가지 방법이 있다. 여기에서는 붓을 이용해서 직접 그리는 방법과 인쇄된 시트를 붙이는 방법을 간단히 알아보자. 참고로 금채는 채색하는 데 쓰는 금가루를 뜻하며 상회에서 사용한다(p. 64).

핸드페인팅

① 하회 Underglaze
시유 전 초벌구이를 한 소지(p. 22)에 그림을 그리는 것이다. 코발트블루 그림 중 상당수가 이에 해당한다. 일본에서는 소메츠케染付(p. 42)라고 하고 한국에서는 '청화백자'라고 한다. 사진은 로얄코펜하겐의 블루 플루티드

② 중회 Inglaze, Sink-in
유약을 다시 녹일 정도의 고온에서 소성함으로써 물감을 유약 속으로 가라앉히는 기법이다. 물감과 유약이 어우러져 독특한 표현이 가능하다. 사진은 오쿠라도엔의 블루 로즈(오카 염색)

③ 상회 Onglaze
시유(p. 22) 후 재벌한 초벌도자기에 그림을 그리는 것이다. 소성 온도가 비교적 낮기 때문에 다양한 색감과 자유로운 표현이 가능하다. 손으로 그린 부분을 만져보면 약간 볼록한 것을 알 수 있다. 사진은 마이센의 베이직 플라워

인쇄된 전사지 사용하기

현재 여러 서양 식기에서 페인팅 방법으로 사용되는 것이 전사지(프린트) 기법이다. 전사지에 인쇄된 그림을 식기에 붙여 상회하는 방법이다. 양산화를 위한 기법으로 격이 높은 식기(p. 276)를 저렴한 가격에 구입할 수 있고 다양한 패턴의 식기를 구입할 수 있는 것이 매력이다.

동판전사기법

동판전사는 일명 '트랜스퍼웨어(혹은 트랜스퍼)' '프린트웨어'라고도 한다. 동판전사기법은 도자기의 산업혁명이라고 할 수 있을 정도로 페인팅 도자기 업계에 획기적인 기술이다. 스포드(p. 88)가 가마에 미친 큰 공헌 중 하나가 바로 이 동판전사기법을 통한 양산화였다.

'동판전사'라고 하면 아무래도 '도자기에 직접 동판을 대고 무늬를 인쇄한다'고 상상하기 쉽지만 판화와 비슷한 원리를 사용한다. 즉 조각한 무늬에 잉크를 바르고 그것을 종이(티슈)에 옮겨서 마르기 전에 그릇에 문질러 그림을 베끼는 원시적인 방법이다.

원시적이긴 하지만 고도의 기술을 요구한다. 원판은 1제곱센티미터당 1,000개의 점묘(붓으로 점을 찍듯이 채색하는 기법)를 그려야 하고 무늬를 그린 전사지를 초벌구이를 한 소지에 오차 없이 정확하게 갖다 대는 등 숙련된 기술이 필요하다. 인쇄 기술이 발달한 현대에서는 엄청난 수고로 생각되는 기술이지만, 당시 도자기업계에서는 1장의 동판으로 300개나 되는 도자기를 양산하게 된 것이다. 당시로서는 획기적이고 가성비가 뛰어난 기술이었다.

동판전사기법으로 만들어진 도자기는 손으로 제작하기 때문에 동판을 베껴낼 때 가해지는 힘의 정도에 따라 색상의 농담이나 색의 고른 정도 등이 달라진다. 하지만 현재의 프린트 전사지에 비하면 핸드메이드 감성이 느껴지고 색채의 농담 차이도 오히려 개성적인 맛이 있다.

안타깝게도 현재 스포드는 동판전사로 만든 제품은 생산하지 않고 있다. 동판전사의 생생한 감촉을 느껴보고 싶은 사람은 영국 스토크온트렌트(p. 84)에 공방이 있는 버얼리 제품을 체험해보길 권장한다.

버얼리 Burieigh

1851년 창업. 정식 명칭은 버제스 앤 리 Burgess & Leigh. 현재는 찰스 왕세자 재단의 후원으로 운영 중이다. 현재도 장인들이 모든 제품을 옛 제조법 그대로 수작업으로 만들어내고 있다.

동판전사기법

① 구리로 만든 금속판에 코발트를 원료로 한 잉크를 솔이나 인두로 바른다.
② '티슈'라고 하는 얇은 종이에 비눗물을 적신다.
③ 티슈를 ①의 금속판에 겹쳐 티슈에 전사한다.
④ 티슈를 부분별로 쪼갠다.
⑤ 티슈를 초벌구이를 한 그릇 위에 붙이고 솔로 문지르면서 정착시킨다.
⑥ 물을 묻혀 티슈를 벗겨낸다.
⑦ 유약을 뿌려 소성하여 완성한다. 구우면 갈색이었던 안료가 아름다운 청색으로 발색된다.

> 기초지식

서양 식기의 시작

서양 도자기의 역사는 의외로 짧아 약 300년 전부터 본격적으로 시작되었다.
중국 도자기가 서양에 전래되고 시행착오 끝에 서양 도자기가 탄생한 역사를 알아보자.

1. 중국 자기

유럽인들이 '조개처럼 반짝이는 아름다운 도자기'에 감동하다

중국에서 발상한 자기가 유럽 문헌에 처음 등장하는 것은 13세기에 활약한 마르코 폴로의 『동방견문록』이다. 이탈리아 베네치아의 상인이었던 마르코 폴로는 17년간 중국 체류를 마치고 돌아오면서 가져온 자기를 '포레셀라나porcellana의 화분과 접시'라고 표현했다.

이탈리아어로 포레셀라나porcellana는 개오지조개를 말한다. '조개처럼 하얗고 고운 도자기*'라는 의미를 담고 있고 자기의 영어 표기인 '포슬린porcelain'의 어원이 되기도 한다.

마르코 폴로가 유럽에 가져온 이 아름다운 그릇은 '사람의 손으로 만들 수 있는 최고의 보석'이라는 칭송까지 받았다. 당시 유럽에서 만들 수 있었던 것은 슬립웨어(p. 134)처럼 통통하고 두툼한 갈색 도자기뿐이었다. 어원만 봐도 그런 시대에 마르코 폴로가 하얗고 얇으며 윤기가 흐르는 중국 자기에 얼마나 감동했는지 알 수 있다. 이후 유럽에서는 자기 연구에 관한 관심이 점차 높아졌고 동양 자기를 자국에서 만들 수 있도록 다양한 시도를 하게 된다.

2. 메디치 자기

제조법에 한 걸음 다가가다! 점토 이외의 것을 섞은 획기적인 도자기

르네상스 시기인 16세기 말 당시 이탈리아 최대 후원자이자 거상이자 귀족인 메디치 가문의 장인이 획기적인 도자기를 만들었다. 도기의 점토 속에 유리를 섞음으로써 자기와 같은 반투명한 성질을 재현하고자 한 것이다. 이것이 서양 식기의 원조로 유명한 '메디치 자기'이다. 엄밀히 말하면 자기는 아니지만 유리라는 '점토 이외의 것을 도자기에 섞는다.'라는 발상은 후세의 자기 개발에 중요한 전기가 되었다.

하지만 문제도 있었다. 유리가 들어감으로써 반죽이 너무 부드러워져서 소성이 잘 되지 않았다. 메디치 자기 기법은 생산효율성이 떨어지다 보니 점차 쇠퇴하여 현재는 세계에서 불과 60점 정도밖에 남아 있지 않다.

---

* 개오지 조개를 나전(자개를 목재에 박아넣는 칠공예 기법)의 재료로 사용했기 때문에 '나전공예품에도 뒤지지 않는 아름다움을 지닌'에서 도자기의 이름이 유래했다는 설도 있다.

3. 델프트 도기

네덜란드 동인도회사의 관문인 델프트의 하얀 도자기

17세기에 들어서자 왕후와 귀족들은 동양 자기 수집에 열중했고 자기 수집에 지나치게 매몰된 사람을 '도자기병'이라고 야유하는 상황까지 벌어졌다. 도무지 제조법을 알 수 없는 매혹적인 희고 얇은 그릇을 사 모으기 위해 온 재산을 던지는 무서운 중독성이 있었던 것이다.

그러던 중 서양인들은 시행착오를 겪으면서 비로소 자기처럼 보이는 하얀 그릇을 쉽게 만드는 방법을 고안해냈다. 도기에 하얀 유약을 입혀서 구우면 외관상으로는 하얀 '자기처럼 보이는' 그릇을 만들 수 있었던 것이다. 하얀 유약은 주석으로 만들었기 때문에 석유도기錫釉陶器(p. 132)라고 부른다.

이 석유도기 중에서도 네덜란드 동인도회사의 현관이었던 델프트에서 만든 도기는 동인도회사에서 수입하던 동양 자기를 모방한 <mark>동양적인 블루 앤드 화이트 디자인</mark>으로 일약 주목받게 되었다.

이후 자기 제조가 활발해지면서 왕후와 귀족들의 수요가 급감한 이후에도 여전히 자기가 '그림의 떡'이었던 서민들은 석유도기를 계속 사용하였다. 서민용 도기(p. 132)의 형태나 패턴 등은 왕후와 귀족들의 미술 양식과는 무관하게 독자적으로 발전해나간 이유다.

4. 마이센 자기제작소

드디어 서양 최초의 경질자기가 탄생하다

18세기 초에 유럽 각국은 자국산 백자 제조 개발에 혈안이 되어 힘쓰고 있었다. 그 시절 서양 자기 문화의 화려한 막을 연 인물은 신성로마제국의 하나인 작센 왕국(현재의 독일)의 아우구스트 2세(p. 46)였다. 작센 왕국의 연금술사인 뵈트거(p. 262)가 자기 제조의 비밀을 밝혀내고 마침내 자기 개발에 성공한 것이다. 이를 계기로 1710년 작센 왕국 영토 내 마이센에 공방이 설립되었다. 이것이 서양 자기에서 가장 오래된 가마로 유명한 <mark>마이센 자기제작소의 시작</mark>이 되었다.

마이센에 가마가 설립된 것을 계기로 서양의 자기 문화는 18세기에 단숨에 꽃피우게 된다. 13세기 마르코 폴로가 중국에서 가져온 이후 줄곧 동경해오던 백자를 유럽에서 생산할 수 있게 된 것이다. 그러나 이때부터 '하얀 금'이라 칭하는 보물인 백자의 제작 비법을 알아내기 위해 신성로마제국 내에서는 물론이고 오스트리아 등 인접국에서 잇달아 마이센에 스파이를 보내는 '서양 자기 혼란기'를 맞이하게 된다. 또한 이에 따라 중국과 일본으로부터 자기 수입은 점차 줄어들었고 문화에서도 유럽의 독자적인 궁정 문화와 융합한 양식문화를 형성해나가게 된다.

본차이나

여기까지는 유럽 대륙 국가들(이하 유럽 대륙)의 이야기였다. 그렇다면 바다를 사이에 둔 영국은 어땠을까? 사실 영국에서는 경질자기의 필수 재료인 카올린을 구할 수 없었기 때문에 대륙 쪽과는 전혀 다르게 발전했다.

18세기 중반 런던의 보Bow 가마는 동물의 뼈를 구워 재로 만든 것을 도자기에 사용했다. 그 후 각 가마에서 다양한 시행착오를 겪은 결과 1799년경 조사이아 스포드(p. 269)가 드디어 그 신기한 제조법 완성하게 된다. 이것이 본차이나의 시작으로 일본에서는 '골회자기'라고도 한다.

당시는 조지 왕조 시대로 시누아즈리(p. 150)의 유행에 따른 중국 문화에 대한 동경(다도 문화), 산업혁명(p. 213)에 의한 공업화, 노예 무역(p. 234)에 의한 설탕 생산의 향상 등 세 가지 요인이 동시에 결합하면서 순식간에 본차이나의 차도구가 대량생산되었다. 때마침 이 무렵 영국에서는 홍차를 마시는 습관이 왕후와 귀족뿐만 아니라 일반 시민에게도 확산되기 시작했다. 홍차 문화와 함께 본차이나도 시민들에게 보급되었다.

18세기 이전에는 그 누구도 생각하지 못했던 영국의 독자적인 발명품 본차이나는 현재도 여전히 전 세계적으로 사랑을 받고 있다.

☞ 본차이나의 특징

본차이나		기타
원료에 동물(주로 소)의 뼈를 부순 재(유기물)를 섞음	⟺	다른 도기나 자기는 무기물
유백색의 초벌도자기	⟺	다른 자기는 푸르스름한 빛을 띠는 차가운 흰색
일반 경질자기보다 2.5배 강도	⟺	일반 자기는 너무 딱딱하게 구워져 충격에 약함

역사

일본에서는 언제부터 서양 식기가 만들어졌을까?

1889년에 파리의 만국박람회장을 방문한 일본인 모리무라 이치자에몬 森村市左衛門(p. 126)은 전시회장에 전시되어 있던 서양자기를 보고 큰 감동을 한다. 동시에 일본의 공업기술의 낙후성을 통감하고 서양 식기 양산을 단행하게 된다. 그는 1904년에 회사를 설립하여 서양 식기를 만들기 시작했다. 이것이 노리다케(p. 126)의 시작이다. 과거 자기 선진국이었던 일본에 서양의 자기 문화가 역수입된 것이다.

오늘날 노리다케는 일본 내 최대 서양 식기 제조사일 뿐만 아니라 해외 수출도 활발하여 세계적으로도 높은 지명도를 자랑하고 있다. 마르코 폴로가 13세기에 중국에서 가져온 자기 문화가 700년이나 걸려 지구를 한 바퀴 돌고 그 모양을 바꿔서 일본으로 다시 돌아온 것이다. 이러한 동양 문화와 서양 문화의 교류에 감탄하지 않을 수 없다.

크림웨어

산업혁명의 기운이 세지는 1750년 이후 영국에서 획기적인 도기가 탄생한다. 바로 '크림웨어'로 본차이나보다 앞서 유럽에서 처음으로 대량생산된 크림색의 도기이다. 18세기 후반에 크림웨어 제조기술이 유럽에서 급속히 보급되었다. 본차이나가 지금도 영국에서 손님 접대용이나 고급스러운 이미지의 그릇이라면 크림웨어는 상류층부터 서민들까지 폭넓게 사용되며 석유도기의 강력한 경쟁자로 군림한다(p. 132).

크림웨어는 동유럽 헝가리에서는 주로 귀족이나 상류층 가정에서 사용되는 식기였다. 19세기 중반까지 크림웨어를 제조하는 공장이 30채 이상 설립되었다. 헤렌드 가마(p. 106)의 전신도 1826년 창설된 크림웨어 제도소(도자기제작소)였다. 위 사진은 웨지우드의 '허스크 Husk 서비스'(p. 167)이다. 플레이트는 식기세척기와 전자레인지에 사용할 수 있도록 한 현재의 복각품으로 당시 제품과는 질감이 다르다.

모두 웨지우드 제품. 왼쪽이 웨지우드의 독자적인 크림웨어(퀸즈웨어)의 페스티비티이고 오른쪽이 본차이나로 만들어진 인디아이다. 크림웨어 찻잔이 따뜻한 크림색의 바탕흙이라는 것을 알 수 있다.

기초지식

서양 식기의 종류와 이름

서양 식기 부위의 명칭과 갖추었으면 하는 기본 아이템을 소개한다.

그릇의 부위와 명칭

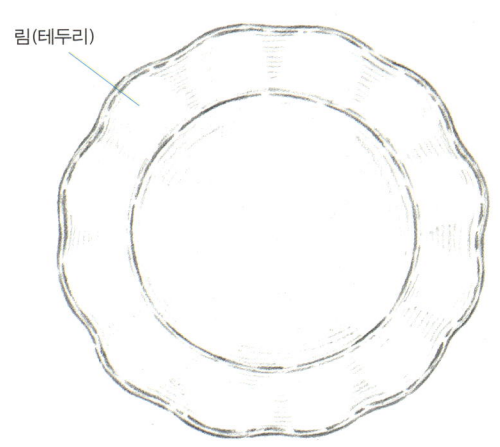

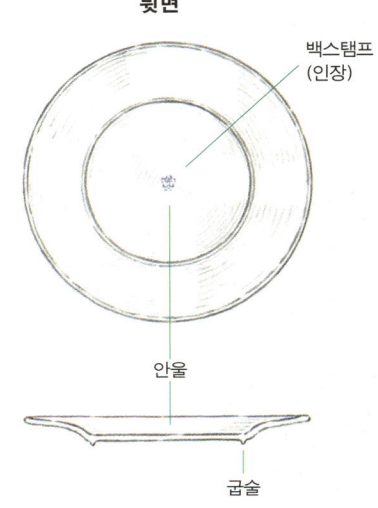

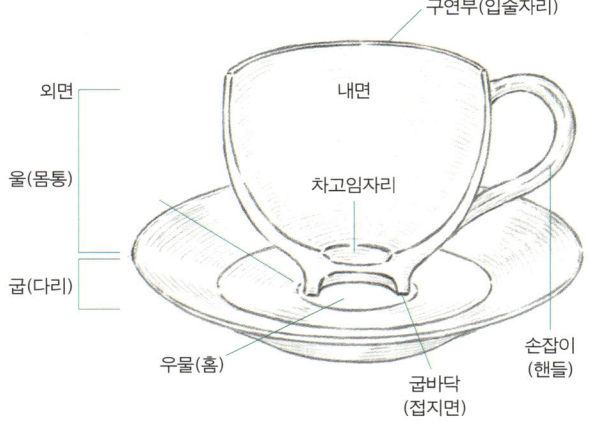

브랜드 마크 (백스탬프)

백스탬프란 전사지나 인장으로 만든 각인이다. 브랜드별로 연대별로 다르기 때문에 그 제품이 만들어진 연대와 제조 방법 등을 알려주는 귀중한 정보원이 된다. 사진은 오쿠라도엔의 백스탬프.

림 (테두리)
플레이트의 가장자리에 있는 바닥에서 조금 일어선 부분

손잡이 (핸들)
컵 손잡이

굽
그릇의 다리 부분. 테이블 등에 올렸을 때 닿는 부분

안울 (몸통 내면)
컵이나 볼의 안쪽으로 컵받침의 움푹 파인 부분

구연
컵 가장자리 입을 대는 부분

차고임자리
컵 안쪽 바닥 부분

기본 구성 명칭

디너 플레이트

27cm가 기본이다. 초보자는 가볍고 얇은 것을 선택하면 다루기 쉽다.

디저트(샐러드) 플레이트

21~23cm가 사용하기 편리하다. 아침 식사용, 런치, 개인 앞접시로도 유용하게 쓰이는 만능 사이즈다.

브레드 플레이트

15cm 안팎의 작은 접시. 일상적으로 사용하기 편리하다. 디너 플레이트와 같은 시리즈로 갖추면 손님 접대에도 사용할 수 있다.

스프 플레이트

가장자리를 높여 깊이가 있는 접시. 림이 넓은 것은 다소 상급자용이고 초보자에게는 림이 없는 쿠프 플레이트를 추천한다.

볼

공기 모양의 그릇. 큰 것은 많은 요리를 담는 파티에서도 사용할 수 있다. 작은 것은 앞접시로 사용하기 편리한 그릇이므로 대중소로 갖추어두면 편리하다.

컵과 소서

홍차와 커피를 마시기 위한 손잡이가 달린 찻잔과 받침. 한 사이즈 정도 작은 데미타스 컵도 있다.

티포트, 슈거포트, 크리머

홍차를 끓이기 위한 차도구. 포트는 1인용(용량 300~500ml)과 다인용(500~1,000ml)이 있다. 슈거포트에는 설탕을 넣고 크리머에는 우유나 크림을 넣는다.

머그컵

약 200ml가 기본 사이즈. 전자레인지나 식기세척기 사용이 가능한 제품이 일상에서 사용하는 데 편리해 추천한다.

👉 손님 접대용으로 추천 트리오

트리오란 컵, 소서, 디저트 플레이트를 조합한 3종 세트를 말한다. 하나의 시리즈로 트리오가 갖추어져 있으면 손님 접대에 사용할 수 있다. 사진은 헤렌드의 인디안 플라워 트리오

더 깊이 보는 식기 × 디자인

왜 찻잔에 손잡이가 달리게 됐는가

동서 문화의 비교를 통해 그릇의 모양에 대해 생각해보면서 식기를 더 깊게 이해해보자.

추억의 책

아버지가 갖고 계셨던 『양식기의 세계』(고단샤, 1985년)라는 흥미로운 책을 물려받았다. 이 책에서 특히 인상적인 것은 공업 디자이너였던 고 에쿠안 켄지가 기고한 「서양 그릇, 일본 그릇」이라는 칼럼이다. 에쿠안 켄지는 도쿄도의 심벌마크, 일본중앙경마회의 로고, 미니스톱의 로고 등 수많은 유명 작품을 만들었다.

왜 서양 찻잔에는 손잡이가 있고 일본 찻잔에는 없는가

"서양 찻잔에는 손잡이가 있고 일본 찻잔에는 없다. 왜일까? 동서 도구의 비교를 생각할 때 단골로 나오는 화제이다. 그런데 과연 이유가 뭘까?"

에쿠안의 칼럼(『양식기의 세계』에서 발췌)은 이런 문장으로 시작된다. 원래 서양에 다기가 전래되었을 때는 손잡이가 없는 찻잔과 작은 접시를 합친 '티볼'이라는 세트를 사용하였다. 그런 티볼에 손잡이가 생기게 된 것은 '손으로 들었을 때 뜨겁지 않게 하기 위해서'가 일반적인 이론이다. 그러나 에쿠안은 그 근저에 더 심오한 '일본과 서양의 도구 기능관에 대한 차이'가 작용하는 것은 아닐까 생각했다.

일본과 서양에서 도구의 기능성 차이란 무엇인가

서양식 식사에서는 식기를 손에 드는 경우가 거의 없다. 플레이트를 테이블에 놓은 채로 나이프와 포크 등의 커트러리를 사용하여 그릇에 접촉한다. 일본에서는 어떨까? 일본에서도 젓가락(도구)을 사용한다. 그러나 젓가락에 닿는 것은 음식이다. 젓가락이 그릇에 닿는 경우는 별로 없다. 대신 (식기를 들어서 사용하는) 일본에서 식기에 닿는 것은 손바닥이나 입술과 같은 신체이다.

"일본 식기는 신체의 연장으로서 몸에 직접 연결되어 있는 데 반해 서양 식기는 신체의 연장인 도구를 통해 접촉하기 때문에 신체로부터 매개체만큼 거리가 있다. 그래서 일본에서는 식기를 우리 몸의 일부인 것처럼 애착을 두지만 서양에서는 대상화되고 감상 평가도 객관적이다. 이것은 도구관 혹은 도구의 기능관에서 동서의 큰 차이점이다." (『양식기의 세계』에서 발췌)

'손으로 들었을 때 뜨겁지 않게 하기 위해서'라는 목적만 생각해보면 찻잔에 손잡이가 붙어 있어도 전혀 신기하지 않다. 서양인이 찻잔에 손잡이를 붙인 것은 확실히 매우 합리적이다. 그러나 일본인은 그렇게 하지 않았다.

에쿠안이 말하고 싶었던 것은 신체가 직접 그릇에 닿지 않고 '손잡이라는 도구를 사용해 티볼(그릇)을 간접적으로 사용'하는 서양인의 도구관과 '그릇은 신체와 연결되어 있다'고 생각하는 일본인의 도구관의 차이가 작용하고 있다는 점이 아닐까.

하나의 측면뿐만 아니라 폭넓은 시야를 가지고 식기를 바라보면 거기에는 실용성이라는 테두리 안에서는 도저히 이해하기 힘든 동서 문화와 가치관의 차이가 존재한다. 이를 이해하는 것은 식기를 즐기는 방법, 문화나 역사를 즐기는 방법을 한층 더 넓히는 것이기도 하다. (카노)

기초지식

서양 식기의 디자인

서양 식기의 디자인은 크게 ① 셰이프(형태)와 ② 패턴(도안)으로 나눈다.
이 두 가지의 조합으로 디자인이 결정되며 대표적인 디자인은 다음과 같다.

① 셰이프(형태)

각 브랜드에는 다양한 셰이프Shape가 있다. 같은 형태라도 브랜드에 따라 이름이 다를 수 있다.
여기서는 이탈리아의 명품 브랜드 지노리 1735의 주요 셰이프를 보자.
세 가지 모두 특징적인 형태를 하고 있다.

베키오 셰이프

안티코 셰이프

임페로 셰이프

② 패턴(도안)

빈의 명품 도자기 아우가르텐의 주요 패턴Pattern을 보자.
여기서는 꽃을 모티프로 한 패턴을 소개하였는데 그 밖에도 다양한 패턴이 있다.

마리아 테레지아

물망초

컬러풀 시누아즈리

같은 셰이프×다른 패턴

웨지우드 그릇을 보자. 셰이프는 모두 같은 리 셰이프지만 패턴이 다르다.
달걀이 연상되는 반들반들한 셰이프는 같지만 패턴의 차이로 식기의 분위기가 달라진다.

와일드 스트로베리(p. 270)

치펜데일(p. 151)

플로렌틴(p. 171)

같은 패턴×다른 셰이프

패턴은 모두 같은 '마리아 테레지아'인데 셰이프가 다른 디자인을 보자.
동일한 패턴이라도 셰이프가 다르면 인상이 다른 것을 알 수 있다.

모차르트 셰이프

슈베르트 셰이프

합스부르크 셰이프

색깔별로 모으는 즐거움
'할리퀸 세트'

할리퀸이란 '광대'를 의미한다. 똑같은 디자인을 다양한 색상으로 만드는 광대의 의상처럼 '디자인은 똑같지만 색상은 제각각'이라고 하여 붙여진 명칭이다. 식기는 패턴과 셰이프의 차이뿐만 아니라 같은 디자인의 다른 색상을 모으는 재미도 있다.

기초지식

서양 식기의 도안

전통 서양 식기에서는 동양자기의 도안을 모방하는 경향을 엿볼 수 있다.
이러한 도안은 길조, 행운, 부적, 풍요 등의 상서로운 의미를 담고 있다.
대표적인 도안의 이름, 모양, 의미를 알아두면 서양 식기의 세계관이 확 넓어지게 된다.
문양과 장식은 '3장 미술 양식으로 배우는 서양 식기'에서도 다루고 있다.

시누아즈리

한 가지 문양이 그릇 전체에 반복적으로 그려져 있다.

① 가키에몬
흰 바탕에 붉은색을 기조로 상회(p. 26)를 그려 넣었다. 여백이 넉넉한 것이 특징인 도안(p. 40)

② 부용수
16~17세기경 경덕진에서 제작된 청화자기(소메츠케), (p. 42) 도안

③ 금란수
상회로 채색한 도자기에 금채를 입힌 도안

④ 윌로 패턴 willow pattern
영국에서 탄생한 시누아즈리 도안(p. 152)

바로크 양식, 로코코 양식

문양과 장식이 새겨져 있다.

⑤ 와토 Watteau
자연 속 연인들을 묘사한 도안

⑥ 갈런드 garland
식물이나 꽃을 엮은 끈 장식. 축제용 꽃줄 장식은 페스툰 festoon이라고도 한다.

⑦ 천사 angel
기독교 등에서 등장하는 신의 사자를 그린 문양이다.

에로스(큐피트)는 천사와 자주 헷갈리지만 그리스 신화에서 사랑과 미를 관장하는 여신 아프로디테(비너스)의 아들이다. 활과 화살 또는 화살통을 들고 다닌다(p. 170).

신고전 양식, 앙피르 양식, 고딕 양식

무늬나 패턴이 그릇 가장자리 등에 그려져 있다.

⑧ 아칸서스 akanthus
아칸서스는 지중해 지방에 자생하는 식물이다. 고대 그리스 시대부터 오늘날까지 유럽의 일반적인 식물 문양으로 쓰이고 있다. 윌리엄 모리스(p. 182)는 아칸서스를 애호하여 디자인에 많이 도입했다.

⑨ 팔메트 palmette
팔메트는 손바닥을 벌린 듯한 부채꼴 모양의 문양이다. 종려나무 잎을 바탕으로 디자인된 문양이라고 한다. 종려나무는 대추야자 나무를 말한다. 고대 메소포타미아와 이집트에서 성수로 여겨졌다.

⑩ 그리핀 griffin
그리핀은 독수리와 사자가 합쳐진 가공의 동물이다. 고대 그리스에서는 아폴론의 부하로 알려져 건축물이나 공예품 등의 장식 모티프로 곧잘 등장한다. 그리핀과 같은 괴물이나 이상한 식물 문양 등을 많이 사용한 미술 양식을 그로테스크(p. 171)라고 한다.

⑪ 월계수
그리스 신화에서 예술과 스포츠를 관장하는 아폴론의 성수이다. 고대 그리스에서 올림피아 운동 경기의 승자에게 월계수 관이 수여되면서 승리의 상징이 되었다. 나폴레옹이 월계수를 좋아했기 때문에 앙피르 양식에서 많이 볼 수 있다.

⑫ 코르누코피아 cornucopia
뿔잔과 함께 꽃, 식물, 과일이 그려진 문양이다. 고대 로마 시대 풍요의 여신 코피아에게 바치는 뿔(코누)이라는 뜻이다.

⑬ 랑브르캥 lambrequin
프랑스어로 '늘어진 장식'을 뜻한다. 창문이나 지붕에 늘어뜨리는 장식의 문양이다. 보더(가장자리)를 장식한다.

> 👉 더 알아보기
> 블루 어니언…p. 49

사진은 ①⑤ 마이센 / ② 포르셀레이너 플루스 / ③ 로얄 크라운 더비 / ④ 니코 / ⑥⑦ 헤렌드 / ⑧ 베트로 펠리체 / ⑨ 지노리1735 / ⑩⑫ 웨지우드 / ⑪ 앙시엔 마뉴팍튀르 루아얄 / ⑬ 지앙

역사

유럽 왕후와 귀족들을 매료시킨 일본 가키에몬 양식

가키에몬 양식이란 유백색 바탕에 회화적이고 섬세한 그림을 그려 넣어 디자인이 매우 뛰어난 아리타 자기 양식이다. 1660년대를 기점으로 서서히 발전되어 1670년대에 성립된 것으로 알려져 있다.

특징으로는 '탁수(유백수라고도 함)'라고 하는 유백색의 소지와 '여백의 미'라고 하는 일본의 미의식을 느낄 수 있는 여백의 활용이다. 도안에는 화조, 화훼, 동물, 곤충 등의 회화 소재와 특히 길조의 의미를 지닌 모티프가 많이 선정되었다. 그밖에도 '사자와 대나무와 매화' '학과 화초' '봉황과 화초' '붉은 용' '메추리' 등 중국 고사나 길조에 자주 등장하는 모티프 혹은 그것을 답습한 에도 시대의 일본 회화에서 자주 볼 수 있는 모티프도 많다.

덧붙여서 이러한 가키에몬 양식이나 가키에몬이라는 명칭은 원래 '사카이다 가키에몬 가문의 작품이다.'라는 인식하에서 사용되기 시작되었다. 하지만 가키에몬 양식의 도자기가 가키에몬 가마 이외의 가마에서도 출토되면서 아리타의 넓은 지역에서 폭넓게 만들어졌다고 추측할 수 있게 되었다. 즉 사카이다 가키에몬 가문이라는 특정 개인 공방의 작품만을 의미하는 것은 아니라는 뜻이다.

유럽의 왕후와 귀족들의 궁전을 살펴보면 1670년대에서 1690년대 무렵의 작품들이 많이 있다. 이 기간은 그야말로 가키에몬 양식의 완성기에 해당한다. 그 때문에 이 시대에 고품질의 자기를 원했다면 자연스럽게 가키에몬 양식을 샀을 가능성이 높았을 것이다.

가키에몬 양식의 유백수색화 시바가키 화조 문양 팔각접시(1680~1700년경)
(사진 제공: 이무라미술관)

마이센의 가키에몬 양식

문양을 이해하게 되면 여행지에서 미술을 감상할 때 즐거움이 커진다.
사진은 모두 독일 밤베르크의 루트비히 미술관(p . 59)에서 촬영되었다.
문양에 대한 이해는 '3장 서양 식기와 미술 양식'을 참조하길 바란다.

1: 헤롤트의 시누아즈리 / 2: 앙피르 양식의 플레이트. 문장은 문양 중에서도 특히 격이 높다(p. 145). / 3: 신고전 양식의 포트 / 4: 도기는 자기와는 다르게 독자적으로 발전해왔다(p. 132).

청화, 소메츠케, 크라크웨어, 블루 앤드 화이트는 모두 청색 그릇이다

동서양을 막론하고 세계를 매료시킨 청색 그릇들. 청화=중국과 한국, 소메츠케=일본, 크라크웨어와 블루 앤드 화이트=유럽으로 기억하자.

청색 그릇은 미술품뿐만 아니라 일상의 그릇으로도 지금까지 사랑받고 있다. 14세기 원나라 시대의 중국에서 탄생한 청화가 17세기 초 일본에 전파*되어 발전한 것이 소메츠케이다. 또한 청화는 16세기부터 크라크 선에 실려서 유럽으로 운반되었기 때문에 크라크웨어로 통칭되었다. 앤티크 시장에서는 '블루 앤드 화이트'라고도 한다.

청화, 소메츠케, 크라크웨어, 블루 앤드 화이트. 이 용어들은 글자만 봐서는 청색 그릇**을 지칭하는 말이라고 이해하기 쉽지 않다. 그런데 이 용어들이 전시회 등의 해설문이나 명패에 주석 없이 사용되므로 기억해두자.

여러 나라의 언어로 불린 청색 그릇들. 청색으로 그려진 동화 같은 세계가 국경을 넘어 폭넓게 사랑받아온 역사를 생생하게 느낄 수 있다.

* 역자 주) 얼렁뚱땅 전파로 표현된 이 내용은 임진왜란(1592~1598)을 기점으로 계획적인 조선 도공 납치를 통한 '물리적 전승'이었다. 특히 예시 사진의 나베시마 번은 도공 가운데서도 대표격인 이삼평이 끌려간 가마이며 소메츠케 방식은 이삼평의 기술력과 공헌에 의존한 것이라 해도 과언이 아니다.

** 엄밀히 말하면 소메츠케는 청색 일색이라고는 할 수 없다. 중국에서 만든 '두채豆彩'나 일본 나베시마 번요에 서 장군의 진상품으로 만든 '나베시마'는 소메츠케(청색)로 윤곽을 그리고 투명한 유약을 뿌려 구운 뒤 그 표면에 녹색, 황색, 홍색 등으로 그림을 그린다.

사진 왼쪽부터 백지남채화조문반(이란 구바치, 17~18세기) / 남화부용수화조문반(네덜란드 델프트, 17세기 후반) / 청화부용수반(명나라 경덕진요, 16~17세기) 나카지마 타케노리 기증 / 백지남채부용수반(이란, 17~18세기) / 모두 아이치현 도자미술관 소장

2장

서양 식기의 브랜드

세계에서 만들어진 서양 식기를 국가와 지역별로 소개한다.
각국 각 지역의 카테고리에서 창업 연도가 오래된 순으로 게재하였다.
소개 브랜드들은 서양 식기 전체의 역사와 다양성을 알기 위해서 모두 중요하다.
현재는 앤티크로만 구할 수 있거나 일본에는 대리점이 없어서 개별적으로
수입 업체를 통해서 구입할 수 있는 제품들도 있다.

브랜드

 독일의 식기

독일의 식기를 다룰 때는 우선 유럽 최초의 경질자기를 만들어낸 마이센 가마를 빼놓을 수 없다. 18세기 독일에는 마이센 출신의 장인의 역할을 통해 왕립과 관립 가마가 차례로 탄생했다.

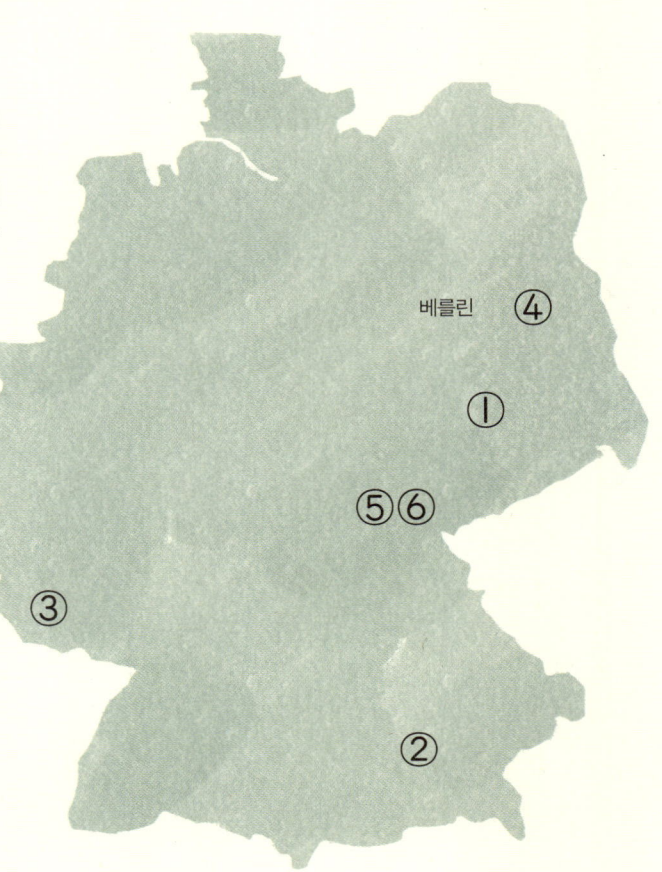

특징
- 견고한 백자, 치밀한 도안
- 마이센 혹은 세브르의 영향을 받은 디자인
- 손으로 잡기 쉽고 마시기 쉬운 실용성이 높은 셰이프
- 왕립 또는 관립이었던 역사를 가진 브랜드가 많다.
- 현재에도 많은 브랜드가 독일에 있는 자사 공장에서 제조되고 있다.

서양 자기 개척자

① **마이센** ···p. 46

현존하는 마지막 '왕실 정원 가마'

② **님펜부르크** ···p. 50

프리드리히 대왕이 사랑한 독일 스타일의 로코코
④ 카페엠 베를린 ···p. 54

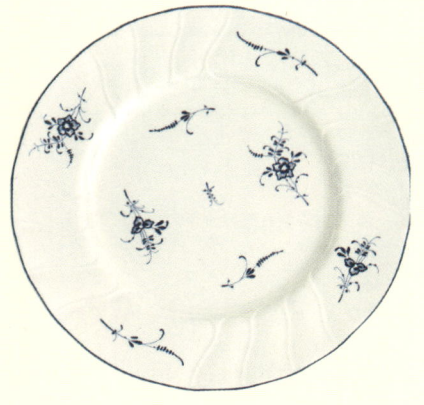

프렌치 스타일을 즐길 수 있는 독일 가마
③ 빌레로이앤보흐 ···p. 52

독일 가마의 혁명아
⑥ 로젠탈 ···p. 57

독일 최초의 민간 자기 공방
⑤ 후첸로이터 ······p. 56

> 👉 **더 알아보기**
>
> 독일의 7대 명요···p. 55
> 독일 도자기 가도와 추천 장소···p. 59
> 페티코트 동맹과 7년 전쟁···p. 228
> 독일 통일···p. 248

사진 ① 마이센의 블루 어니언 / ② 님펜부르크의 컴벌랜드 / ③ 빌레로이앤보흐의 올드 룩셈부르크 / ④ 카페엠 베를린의 컬랜드 / ⑤ 후첸로이터의 에스텔 / ⑥ 로젠탈의 마술피리 골드
(사진 제공 : 로젠앤코 재팬 합동회사)

> 독일의 식기

마이센
[Meissen]

서양 자기의 개척자

☞ **창업**
1710년

☞ **창업지**
독일 작센주 마이센

☞ **특징**
푸른빛이 도는 백자, 모두 핸드페인

☞ **대표 양식**
시누아즈리, 바로크 양식,
로코코 양식, 모던

☞ **역사**
1707~1708년 연금술사 뵈트거가 적색 석기 소성에 성공
1710년 강건왕 아우구스트가 마이센의 알브레히츠부르크성에 서양 최초로 왕립자기제작소 창업
1720년 궁정화가 헤롤트가 마이센에 가담
1731년 조형사 켄들러가 마이센에 참가
1739년 '블루 어니언' 탄생
1756년 7년 전쟁 발발. 프로이센군이 마이센을 점령하여 생산이 일시 정지
1918년 '국립마이센자기제작소'로 명칭 변경
1950년 '인민소유기업 VEB 국립마이센자기제작소'로 명칭 변경
1990년 다시 '국립마이센자기제작소'로 명칭 변경
1991년 100% 작센주 소유로 이관

☞ **로고 마크**
통칭 '쌍검 마크로 불리는 로고 마크는 강건왕 아우구스트 2세(작센 선제후)의 문장에서 유래되어 1723년부터 사용되고 있다.

관련 인물

아우구스트 2세(강건왕)
창업자. 괴력과 발군의 강력한 힘을 바탕으로 전쟁으로 피폐해진 나라를 부활시킨 인물. 문화예술을 사랑한 절대군주이다.

요한 프리드리히 뵈트거
카올린을 발견하고 서양 자기 제조의 일등공신이 되었지만 유폐된 비운의 연금술사이다.

요한 그레고리우스 헤롤트
빈에서 온 천재 궁정 화가. 수많은 히트작을 만들어낸 시누아즈리의 거장이다.

요한 요아힘 켄들러
천재 조각가. 자기의 조각 분야를 개척했으며 헤롤트와는 앙숙지간이다.

대표 식기

블루 어니언
마이센의 대표작. 창업 초기부터 꾸준히 사랑받는 초 스테디셀러로 전 세계에 있는 블루 어니언 문양의 원조 격이다.

인디안 플라워
시리즈명 '인도[2]'는 동인도회사에서 유래되었으며 동양을 통칭한다.

웨이브
잔물결을 이미지화한 현대 작품. 현대적이고 세련된 디자인을 좋아하는 분들께 추천한다.

스완
바로크 특유의 부조 장식이 인상적인 시리즈. 세계 3대 디너 서비스[1]의 하나로 알려져 있다.

베이직 플라워
마치 유화 같은 섬세한 페인팅이 특징이다. 자기뿐만 아니라 파이앙스 등의 도기에서도 모방된 제품을 볼 수 있다.

뵈트거 석기
뵈트거의 자기 소성 실험으로 1707년경 탄생한 적색 석기. 20세기 초에 재현에 성공해 상표 등록되었다.

1: 서비스는 식기 세트를 뜻한다. 세계 3 대 디너 서비스는 마이센의 스완, 웨지우드의 프로그(p. 190), 로얄코펜하겐의 플로라 다니카(p. 112) 이다.
2: 마이센은 중국인을 형상화한 인물 그림을 시누아즈리, 동양풍 동식물을 주제로 한 도안을 인도 문양으로 지칭하여 구별하고 있다.

생동감 넘치는 부조조각은
바로크 양식(p. 146)의 특징

블루 어니언

스완

인디안 플라워

베이직 플라워

웨이브

뵈트거 석기

독일의 식기

다른 가마가 모방할 수 없는 치밀함과 아름다운 발색

역사적으로 마이센의 특징은 유럽 최초로 경질자기 제조에 성공한 개척자 브랜드라는 점이다(p. 29).

동양 자기를 동경한 강건왕 아우구스트가 연금술사 뵈트거를 기용하여 자기 제작에서 가장 중요한 물질인 카올린을 발견하게 하고 시행착오 끝에 1709년 자기 제조에 성공했다. 그 이듬해에 자기 제조법의 비밀이 누설되는 것을 막기 위해 엘베 강 연안의 고지대에 위치한 알브레히츠부르크 성으로 공방을 이전했다. 이것이 마이센 가마의 탄생이다.

1720년에는 빈 가마의 천재 화가 헤롤트 Johann Gregor Herolt가 마이센으로 이적하였다. 다채로운 색을 사용하는 기술을 가진 그의 손재주 덕분에 마이센의 페인팅 기술이 비약적으로 향상되었다. 헤롤트의 주특기는 동양 자기를 모방하는 것이었다. 그는 중국과 서양의 문화를 접목한 자신만의 독자적인 시누아즈리 세계관(p. 150)을 만들어내며 유럽의 왕후와 귀족들을 매료시켰다.

또 1731년에 궁중 조각가 켄들러가 가세하여 2년 후에 주임 조형 디자이너(모델러)가 된다. 켄들러는 대형 조각상이나 '스완 서비스' 등 모든 방면의 조형에 훌륭한 실적을 남겼다. 당시에 조각이라고 하면 돌이나 금속이 주류인 시대에 '자기 조각'이라는 새로운 분야를 개척한 것이 가장 큰 공적이라 할 수 있다.

한편 켄들러와 앙숙지간인 헤롤트는 자신의 재능을 과시하듯 켄들러가 만든 자기 조각에 채색을 입혔다. 짓궂게 생각되기도 하는 행동이지만 '조각=무지'의 시대에 컬러풀한 소형 조각인 피겨린이라는 신상품은 경이롭게 받아들여졌다. 채색된 피겨린은 순식간에 대히트를 쳤고 그 후로 '피겨린=다채로운 장식물'이라는 기준이 정립되었다.

이처럼 마이센은 자기 제조에 필요한 3가지 요소인 ① 소지(뵈트거), ② 페인팅(헤롤트), ③ 조형(켄들러)을 확립해가면서 18세기 전반의 서양 식기 업계를 선도하는 존재가 되었다.

그러나 18세기 중반에 접어들자 7년 전쟁의 영향으로 마이센의 활약에 그늘이 드리우고 그 사이에 프랑스의 세브르 가마(p. 64)가 눈부신 성장을 이룩한다. 프랑스의 화려한 궁정 문화가 짙게 반영된 아름다운 세브르 페인팅이 유럽 전체를 석권하면서 마이센을 대신하여 업계를 이끌게 된 것이다.

현대에는 유행을 초월한 형태로 마이센다운 시누아즈리나 로코코 양식의 작품을 만들고 있고 제2차 세계대전 후에는 '웨이브' 등 모던한 디자인 개발에도 힘쓰고 있다.

현재도 페인팅은 모두 수작업이다. 그 치밀함, 아름다운 발색, 풍부한 표현력이 돋보이는 장식품은 다른 가마가 따라올 수 없는 높은 완성도를 자랑 한다. 마이센은 창업부터 300여 년 동안 계속 이어져 왔고 지금도 여전히 '서양 식기의 절대 왕자'라고 불리기에 알맞은 관록을 갖추고 있다. 이것이야말로 무엇보다도 뛰어난 마이센의 매력이라고 생각된다.

원숭이 악대 피겨린 원형은 켄들러의 작품으로 마이센의 자기 조각상의 걸작으로 평가되고 있다.

🔖 더 알아보기…

바로크 양식…p. 146
시누아즈리…p. 150
종교개혁…p. 226
페티코트 동맹과 7년 전쟁…p. 228

세계로 퍼진 '양파 문양'

마이센이 최초로 제작한 이후 많은 가마에서 흉내낸 문양의 모티프가 있다. 바로 '블루 어니언'이다. 청색만으로 그려진 소메츠케(p. 42)인데 왜 하필 양파(어니언)를 그린 것일까?

원래 본보기가 된 중국 자기가 있었는데 거기에 그려진 것은 양파가 아니라 양식화된 석류였다. 1739년 마이센이 디자인한 초기 제품에는 이 석류 문양이 충실하게 그려져 있었다. 하지만 시대가 흐를수록 유럽인에게는 낯선 석류 문양은 비슷해 보이는 양파로 서서히 변화했다. 그리고 다른 가마에서 그것이 양파인 줄 착각한 채 모방하게 되었고 어느덧 블루 어니언은 마이센의 디자인이 아니라 가키에몬 양식(p. 40)과 같이 하나의 문양의 명칭이 되어버렸다.

그러나 많은 가마가 블루 어니언을 그린다 해도 원조는 마이센이다. 이를 과시하듯 1885년부터 마이센의 로고 마크인 푸른 쌍검이 도안에 삽입되었다.

마이센의 블루 어니언

일본의 블루 어니언

일본에서도 블루 어니언 문양이 만들어졌다. 사진은 '블루다뉴브'

후첸로이터

마이센과 같은 독일 메이커 후첸로이터(p. 56)의 블루 어니언은 1926년 마이센 가마에서 정식으로 문양을 양도받았다(왼쪽 아래 사진). 오른쪽 아래 두 개의 소서 중 왼쪽이 후첸로이터이고 오른쪽이 마이센이다.

| 독일의 식기

님펜부르크

[Nymphenburg]

현존하는 최후의 왕실 정원 가마

창업
1747년

창업지
독일 뮌헨 근교의 노이데크,
현재는 바이에른주 님펜부르크

브랜드명의 유래
창업지

특징
지금도 전통적인 수법으로 만들어지는
견고한 자기,
로코코 양식의 다양한 피겨린

대표 양식
로코코 양식

역사
1747년　바이에른주 뮌헨 근교 노이데크에서 창업
1754년　님펜부르크 가마에서 처음으로 경질자기 소성에 성공
　　　　조형 디자이너로 프란츠 안톤 부스텔리를 영입
1760년경　'코메디아 델라르테Commedia dell'arte' 발표
1761년　막시밀리안 3세 요제프가 가마를 궁전 안으로 이전
1765년　'컴벌랜드' 발표
2011년　바바리아의 루이트폴트 왕자가 가마를 계승

로고 마크
로고 마크에 사용되는 마름모꼴의 모티프는 비텔스바흐 가문의 문장 중심부에 있는 모양이 원형이다. 막시밀리안 3세 요제프의 명으로 1754년부터 모든 작품에 마름모꼴 모티프가 사용되고 있다. 로고 마크 자체는 여러 번 변경됐지만 일관되게 마름모 모티프만은 사용되어 왔다.

관련 인물

막시밀리안 3세 요제프
바이에른 지방을 통치하고 있던 비텔스바흐 가문의 선제후이다. 아내는 마이센의 창업자 강건왕 아우구스트(p. 46)의 손녀뻘 되는 사촌 여동생 마리아 안나 조피아이다.

대표 식기

© 님펜부르크 자기제작소

컴벌랜드
1765년 탄생한 대표 시리즈. 막시밀리안 3세 요제프를 위한 식기 세트로 디자인되었다. 이름의 유래는 1913년에 컴벌랜드 후작의 아들 결혼식에 사용할 식기 세트로 복각하면서 따온 것에서 찾을 수 있다. '세계에서 가장 복잡하고 손이 많이 가는 페인팅'이라고 불린다. 접시 1개의 페인팅이 완성되는 데 약 3주일이 걸렸다고 한다.

자기 애호가인 왕이 궁전에 만든 가마

바이에른의 주도인 뮌헨 시가지에서 서쪽으로 4~5킬로미터쯤 가면 바이에른 왕가의 님펜부르크(님프(요정)가 사는 성) 궁전이 있다. 막시밀리안 3세 요제프는 이 궁전 부지로 님펜부르크 가마를 이전하였다.

일본에서는 쇼군가의 광대한 부지 내 개인적인 용무로 만든 가마를 '오니와(정원) 가마'라고 부르는데 님펜부르크는 현존하는 세계 최후의 오니와 가마이다.

창업자이자 자기 애호가였던 막시밀리안 3세 요제프는 1747년에 뮌헨 근교의 노이데크에 공방(퀴비예 자기 공방)을 만들었고 그곳에서 도공 프란츠 이그나스 니더마이어가 자력으로 자기 소성을 연구했다. 하지만 결국 자기 제작은 실패로 끝나고 바이에른 정부가 공방 운영을 이어받아 왕립이 되었다. 대망의 자기 제조가 완성된 것은 1753년에 요제프 J. 링글러를 맞은 다음 해의 일이었다. 이후 자기 제조는 궤도에 올랐고 1761년 막시밀리안 3세는 공방을 궁전 부지로 옮겼다. 참고로 링글러는 빈 가마와 독일의 후이스터 가마를 거친 도공으로 횡거(p. 267)처럼 마이센의 자기 제작 비법을 독일 전역에 퍼트리는 데 일익을 담당한 인물이다.

또 1754년에 입사한 조형 디자이너 프란츠 안톤 부스텔리는 마이센의 켄들러(p. 46)와 같은 자기 조각의 지도자로서 활약하면서 님펜부르크 가마에서 수많은 로코코 양식의 조각상을 제작했다. 부스텔리는 1763년에 사망하여 재적 기간은 불과 9년 정도였다. 하지만 그 짧은 기간에 무려 100종류가 넘는 아름다운 로코코 양식의 조각상을 후세에 남겼다.

오랜 역사를 이어오며 제삼자가 운영하던 시기도 있었지만 현재는 창업 가문인 비텔스바흐 가문의 피를 이어받은 루이트폴트 왕자가 님펜부르크 가마를 계승하고 있다. 그리고 지금도 물레방아를 동력으로 한 전통과 수작업 기술을 지켜나가고 있다.

> **더 알아보기…**
> 로코코 양식…p. 154
> 페티코트 동맹과 7년 전쟁…p. 228

Q&A 피에로 인형과 가면 쓴 인형의 정체는 누구인가

그들은 '코메디아 델라르테'의 등장인물이다. 안데르센 동화 「그림 없는 그림책」(p. 210)에도 등장하며 도자기 피겨린(소형 장식물)의 모티프가 되는 경우도 많기 때문에 꼭 알아두어야 할 것 중의 하나이다.

'코메디아 델라르테'는 16~18세기 유럽 전역에서 유행한 가면을 사용한 즉흥 연극으로 이탈리아에서 처음 생겨났다. 불량스러운 사기꾼 아를레키노, 언변이 뛰어나고 색기가 넘치는 딸 콜롬비나 등의 고유한 '정형적 인물' 설정이 특징이고 흔한 스토리 전개 곳곳에 즉흥대사와 시사적 소재를 더해 웃음을 자아내는 희극이다. 님펜부르크의 조형 디자이너 부스텔리도 '코메디아 델라르테'를 발표해 대표작이 되었다. 사진은 코미디언풍의 알레키노로 분장한 메체티노. 아를레키노는 프랑스에서는 '아를르 캥', 영국에서는 '할리퀸'이라고 불리며 피에로의 원형으로 알려져 있다.

© 님펜부르크 자기제작소

독일의 식기

빌레로이앤보흐
[Villeroy & Boch]

프렌치 스타일을 맛볼 수 있는 명품

창업
1747년

창업자
프랑수아 보흐

브랜드명의 유래
창업자의 이름

창업지
프랑스(당시는 로렌 공국), 현재는 독일 메트라흐

특징
실용성 높은 디자인

대표 양식
모던, 프랑스풍 디자인

역사
1748년 프랑수아 보흐와 그의 아들이 로렌 공국에서 도자기 제조를 시작
1767년 오스트리아령 룩셈부르크시 외곽에 도자기 공장을 신설
       합스부르크가 마리아 테레지아가 '왕실 납품' 도자기로 왕실 문장 사용을 허가
1791년 니콜라 빌레로이가 독일 발러판겐에 도자기 공장을 설립
1809년 보흐가가 독일 메트라흐에 도자기 공장 설립(현 본사)
1836년 보흐가와 빌레로이가가 각각 소유했던 공장을 합병하여 '빌레로이앤보흐'사 설립

관련 인물

프랑수와 보흐
공동창업자. 독일인 무구(투구와 갑옷) 장인이었다.

니콜라 빌레로이
공동창업자. 당시에 이미 성공한 사업가였다.

대표 식기

프렌치 가든
프랑스 베르사유 궁전에 있는 왕립 과수원에서 영감을 얻었다. 노랑과 초록의 옅은 색감이 인상적이다.

뉴웨이브
'심플하고 모던함'을 주제로 2001년에 발표된 메트로폴리탄 컬렉션의 인기 시리즈. 도시 생활에 즐거움을 더하는 디자인에 주안점을 두었다.

사진: 에센코퍼레이션

자기 애호가인 왕이 궁전에 만든 가마

18세기에 창업한 유럽 대륙의 명품 가마들은 핸드페인팅 기법의 고급 자기가 주류였다. 그런 시대에 빌레로이앤보흐에는 유럽 대륙의 다른 가마와는 조금 다른 면이 있다.

빌레로이앤보흐의 역사적 특징은 양산화와 실용성에 착안하여 유럽 대륙 최초로 본차이나를 만들었고 장식성보다 실용성을 중시했다. 영국식이라고도 할 수 있는 도자기 생산 방법은 보흐가의 창업지인 로렌 공국이 당시 프랑스령이면서 자치 국가로서 왕권이 약한 지역이었던 것을 그 이유로 들 수 있다.

국왕의 자금 지원을 기대할 수 없는 환경에서 창업자인 프랑수아 보흐는 '저렴한 가격으로 고품질의 도자기를 만든다.'라는 비전을 내걸고 서민들이 구입할 수 있는 가격대의 테이블웨어를 제조했다. 이곳은 역사적으로 원래 프랑스령이었던 까닭에 독일 가마이면서도 프랑스의 파이앙스(p. 133)나 프로방스풍의 디자인이 많은 것이 특징이다.

현재의 브랜드명은 창업자인 보흐가와 빌레로이가에서 유래되었는데 브랜드의 설립과 역사에 대해 간단히 알아보자.

우선 보흐가가 창업지로 선택한 것은 로렌 공국이다. 프란츠 1세가 마리아 테레지아와의 결혼을 주변 제국에 인정받기 위해 포기한 고향이다. 1737년에 결혼을 허락받는 대신 로렌 공국을 프랑스에 넘기는 것에 동의하고 전 폴란드 국왕(프랑스 국왕 루이 15세의 장인)이 통치하도록 한 것이다. 그러나 국왕의 힘은 약했고 앞서 기술한 바와 같이 로렌 공국은 실질적인 '자치국가'였다. 국왕의 사후에는 로렌 지방이 프랑스령이 되면서 다양한 자치령권의 적용을 받지 못하게 되었다. 결국 1767년 보흐가의 세 아들은 당시 오스트리아령인 룩셈부르크 교외에 새로운 도자기 공장을 설립한다. 보흐가는 오스트리아 황후 마리아 테레지아의 비호를 받으며 사업규모를 확대했고 왕실 납품 업체로서 왕실 문장을 사용하는 것을 허가받는 등 크게 성장했다. 현재 전 세계에 있는 룩셈부르크 대사관에서는 '올드 룩셈부르크'를 사용하고 있다. 독일 브랜드인 빌레로이앤보흐가 룩셈부르크 대사관의 식기로 사용된 데는 이러한 역사적 배경이 숨어 있다.

한편 공동창업자인 프랑스인 니콜라 빌레로이는 1791년 독일 자르 강변에 도자기 공장을 설립한다. 얼마 후 빌레로이가의 도자기 공장 인근에 있는 사원을 보흐가가 사들여 도자기 공장으로 사용했다. 바로 그곳이 현재 빌레로이앤보흐 본사로 사용되고 있다. 보흐가와 빌레로이가는 차로 30분 거리에 각각 도자기 공장을 설립했던 것이다. 양가는 경쟁이 치열해지는 유럽 도자기 시장에서 확고한 지위를 확립하기 위해 1836년에 각각 소유하던 공장을 합병하고 '빌레로이앤보흐'를 설립했다. 1842년에는 창업자의 손자와 손녀가 결혼함으로써 공사 모두에서 파트너가 되었고 서로 특기 분야가 조화를 이루며 사업을 성장시켰다.

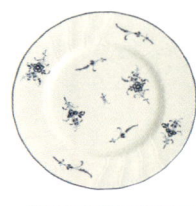

올드 룩셈브루크
가장 오랜 역사를 가진 시리즈의 원형으로 보흐가의 룩셈부르크 공장 시절에 만든 브랜드. 프랑스 파이앙스의 정신이 느껴지는 기품 있는 식기이다.

☞ **더 알아보기…**

지노리1735의 그란두카…p. 264
파이앙스…p. 133

 독일의 식기

카페엠 베를린
[KPM Berlin]

프리드리히 대왕이 사랑한 도이치 스타일의 로코코

👉 창업
1763년

👉 창업지
독일 베를린

👉 브랜드명의 유래
창업지

👉 특징
정통 로코코 양식,
유화처럼 사실적인 페인팅

👉 대표 양식
로코코 양식, 신고전 양식, 모던 양식

👉 역사
1751년 프리드리히 대왕의 후원으로 베를린에 자기제작소를 창설
1756~1762년 7년 전쟁에서 프로이센군이 마이센의 장인을 베를린으로 데려옴
1763년 프리드리히 대왕이 공방을 매입하여 왕립이 됨(카페엠 베를린 탄생)
1988년 유한회사 KPM 왕립 자기제작소가 됨

👉 로고 마크
카페엠KPM은 왕립 자기제작소Königliche Porzellan-Manufaktur의 머리글자를 딴 단어이다. 현재는 왕립이 아니라 민영화되었다. 로고에 사용된 지팡이 모양의 셉터Scepter 마크는 프리드리히 대왕이 즉위 전에 사용하던 문장이다.

관련 인물

프리드리히 2세
(프리드리히 대왕)

카페엠 베를린의 창업자. 신흥국 프로이센을 강국으로 끌어올린 인물. 부국강병책과 내정 개혁에 박차를 가하는 한편 교양인으로서 예술을 사랑했다. 로코코 양식에 푹 빠진 왕이기도 했다.

대표 식기

컬랜드00

컬랜드41

카페엠 베를린은 '셰이프 명칭+페인팅 번호'가 제품명이 되는 경우가 있다. '셰이프 명칭+00'은 그 셰이프의 백자를 뜻하며 페인팅에 걸리는 시간이 길수록 숫자가 커진다. 예를 들어 '컬랜드00'은 백자, 컬랜드 41은 가장자리에 모스그린과 금색 라인으로 장식하고 부케를 아름답게 그려 넣은 것이다.

컬랜드
1790년에 디자인된 대표적인 셰이프. 심플한 디자인에 진주와 리본 갈런드를 돋을새김한 것이 특징이다. 1870년에 컬랜드 공작의 주문으로 생산하게 된 이후 '컬랜드'로 개칭하여 현재에 이르고 있다.

자기 애호가인 왕이 궁전에 만든 가마

1763년에 탄생한 카페엠 베를린의 가장 큰 특징은 독일 역사상 최고의 국왕으로 추앙받는 프리드리히 대왕의 진두지휘로 운영된 왕립 가마라는 점이다.

1756년에 발발한 7년 전쟁은 마이센(p. 46)에 막대한 피해를 가져왔다. 이 전쟁으로 마이센이 프로이센군에게 점령되는 혼란 속에서 도공들이 각지로 뿔뿔이 흩어질 수밖에 없었고 마이센의 도공들이 베를린으로 끌려갔다.

당시 베를린에는 이미 1751년에 최초의 자기 가마가 만들어졌는데 마이센에서 잡혀온 도공들이 가세함으로써 자기 연구가 진전되었다. 하지만 두 번에 걸친 재정 파탄으로 인해 1763년 프리드리히 대왕이 가마를 매입하여 왕립으로 바꾸었다. 이것이 카페엠 베를린의 탄생이다.

18세기 중엽 유럽 대륙에서는 수많은 왕립 가마가 탄생했다. 그런데 카페엠 베를린의 경우 다른 왕립 가마와는 비교할 수 없을 만큼 왕이 직접 운영에 관여했다. 자금 출자나 대량 주문 고객(단골 고객)이 된 것은 물론이고 장인의 지위와 보수 등에 대해서도 세세하게 직접 지시를 내렸다. 심지어 예술에도 조예가 깊었기 때문에 식기 디자인을 직접 고안하기도 했다고 한다.

이렇게 프리드리히 대왕의 적극적인 조력으로 만든 자기가 창출한 부는 7년 전쟁이 끝난 후 프로이센 왕국의 재건과 국력에 큰 역할을 했다. 음악과 예술에 조예가 깊었던 프리드리히 대왕은 로코코 양식에 빠져 있었던 것으로 알려져 있다. 그래서인지 ==식기의 모양이나 장식의 우아함은 독일의 왕립 가마였던 마이센과 비교해도 특출하다고 할 만하다.== 이 같은 역사와 전통을 충실히 지켜오며 현재도 로코코의 기품을 느낄 수 있는 디자인이 많다.

☞ **더 알아보기…**

로코코 양식…p. 154
패티코트 동맹과 7년 전쟁…p. 228

브랜드 | 독일의 7대 명요

유럽에서 최초로 자기 소성에 성공한 독일에는 '독일 7대 명요'라고 부르는 브랜드가 있다. 마이센(p. 46), 후이스터Höchster, 님펜부르크Nymphenburg(p. 50), 퓌어스텐베르크Fürstenberg, 프랑 켄탈Frankenthal, 루트비히스부르크Ludwigs-burg, 그리고 여기에 소개한 카페엠 베를린이다. 대중에게 생소한 브랜드도 있지만 모두 대단히 매력적인 역사를 가진 공방들이다.

예를 들어 후이스터는 1746년 창업한 독일에서 두 번째로 오래된 역사를 지닌 가마이다. 퓌어스텐베르크는 덴마크의 로얄코펜하겐 창업 초기에 공헌한 줄리안 마리 황태후의 친오빠인 카를 1세가 창업자이다. 이 책에서는 자세히 다루지 않겠지만 독일의 식기에 흥미가 있는 분이라면 다른 가마에 대해서도 알아보기를 추천한다.

독일의 식기

후첸로이터
[Hutschenreuther]

독일 최초의 민간 자기 공방

창업
1814년

창업자
칼 M. 후첸로이터

브랜드명의 유래
창업자의 이름

창업지
독일 바이에른주 호엔베르크, 현재는 바이에른주 젤프

특징
전자레인지, 식기세척기 사용이 가능한 것이 많고 실용성이 높음

대표 양식
로코코 양식, 모던 양식

역사
1814년 바이에른주 호엔베르크에서 창업
1822년 자기 제조 개시. 독일 최초 민간 자기 공방으로 인가
1857년 바이에른주 젤프에 새로운 공장 설립
1969년 공장을 젤프로 통합
2000년 로젠탈(p.57)과 통합

대표 식기

에스텔
19세기에 디자인된 클래식한 셰이프 시리즈.
시원한 블루와 곱고 작은 꽃의 패턴이 사랑스럽다.

왕에게 최고의 품질을 맹세하며 탄생했다

후첸로이터의 공식 창업은 1814년으로 창업자 카롤루스 마그누스 후첸로이터가 호엔베르크에 공방을 열었다. 그의 공방에서 자기를 처음 제조한 것은 1822년으로 8년의 공백이 있다. 같은 바이에른 왕국 내에 설립된 왕립 가마 님펜부르크(p.50)와 경합을 우려해 정부가 자기 제조 허가를 내주지 않았기 때문이다. 당시는 자기 제조가 국력으로 이어지는 시대였고 님펜부르크뿐만 아니라 빈이나 세브르 가마 등 다른 왕립 가마들도 창업기에는 자기 제조를 독점했다.

후첸로이터는 포기하지 않고 8년이나 되는 세월 동안 바이에른 왕 막시밀리안 1세를 설득했다. 그는 '그 어떤 가마보다도 우수한 제품을 만들겠다'는 조건으로 현재도 로고 마크로 사용되는 바이에른주의 상징인 사자 마크를 받고 드디어 1822년에 정부로부터 독일 최초 민간 자기 공방으로 인가를 받는다.

민간인에 의한 자기 제조가 어려웠던 시절을 끈질기게 이겨낸 후첸로이터의 열정은 그의 사후에 아들 로렌츠와 크리스티안에게 이어졌다. 1857년 로렌츠는 호엔베르크와는 별도로 젤프에 새로운 공장을 설립하기에 이른다. 이 두 곳의 후첸로이터 공장은 각각 독립적으로 발전하다가 1969년에 통합하였다. 2000년에 로젠탈과 통합하여 현재에 이른다.

로젠탈
[Rosenthal]

독일 가마의 혁명아

☞ 창업
1879년

☞ 창업자
필립 로젠탈

☞ 브랜드명의 유래
창업자의 이름

☞ 창업지
독일 바이에른주 젤프

☞ 특징
북유럽 디자인,
예술가와 컬래버한 작품

☞ 대표 양식
모던, 스칸디나비아 디자인

☞ 역사
1879년　자기 페인팅 공장으로 창업
1891년　자기 제조 시작
1961년　로젠탈 2세가 스튜디오 라인 발표
2000년　후첸로이터(p. 56)와 통합

대표 식기

마술피리(스튜디오 라인)
1968년 발표. 모차르트의 유명한 오페라 「마술 피리」를 자기 위에 환상적으로 표현한 시리즈
(사진 제공: 로젠앤코 재팬 합동회사)

언제나 참신한 아이디어를 구현해 온 가마

　로젠탈은 1879년 창업됐다. 이 책에서 소개하는 독일의 다른 가마들에 비하면 비교적 신생 자기 공장이다. 필립 로젠탈이 젤프 외곽의 에르커스로이트 성에 자기 페인팅 공장을 설립하면서 역사가 시작되었다.

　독일의 오래된 가마는 예외 없이 마이센의 영향을 적지 않게 받았으며 '왕후와 귀족들에게 사랑받았다'는 역사가 일종의 표준이 되어 있다. 이에 비해 로젠탈은 북유럽 스칸디나비아 디자인(p. 122)을 특기로 하여 시대를 대표하는 저명한 아티스트와의 컬래버 작품이 많은 것이 특징이다.

　이는 1958년에 회사를 승계한 로젠탈 2세가 '시대 감각에 맞는 참신함과 한편으로는 시대를 막론하고 진정한 가치를 계속 유지하는 것이야말로 진짜 명품'이라는 이념을 확립하고 기존 작품을 모방하는 것이 아니라 독창적인 작품을 만드는 데 정력을 기울인 점을 이유로 들 수 있다.

　그의 이러한 생각은 1961년에 발표한 크리에이티브한 컬렉션 '스튜디오 라인'으로 결실을 맺었다. 스튜디오 라인에서 로젠탈 2세가 내세운 이념에 공감하며 시대를 대표하는 예술가와 디자이너들과 진행한 컬래버레이션 작품들이 차례로 발표되어 '마술피리'처럼 로젠탈을 대표하는 걸작들이 많이 만들어졌다.

　독일에 소재한 가마이면서 북유럽 디자인에 착안하고 언제나 시대를 앞서가는 참신한 디자인을 중시하는 로젠탈의 자세는 오랜 역사를 자랑으로 내세우는 다른 가마들에서는 볼 수 없는 매우 독특하고 컬러풀한 외관을 한 본사 빌딩(p. 61)에서도 느낄 수 있다.

독일의 식기

후첸로이터의 에스텔.
19세기 말에 디자인된
바로네스 세이프는
우아하고 클래식한 분위기를
자아낸다.

로젠탈은 럭셔리 브랜드인
베르사체와 컬래버레이션을
한 제품도 판매하고 있다.
사진 왼쪽은 '메두사'이고
오른쪽은 '비잔틴'이다.

☛ 더 알아보기…

1950년대 분위기를 머금은 스칸디나비아 디자인…p. 122
모던 디자인 식기…p. 208

더 깊이 보는
식기×여행

독일 도자기 가도와 추천 장소

바이에른주의 북동부는 독일 도자기의 80%를 생산하는 대표적인 도자기 생산 지역이다. 특히 밤베르크에서 시계 방향으로 바이로이트까지 약 550킬로미터에 이르는 길은 '도자기 가도'라고 부르는데 40여 개의 도자기 생산지가 연결되어 있다.

이 가도 안에는 로젠탈과 후첸로이터의 거점이 되는 젤프도 포함되어 공장 견학이나 페인팅 체험 외에 직판점에서 식기를 구입할 수도 있다.

필자도 2019년에 다녀왔는데 실제로 둘러보면 도자기 관련 박물관이나 공방뿐만이 아니라 세계유산으로 지정된 마을도 있고 영국의 빅토리아 여왕이나 합스부르크가와 관련된 마을도 있는 등 볼거리가 다양하다. 메르헨 가도나 로맨틱 가도와 같은 화려함은 없지만 테마를 정해서 구석구석 찾아보면 매우 재미있는 거리라는 것을 알 수 있을 것이다.

이 책에서는 필자가 방문한 곳 중에서 특히 세 군데를 추천한다. (카노)

① 밤베르크-세계유산에 등록된 중세의 거리

밤베르크는 중세의 거리가 남아 있는 몇 안 되는 귀중한 마을로 '바이에른의 진주'라고 불리며 1993년에 세계 유산으로 등재되었다. 훗날 신성로마제국의 황제가 된 하인리히 2세가 1007년에 주교 관할 도시(기독교구의 중심지로서 종교적 경제적으로 중요한 도시)로 정하면서 종교 색채가 강한 도시로 발전했고 기독교 관련 건물들이 여럿 들어서 있다.

1: 마을의 중심을 흐르는 레그니츠 강. 강을 사이에 두고 왼쪽에 성직자가 살고 오른쪽에 일반 시민이 살고 있다. / 2: 밤베르크의 옛 시청. 과거 강을 중심으로 마을을 시민 지구와 주교 지구로 나누었기 때문에 다리 중앙에 세워졌다. / 3: 벽면에 그려진 프레스코화. 옛 시청은 마이센 자기를 주로 전시한 루트비히 도자기 박물관으로 사용된다. / 4: 뵈트거 석기. 마이센이 탄생한 1710년 작품 / 5: 옻칠을 본뜬 1710년산 마이센 꽃병 / 6: 가키에몬 양식(p. 40)의 마이센 작품. 하단에 마이센의 쌍검 마크를 볼 수 있다. (4~6은 루트비히 도자기 박물관에서 촬영)

② 코부르크 – 빅토리아 여왕의 남편 앨버트 공의 출신지

바이에른주 북부 프랑켄 지방에 있는 코부르크는 영국 빅토리아 여왕의 남편 앨버트 공의 출생지이다. 또한 독일에서 두 번째로 큰 코부르크성은 루터(p. 226)가 반년간 숨어 있던 곳으로 종교개혁과 관련된 곳이기도 하다. 그래서 현재는 박물관으로 사용되는 성안의 곳곳에 루터와 관련된 작품이나 루터와 친분이 있던 화가 루카스 크라나흐의 작품이 전시되어 있다. 역사를 좋아하고 빅토리아 여왕을 좋아하는 분들은 꼭 가봐야 할 장소이다.

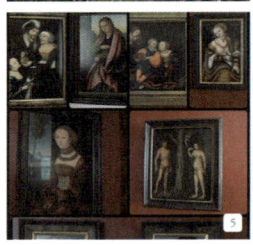

1: 코부르크 중앙광장에 서 있는 앨버트공 동상. 앨버트공 사후에 빅토리아 여왕이 코부르크에 기증하였다. / 2: 대대로 코부르크 공작이 주거하는 성으로 사용된 에렌부르크 성. 알베르토(영국 앨버트 공)의 생가. 1690년 바로크 양식으로 개축, 19세기 네오고딕 양식의 파사드가 만들어져 현재에 이른다. 빅토리아 여왕이 공주 시절에 머물렀던 방과 침실도 있다. / 3: 독일에서 두 번째로 큰 코부르크성. 이 성을 보지 않고 독일의 성을 논하지 말라는 말이 있을 정도로 독일 유수의 명성이 높고 견고한 성이다. 현재는 박물관으로 쓰이고 있다. / 4: 루터가 그려진 컵 / 5: 성채 안에 전시된 크라나흐의 작품 일부 / 6: 파이앙스 컬렉션 / 7: 독일 도자기 가도의 마을 중 하나인 크로이센에서 만든 맥주잔. 에나멜로 화려한 문양을 새긴 맥주잔과 장식 항아리는 한때 귀족과 시민 계급에게 인기가 있었다. (4~7은 코부르크성에서 촬영)

③ 젤프- 독일 도자기 가도의 주역

체코와 직접 국경을 맞대고 있는 젤프는 지금도 로젠탈, 후첸로이터, 빌레로이앤보흐(본사는 메트라흐에 위치)가 거점을 두고 있는 도시이다. 도자기의 역사 전시와 시연을 관람할 수 있는 유럽 도자기 산업 박물관, 로젠탈 박물관, 세라믹 기술 박물관 등이 한지붕 아래 모여 있는 유럽 최대 도자기 박물관 포르첼라니콘이 있다. 도자기 가도 방문 시 필수 코스이다.

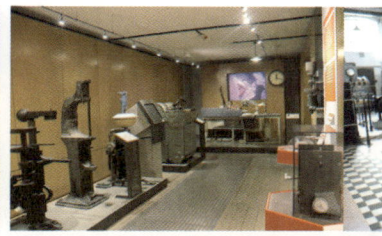

1: 도자기 박물관 복합시설인 포르첼라니콘 입구 / 2: 포르첼라니콘 내 작도에 사용된 도구와 기계 전시 / 3: 로젠탈 제조 방법의 시연 / 4: 마이센과 헤렌드 등 각 가마의 제조 공정 전시(사진 오른쪽은 헤렌드의 '괴뒬뢰') / 5: 로젠탈의 역사를 한눈에 볼 수 있는 전시 공간 / 6: 젤프 거리의 중심 마르틴 루터 광장에 있는 '도자기 샘'은 4만 5,000개가 넘는 타일로 만들어졌다. / 7: 오토 피네가 그린 파사드가 인상적인 로젠탈 본사에는 아울렛 매장이 7개 병설되어 있다. (1~7개 사진 모두 2019년)

> 브랜드

 # 프랑스의 식기

궁정 문화와 함께 발전한 프랑스의 식기. 현재도 국립 가마인 세브르를 필두로 프랑스가 만들어낸 로코코 양식과 앙피르 양식의 식기 디자인을 많이 볼 수 있다.

① 파리
⑤
②③④

> 📖 **특징**
> · 프랑스 궁정 문화가 만들어낸 로코코 양식과 루이 16세 양식으로 디자인된 것이 많다.
> · 꽃무늬가 많다.
> · 얇고 가볍다. 특히 리모주 백자는 매우 얇다.
> · 손잡이가 가늘고 품위 있다.
> · 세브르의 영향을 받은 자기 가마가 매우 많다.

현재도 국빈을 위해 제작되는 환상의 자기
① **세브르** ···p. 64

- 62 -

세브르 디자인을 손에 넣을 수 있는
② **앙시엔 마뉘팍튀르 루아얄** … p. 66

나폴레옹 3세가 애용한
③ **베르나르도** … p. 67

미국에서 성공한 리모주 가마
④ **하빌랜드** … p. 70

따뜻하고 소박하면서도 품위가 있는 파이앙스
⑤ **지앙** … p. 136

> 👉 **더 알아보기** …
>
> 세브르와 리모주의 관계 … p. 69
> 파이앙스 … p. 133
> 로코코 양식 … p. 154
> 루이 16세 양식 … p. 160
> 신고전 양식 … p. 164
> 앙피르 양식 … p. 172
>
> 프랑스 혁명과 영국 혁명 … p. 232
> 파리 대개조 … p. 242
> 베르나르 팔리시 … p. 260
> 마리 앙투아네트 … p. 266

① 세브르의 클라우디드 블루, 팻 블루(사진 제공: 소비주식회사) / ② 앙시엔 마뉘팍튀르 루아얄의 마리 앙투아네트 / ③ 베르나르도의 마르크 샤갈 컬렉션 / ④ 하빌랜드의 루브시엔 / ⑤ 지앙의 밀플뢰르

프랑스의 식기

세브르
[Sèvres]

지금도 국빈을 위해 만들어지는 환상의 자기

창업
1840년

창업지
프랑스 파리 서부 근교
(일드프랑스 지역권 오드센주)

특징
예술성이 높고 첨예한 디자인과 섬세하고 아름다운 금채

대표 양식
로코코 양식, 앙피르 양식

역사
1740년 세브르의 전신인 뱅센 가마가 만들어짐
1756~1763년   7년 전쟁에 프랑스가 참전
1756년 뱅센 가마가 세브르로 이전(뱅센 세브르 가마 시대)
1759년 왕립 세브르 자기제작소가 됨
1789년 프랑스혁명 발발. 가마가 일시 조업 정지됨
1804년 나폴레옹 즉위. 제립帝立 가마가 됨
1870년 제3공화정 성립에 따라 국유화됨
2012년 국립 세브르 자기제작소, 국립 세브르 도자기 미술관,
       아드리앙 뒤부셰 국립 도자기 미술관의 3자가 통합되어
       '세브르 리모주 도자기 도시'가 됨

관련 인물

퐁파두르 부인
루이 15세의 공식 정부. 미모와 예술 방면의 재주가 뛰어나고 재치 있는 입담으로 사람들을 사로잡으며 프랑스 사교계에 군림했다. 세브르 설립에 크게 기여했다.

대표 식기

풍부한 색채
격조 높은 짙은 감색 빛깔의 팻 블루, 구름 모양의 바림이 신비로운 클라우디드 블루, 퐁파두르 부인이 사랑한 분홍빛인 로즈 퐁파두르는 세브르를 대표하는 색채. 사진 왼쪽부터 팻 블루와 클라우디드 블루

아름다운 금채
금채란 가루나 전사지 상태의 금과 이를 이용한 상회기법을 일컫는다. 섬세하고 장식성이 높은 금채 표현법은 18세기 후반에 서양 식기의 디자인 트렌드를 주도하게 된다.

백스탬프 사진 출처: 미라벨Myrabella 위키미디어 커먼스
그밖의 사진 제공: 소비주식회사

왕실 납품에서 왕립을 거쳐 국립 도자기제작소로 발전하다

현재도 국립 가마인 세브르는 국가를 대표하기 때문에 예술성이 뛰어나고 치밀한 디자인의 식기를 만들어내고 있다. 또한 다른 공방이 기계로 500개의 접시를 생산하는 동안 세브르는 1개의 접시를 정성 들여 만든다는 일화가 있을 정도로 생산량이 적어 대부분 프랑스 정부나 국빈용으로 사용되고 있다. 희소성이 높아 결코 부담 없이 구입할 수 있는 가격대는 아니지만 서양 식기의 역사를 이해하는 데 매우 중요한 브랜드이다.

세브르는 퐁파두르 부인(p. 265)에 의해 로코코 양식이 꽃을 피우던 1759년에 왕립 가마가 되었다. 1759년은 7년 전쟁(p. 228)이 발발한 해로 프랑스도 참전하여 막대한 국비를 투입해야 했다. 그런데도 퐁파두르 부인은 세브르에 대한 후원을 중단하지 않았다. 막강한 권력을 잡은 한 여성의 사랑을 받으면서 유럽 도자기 역사에 이름을 남기게 된 것이다.

세브르의 역사를 조금 더 깊이 파고들어 보자. 18세기 프랑스도 다른 유럽 국가들과 마찬가지로 자기 제조에 대한 수많은 연구와 도전이 이루어졌다. 그러나 카올린이 발견되지 않았기 때문에 우선 연질자기(p. 20) 개발이 진행되었다. 1740년경에는 궁정 재무관이 후원을 맡아 연질자기를 만들던 샹티이 가마에서 두 도공을 불러올려 파리 시내 뱅센 지역에 가마를 열었다.

하지만 경영이 잘되지 않아 결국 파탄에 이르자 왕실은 고심하게 된다. 이때 등장하는 사람이 바로 퐁파두르 부인이다. 그녀는 뱅센 가마를 유지하는 데 막대한 국고를 할애했으며 '자기를 독점적으로 제조하는' 허가를 내렸고 20년 동안 다른 곳에서의 자기 제조를 금지하였다.

1756년 퐁파두르 부인의 건의에 따라 뱅센 가마는 파리와 베르사유 궁전의 중간에 위치한 세브르로 이전했고 1759년에 '프랑스 왕립 세브르 자기제작소'로 이름을 바꿨다. 당시 유럽에서 명성을 날리고 있던 마이센 가마와 빈 가마에 대한 경쟁심도 대단하여 세브르에 쟁쟁한 화가와 기술자를 대거 투입하였다.

세브르가 서양 식기 디자인에 끼친 지대한 영향은 서양 식기의 역사를 말하는 데 빼놓을 수 없는 대목으로 유럽 대륙은 물론 바다 건너 영국에도 영향을 끼쳤다. 특히 가장 영향을 많이 받은 것이 민턴(p. 92)이었다.

세브르는 1789년 프랑스 혁명으로 공방이 습격을 당해 작품 대부분이 몰수 또는 파괴되고 조업 정지까지 내몰리게 된다. 그런 세브르를 구한 것이 나폴레옹이었다. 그는 프랑스 혁명의 혼란을 틈타 정권을 잡고 자신의 권위를 과시하는 수단으로 도자기 제작을 장려했다. 그리고 1804년 나폴레옹의 황제 즉위에 따라 세브르는 제립 가마가 된다. 현재는 국립 세브르 도자기 미술관과 아드리앙 뒤부셰 국립 도자기 미술관과 함께 '세브르 리모주 도자기 도시'의 일부가 되었다.

> 👉 **더 알아보기…**
>
> 로얄 크라운 더비…p. 80
> 민턴…p. 92
> 로코코 양식…p. 154
> 페티코트 동맹과 7년 전쟁…p. 228
> 프랑스 혁명과 영국 혁명…p. 232

프랑스의 식기

앙시엔 마뉘팍튀르 루아얄
[Ancienne Manufacture Royale]

세브르 디자인 사용을 허가받은 가마

☞ **창업**
1737년

☞ **창업지**
프랑스 리모주

☞ **브랜드명의 유래**
창업지

☞ **특징**
왕실에서 사용하는 격식 높은 디자인

☞ **대표 양식**
로코코 양식, 루이 16세 양식, 앙피르 양식

☞ **역사**
1737년 창업
1771년 프랑스 리모주에서 최초로 경질자기 제작에 성공
1797년 왕립 가마가 됨
1986년 베르나르도 산하에 들어감

대표 식기

마리 앙투아네트
1782년 마리 앙투아네트를 위해 베르사유 궁전에 납품하던 세브르 가마의 식기를 복원했다. 수레국화의 소박한 아름다움과 꽃을 둘러싼 사슬 모양의 진주 페인팅이 안정적이고 품위를 느끼게 하는 디자인이다.

리모주에서 가장 오래된 가마

프랑스의 루아얄 리모주*는 리모주에서 발견된 카올린을 사용하여 <mark>경질자기를 만드는 데 성공한 가마로 가장 오래됐다.</mark>

1797년에는 왕립이 되어 명칭에 루아얄을 붙이고 처음으로 '리모주LIMOGES' 상표를 사용하는 것을 허가받았다.

또한 루브르 미술관 등에 소장되어 있는 세브르 가마 등의 작품을 복각할 수 있도록 허가받은 몇 안 되는 브랜드 중 하나이기도 하다. 세브르의 식기는 좀처럼 구할 수 없지만 루아얄 리모주를 통해 희귀한 세브르의 식기 디자인을 손에 넣을 수 있는 것이다.

미술 양식은 18~19세기 전반에 프랑스에서 유행했던 시누아즈리, 로코코 양식, 루이 16세 양식, 앙피르 양식이 특히 애용되었다.

루아얄 리모주는 마리 앙투아네트의 남편인 루이 16세의 동생으로 후에 샤를 10세가 되는 아르투아 백작의 비호 아래 루이 16세가 즉위한 1774년에 왕실 납품 가마가 되었다가 1797년에는 왕립이 되었다. 현재는 베르나르도 산하에 있다.

* 루아얄 리모주는 '앙시엔 마뉘팍튀르 루아얄 드 리모주'의 약칭이다. 이 책에서는 '루아얄 리모주'라는 명칭으로 기재하였다.

베르나르도

[Bernardaud]

나폴레옹 3세가 사랑한 식기

👉 **창업**
1863년

👉 **창업지**
프랑스 리모주

👉 **브랜드명의 유래**
선구자의 이름

👉 **특징**
우아하면서도 튀지 않는 디자인

👉 **대표 양식**
로코코 양식, 앙피르 양식, 모던 양식

👉 **역사**
1863년 창업
1867년 외제니 황후에게 '외제니'를 진상
1900년 레오나르 베르나르도가 사장에 취임
1986년 루아얄 리모주를 인수

대표 식기

에큄
바다 거품을 형상화한 디자인 시리즈.
지금도 고급 레스토랑에서 애용되고 있다.

벨 에포크 시대에 발달한 리모주 가마

베르나르도는 리모주를 대표하는 도자기 브랜드이다. 전 세계의 일류 호텔이나 3성 레스토랑에서 베르나르도의 식기를 애용하고 있다. 특징은 음식을 담는 부분이 평평하게 디자인된 시리즈가 많다는 것. 캔버스처럼 자유로운 발상으로 요리를 담아낼 수 있다. 일류 셰프들 중에 베르나르도의 애용자가 많은 이유다.

1863년에 창업됐다. 리모주에서 두 기업이 공동으로 테이블웨어 공장을 설립하고 불과 4년 후에 나폴레옹 3세의 왕실 납품 식기가 되어 확고한 지위를 확립했다. 당시는 나폴레옹 3세가 파리 대개조(p. 242)를 시행하고 있던 무렵으로 아름다운 도시로 변모한 파리에서 문화가 꽃을 피우게 되는 '벨 에포크' 시대의 직전이기도 했고 베르나르도를 비롯한 프랑스(리모주)의 많은 가마가 급속히 발달한 시기이기도 했다.

당시 공장 내 주목을 받는 한 명의 견습생이 있었다. 그의 이름이 바로 레오나르 베르나르도이다. 20년 후에 영업 책임자가 된 그는 두 창업자의 권유로 경영에 참가한다. 1900년 레오나르는 이미 회사 이름을 그의 이름으로 변경한 회사를 창업주들에게 물려받게 된다. 그 회사가 현재의 베르나르도이다. 현재는 프랑스 최초로 경질자기 제작에 성공한 루아얄 리모주(p. 66)를 산하에 두고 있다.

프랑스의 식기

위: 베르나르도의 마르크 샤갈 컬렉션
아래: 베르나르도 '에큄'을 사용한 아오이케 레스토랑의 전채. 프랑스 레스토랑 '아오이케'는 다양한 브랜드의 서양 식기에 센스 있게 담긴 요리를 보는 즐거움으로 맛의 감동을 더한다. 서양 식기를 좋아하는 사람에게 꼭 추천하고 싶은 가게이다. (카노)

촬영 협력: 아오이케

베르나르도의 보스턴

20세기에 들어서며 레오나르 베르나르도는 미국 시장을 개척한다. 1925년 아르데코 엑스포라고도 하는 파리 국제 장식미술박람회에 '보스턴'을 출품했다. 보스턴은 재즈와 아르데코가 세상을 풍미하던 당시 시대상을 반영하여 같은 해에 출판된 미국 소설 『위대한 개츠비』에서 금방 튀어나온 듯한 현란한 스팽글 디자인으로 보란 듯이 금상을 수상했다.

☞ 더 알아보기…

만국박람회…p. 244
파리 대개조…p. 242

- 68 -

역사 | 세브르와 리모주의 관계

리모주 그릇이란 무엇인가

원래 리모주는 일반 명사이다. '루아얄 리모주' '베르나르도' '하빌랜드' 등이 각 가마의 이름으로 리모주를 제조하고 있다. '리모주 가마' '리모주 자기'라고도 표기한다.

세브르와 함께 프랑스 유수의 도자기 거리인 리모주는 예로부터 에나멜 그림을 그리는 장인의 거리로 알려져 있었다. 그런데 근교에서 양질의 카올린이 발견되면서 1768년에 자기 제조가 시작되었다. 당시 리모주는 주의 수도 역할을 하고 있었는데 에나멜 페인팅 기술을 활용한 다채로운 상회 자기를 제조하면서 자기 생산지로 평판을 높여갔다.

루이 15세 시대에 세브르가 폭발적인 수요에 대응하지 못하자 리모주에 백자 생산을 요청하면서 1784년경부터 리모주는 실질적으로 세브르의 하청 공장이 된다. 나중에는 세브르까지 운반이 번거로워져서 페인팅과 금채뿐만 아니라 세브르의 마크까지 리모주에 하청하게 되었다.

이어 1784년 5월 16일 프랑스 왕실은 프랑스 전역을 향해 '파리 9가마 칙허'를 발령했다. 당시 파리에 있던 민간 가마 가운데 9곳에만 컬러 페인팅과 금채 사용을 허용한다는 내용이었다. 이 여파로 리모주 가마도 명목상 백자로 제품을 출하하도록 강요당한다. 이후 혁명에 의해 왕정이 무너지면서 리모주는 다시 독자적인 자기 가마로서 활동을 시작하게 되었다.

마리 앙투아네트의 비호를 받은
왕비의 공방 Manufacture a la Reine

'파리 9가마 칙허'에서 컬러 페인팅과 금채 사용을 인정받은 가마 중 하나가 파리의 티루 가에 접한 렌(왕비라는 뜻) 가마이다. 1776년에 창업하여 마리 앙투아네트의 비호를 받아 후에 '왕비의 공방'이라 불린 가마였으나 1810년에 폐업하였다. 2020년 노리다케가 프랑스의 명품 홍차 브랜드인 니니스가 소유하고 있던 렌 가마에서 만든 오리지널 식기를 바탕으로 복각에 성공했다.

마리 앙투아네트 1775®

일본의 서양 식기 브랜드 노리다케와 서양 식기 전문점 르노블이 공동개발하여 복각했다.

프랑스의 식기

하빌랜드
[Haviland]

미국에서 대성공을 거둔 리모주 가마

👉 **창업**
1842년

👉 **창업지**
프랑스 리모주

👉 **브랜드명의 유래**
창업자의 이름

👉 **특징**
프랑스 귀족 취향의 우아한 디자인

👉 **대표 양식**
로코코 양식, 루이 16세 양식, 아르누보, 아르데코

👉 **역사**
1842년 창업
1872년 펠릭스 브라크몽 예술감독 취임
1876년 샤플레가 바르보틴 제작 개시
1879년 아들 샤를 하빌랜드가 경영 승계 후 서양 최대의 자기제작소로 성장

관련 인물

데이비드 하빌랜드
창업자. 뉴욕의 무역상으로 미국인의 취향을 익히 알고 있었기에 단기간에 미국 시장을 석권하고 하빌랜드의 이름을 세계에 떨쳤다.

펠릭스 브라크몽
판화가. 일본의 '호쿠사이 만화'(우키요에)*를 서양에 전파한 제일인자. 하빌랜드의 아트 디렉터

에르네스트 샤플레
신기술 '바르보틴'을 개발한 도예가

* 역자 주) 브라크몽이 우연히 우키요에(그중『호쿠사이 만화』)를 발견하여 이를 기반으로 프랑스 최초의 자포니즘 디자인인 '루소 시리즈'를 제작하여 유럽에 널리 알려지게 됐다. 1866년 프랑수아 루소가 브라크몽에게 디너 서비스 제작을 의뢰하여 1967년 파리 만국박람회에서 호평을 받아 롱셀러 상품으로 등극했다.

대표 식기

앵페라트리스 외제니
1901년 발표. 외제니 황후가 좋아하는 연보라색 제비꽃을 그린 디자인. 프랑스에서 국빈용 식기는 세브르(p. 64)로 정해져 있는데 유일하게 예외로 엘리제궁의 공식 저녁 식사에 사용되고 있다.
(사진 제공: 하빌랜드 도쿄)

루브시엔
베르사유 궁전의 타일에서 힌트를 얻은 디자인. 마리 앙투아네트가 사랑한 수레국화와 장미 메달리온 등 세브르풍의 루이 16세 양식

최신 기술을 도입하여 리모주 전체에 크게 기여하다

하빌랜드는 미국인이 창업한 리모주 자기(p.69) 공방이다. 창업자는 데이비드 하빌랜드로 뉴욕에서 활약하던 무역상이었다. 데이비드는 어느 날 고객이 가져온 백자 찻잔에 감동을 받는다. 그것이 리모주 제품이라는 것을 알게 되자 그는 리모주 자기를 생산해 미국에 수출하기로 결심하고 1842년 리모주 자기를 제작하는 '하빌랜드'를 설립한다. 미국인 취향의 디자인을 잘 알고 있던 하빌랜드는 강한 신념과 행동력으로 단기간에 미국 시장을 석권한다. 사업을 시작한 지 불과 10여 년 만에 프랑스 자기 수출의 50%를 차지하는 서양 최대급 자기제작소가 된 것이다.

'프랑스의 새로운 자기 제품'은 미국에서 큰 화제를 모았고 결과적으로 '리모주'라는 프랑스 자기 생산지도 세계적으로 유명해졌다. 또한 당시 최첨단 기술인 주입성형*과 다색 석판 인쇄술** 등을 도입하는 등 리모주 자기 전체의 수준 향상에도 기여했다.

1872년 예술감독으로 취임한 브라크몽의 지도하에 실시된 다색 석판 인쇄술은 윤곽선의 전사와 페인팅을 동시에 가능하게 함으로써 대량생산에 따른 비용 절감이 이루어져 큰 수익을 거두었다.

비슷한 시기에 하빌랜드에 입사한 도예가 에르네스트 샤플레는 새로운 기법인 바르보틴(p.133)의 제작을 시작한다. 하빌랜드의 바르보틴은 잘 팔리지 않아 일찌감치 철수했다. 하지만 자포니즘과 인상파 회화를 모티프로 한 참신한 디자인이 주목을 받았으며 특히 중산층이 선호하여 프랑스 각지의 가마에서 19세기 말에서 20세기 초에 대량생산되었다.

2대 경영자에 취임한 아들 찰스 하빌랜드는 자포니즘과 인상파 회화를 애호했지만 이에 구애받지 않고 자사의 특기인 고급 테이블웨어 노선으로 전환한 마케팅으로 성공한다. 하빌랜드제 고급 디너 서비스는 역대 미국 대통령, 프랑스 황실, 일본 정부의 정찬용 식기로도 쓰였다.

식기 디자인 측면에서 하빌랜드의 특징은 '앵페라트리스 외제니' '루브시엔' 등 프랑스 왕실이 사랑했던 디자인에 특화되었다는 점을 들 수 있다. 특히 앵페라트리스 외제니는 세브르 제품 이외에 유일하게 프랑스 국빈용 디너 서비스로 사용이 허가된 시리즈이다. 프랑스 황제 나폴레옹 3세의 황후였던 외제니를 위해 디자인되었다.

* 단단한 점토가 아니라 부드러운 점토(이장)를 섞고 형틀에 주입해서 모양을 만드는 제조법
** 판화의 일종. 리토그래프

앵페라트리스 외제니
ⓒ하빌랜드 도쿄(사진 제공: 하빌랜드)

🖙 더 알아보기…

바르보틴…p. 133
자포니즘…p. 192

브랜드

이탈리아의 식기

르네상스 시기의 이탈리아에서는 중부 이탈리아를 중심으로 마욜리카 도기의 생산이 활발했다. 18세기에 들어서면서 마이센 자기의 탄생에 자극을 받아 피렌체와 나폴리에서 자기 가마가 만들어졌다.

로마

> **특징**
> · 색채가 다양한 마욜리카 도기
> · 고대 그리스와 로마 신화, 기독교적 모티프
> · 바로크적 특징을 지닌 부조 장식

다양한 미술 양식을 차용한 식기의 향연
① **지노리 1735** ···p. 74

왼쪽부터 이탈리안 프루트와 오리엔테 이탈리아노

- 72 -

카포디몬테

카포디몬테 가마는 나폴리 왕 카를로 7세(후에 스페인 왕 카를로스 3세가 됨)가 마이센의 창업자인 강건왕 아우구스트의 손녀 마리아와 결혼을 한 계기로 자기에 관심을 가지게 되면서 1743년 나폴리의 카포디몬테 왕궁 부지 안에 설립한 자기 공방이다. 남부 이탈리아다운 밝고 풍부한 색감이 특징인 도자기를 생산했다. 지노리1735는 3대 경영자 시대에 카포디몬테 자기의 원형을 입수하여 기술을 계승하면서 현재에 이르고 있다. 오른쪽에 세로로 배열한 찻잔들은 지노리1735의 '카포디몬테' 시리즈.

색감이 풍부한 마욜리카 도기…p. 133

👉 더 알아보기…

마욜리카 도기…p. 133
바로크 양식…p. 146
신고전 양식…p. 164
폼페이 유적…p. 239

이탈리아의 식기

GINORI 1735
지노리1735
[Ginori 1735]

다양한 미술 양식을 차용한 식기의 향연

☞ 창업
1735년

☞ 창업지
이탈리아 토스카나주

☞ 브랜드명의 유래
창업자의 이름

☞ 특징
주요한 미술 양식을 활용한 작품들이 현재도 판매되고 있다.

☞ 대표 양식
바로크 양식, 로코코 양식, 신고전 양식, 아르데코 양식

☞ 역사
- 1735년 카를로 지노리 후작이 자기 가마 창업 준비를 시작
- 1737년 자기 가마를 창업 (도치아 가마)
  (이후 1896년까지 지노리 가문이 5대에 걸쳐 경영을 담당)
- 1896년 이탈리아 북부에서 부상하던 밀라노 도자기 메이커 '리차드 도자기 회사'와 합병하여 '리차드 지노리'로 사명 변경
- 2013년 구찌 산하로 들어감
- 2016년 케링 산하로 들어감
- 2020년 '지노리1735'로 사명 변경

관련 인물

카를로 지노리 후작
지노리1735의 전신 도치아 가마의 창업자. 여러 분야에 흥미를 가졌으며 화학과 광물학에도 조예가 깊었다. 원료가 되는 흙을 직접 찾아내 점토 반죽과 발색을 연구하여 경질자기를 완성하였다.

대표 식기

이탈리안 프루트
지노리만의 흰 바탕에 푸른색 등의 과일과 작은 꽃을 그린 시리즈. 토스카나 지방에 있는 귀족 별장에서 사용할 디너 세트로 고안되었다.

오리엔테 이탈리아노
2022년 구찌의 크리에이티브 디렉터인 알레산드로 미켈레가 2015년 아카이브에서 영감을 얻어 디자인한 시리즈. 참신한 컬러 베리에이션이 특징이다.

이탈리아 귀족이 창업한 다양한 디자인을 즐길 수 있는 자기

지노리1735는 1735년에 당초 브랜드명이기도 한 '도치아'라는 이름으로 창업 준비를 시작한 자기 가마이다. 일반적으로 '리차드 지노리'라는 명칭에 더 익숙할지 모르겠다. '지노리1735'는 2020년 리차드 지노리가 원점을 돌아보는 의미를 담아 개칭한 이름이다.

지노리1735는 귀족이 창업자라는 데 큰 특징이 있다. 18세기 당시 자국의 쇠퇴를 우려했던 한 귀족으로부터 역사가 시작된다.

지노리1735의 전신인 도치아 가마가 있던 토스카나 대공국의 수도 피렌체는 한때 지중해 무역으로 번성했다. 하지만 콜럼버스로 시작되는 대항해 시대를 맞이하면서 세상은 대서양 삼각무역(p. 234)으로 전환된다.

지중해 무역이 축소되면서 피렌체가 쇠퇴일로를 걷게 되고 만다. 창업자인 카를로 지노리 후작은 다시 자국의 번영을 가져오기 위해서는 당시 사람들에게 금과 동등한 가치를 지닌 경질자기를 생산할 필요가 있다고 생각하게 된다.

지노리 가문은 이탈리아의 유서 깊은 가문이다. 당시 귀족은 명문가의 부유층일 뿐만 아니라 일반 학자보다 더 많은 연구에 몰두했고 정확한 지식을 갖춘 지식인이기도 했다. 카를로 지노리 후작은 화학과 광물학에도 조예가 깊어 스스로 자기 제조의 원료를 찾아내고 점토 반죽과 발색을 연구하여 경질자기를 완성하였다. 그리고 1735년에 피렌체 외곽의 도치아에 있는 자신의 별장에서 가마를 열 준비를 시작했다. 바로 현재의 지노리1735의 전신인 도치아 가마이다.

카를로 지노리 후작은 그밖에도 공방 기술을 향상하기 위해 페인팅, 디자인, 조각 학교를 창설하는 등 기술 개발을 위한 노력을 아끼지 않았다. 이후 경영은 지노리 후작 가문이 5대에 걸쳐 계승하였다. 1807년에는 나폴리 왕이 운영하던 카포디몬테 가마(p. 73)에서 형태와 디자인을 그대로 물려받아 작품의 폭을 한층 더 넓혀간다. 1896년 밀라노 소재의 리처드 도자기제작소와 합병해 '리차드 지노리'가 되었다. 이후 2013년 패션 브랜드 구찌 산하에 들어가 2020년 지노리1735로 개칭하여 현재에 이른다. 지노리1735가 구찌의 인테리어 컬렉션 '구찌데코르' 도자기를 제작하는 등 같은 피렌체 브랜드끼리 협업한 식기도 다수 제작했다.

지노리1735의 특징은 풍부한 미술 양식을 차용하고 있다. 바로크 양식부터 아르데코 양식에 이르기까지 실로 <mark>다양한 미술 양식을 풍부한 제품군에 담아 고객들을 즐겁게 하고 있다.</mark>

베키아 지노리 화이트
다양한 요리에 사용할 수 있는 만능 시리즈. 사진은 수프 플레이트 24cm

> 👉 **더 알아보기…**
> 뜻밖의 지노리 가문과 피노키오의 인연…p. 76

지노리1735의 식기는 다양한 미술 양식을 즐길 수 있다. 사진 왼쪽은 시계 방향으로 가키에몬 양식의 레드콕 / 로코코 양식의 이탈리안 프루트 / 바로크 양식의 세이프와 작은 장미가 사랑스러운 로제리니 / 시누아즈리와 로코코 양식의 정신을 느낄 수 있는 그란두카

문화 | **뜻밖의 지노리 가문과 피노키오의 인연**

1854년 도치아 가마의 4대 경영자인 로렌초 2세 지노리 리시는 공장 운영을 파올로 로렌치니에게 일임하였고 그 후 자기 생산과 설비가 비약적으로 향상되었다. 파올로는 대대로 지노리 후작 가문을 섬기는 일가에서 자랐다. 그의 형제인 카를로 로렌치니가 후에 『피노키오의 모험』을 쓴 카를로 콜로디('콜로디'는 카를로의 필명)이다.

리차드 지노리 시대에 '피노키오' 시리즈가 출시되었다. 이러한 지노리 가문과 피노키오 작가의 인연이 시리즈 탄생과 관련이 있다.

사진 오른쪽 위에서부터 시계 방향으로 신고전 양식의 팔메트(플레이트 22cm), 앙피르 양식의 콘테사(컵과 소서) / 시누아즈리와 모던이 융합된 오리엔테 이탈리아노 / 아르데코 양식의 라비린토 스카틀라토

- 77 -

브랜드

영국의 식기

영국은 독일과 함께 유럽 유수의 도자기 대국이다. 18세기 후반에 유럽을 휩쓴 경질자기에 필요한 카올린을 국내에서 채취하지 못한 대신 다양한 신소재를 개발하였다. 유럽 대륙과는 달리 왕족과 귀족이 아니라 민간인에 의한 가마의 창업과 산업혁명으로 도자기의 양산화 기술이 발전하게 된다. 영국과 유럽 대륙의 서양 식기들의 공통점과 차이점에 주목하면서 브랜드의 탄생 스토리를 알아보자.

👉 특징
- 브랜드명은 창업자의 이름에서 유래된 경우가 많다.
- 다양한 소지를 사용한다.
- 영국 고유의 미학을 디자인에 반영한다.
- 빅토리아 시대에는 복고 디자인이 많이 탄생하였다.

영국에서 가장 오래된 격조 높은 자기
① **로얄 크라운 더비** ···p. 80

사쓰마 자기를 모방한 초절정 기교의 자기
② **로얄 우스터** ···p. 82

신고전 양식 디자인의 제왕
③ 웨지우드…p. 86

본차이나와 동판전사로
영국 자기업계에 큰 공헌
④ 스포드…p. 88

프랑스의 영향을 가장 많이 받은 영국 자기
⑤ 민턴…p. 92

영국 자기의 '작가주의'의 선구자
⑥ 로얄 덜튼…p. 98

👉 **더 알아보기…**

신고전 양식…p. 164	그랜드 투어…p. 235
고딕 복고…p. 178	픽처레스크…p. 236
프랑스 혁명과 영국 혁명…p. 232	조사이아 웨지우드…p. 268

---

① 로얄 크라운 더비의 로열 앙투아네트 / ② 로얄 우스터의 이브삼골드 / ③ 웨지우드의 재스퍼웨어 / ④ 스포드의 블루 이탈리안 / ⑤ 민턴의 하든홀 / ⑥ 로얄 덜튼의 소넷

영국의 식기

로얄 크라운 더비
[Royal Crown Derby]

영국에서 가장 역사 깊고 격조 높은 자기

창업
1750년경(여러 설이 있음)

창업지
영국 더비주

브랜드명의 유래
창업지

특징
현재도 영국 내에서 자체 생산하고 있다. 호화로운 금채, 앤티크한 세브르풍

대표 양식
로코코 양식, 리젠시 양식

역사
1750년경　앙드레 플랑슈가 더비에서 창업
1775년　국왕 조지 3세로부터 '크라운' 칭호를 받음
1848년　더비 가마 폐업. 여섯 명의 장인이 공동으로 킹스트리트에 공장을 설립
1877년　오스마스턴 거리어 크라운 더비 설립
1890년　빅토리아 여왕으로부터 '로열' 칭호를 받음. 같은 해 프랑스에서 데지레 레로이를 영입
1935년　킹스트리트 공장을 흡수 합병. 전 사업을 오스마스턴 거리의 공장에 집약

로고 마크
로고 마크는 왕실 납품업체임을 나타내는 왕관 마크. 2014년부터 신형 로고(위쪽 사진)가 신상품에 사용되고 있다. 과거에 출시된 기존 제품 중 현재에도 생산되는 제품에는 구형 로고(오른쪽 사진)를 사용하고 있다.

관련 인물

앙드레 플랑슈
창업자. 18세기 후반에 개신교에 대한 탄압을 피해 프랑스에서 영국으로 이주한 위그노 교도. 런던에서 금세공 장인으로 일하다가 이후 더비의 거리로 옮겨왔다.

데지레 레로이
1840년 프랑스 출신의 페인터. 1851년(당시 11세)부터 세브르에서 수업하였고 1874년 민턴(p. 92)에 초청되어 영국으로 건너갔다. 1890년 더비 가마에 입사했다. 더비 역사상 가장 뛰어난 귀재이다.

대표 식기

로열 앙투아네트
1959년 발매. 1780년대에 프랑스 왕비 앙투아네트의 이미지를 형상화한 '멜로즈' 패턴에서 파생.

올드 이마리
1775년경 탄생. 19세기 초 유행한 이마리 문양의 현대 제품. '더비 재팬'이라고 불리는 식기 패턴 중 패턴 번호 1128이 올드 이마리이다.

(백스탬프 사진 제공: 로얄크라운더비재팬주식회사)

흡수 합병으로 파란만장한 역사를 겪다

'로얄'과 '크라운'. 왕실 관련 두 명칭을 가진 유일한 브랜드 로얄 크라운 더비. 이름이 특이한 데는 로얄 크라운 더비의 복잡한 역사와 관련이 있다. 다른 많은 가마에도 흡수 합병이나 도산의 역사가 있지만 로얄 크라운 더비는 특히 더 현저했다. 그래서 가마의 역사가 복잡하고 초보자에게는 상당히 난해하기도 하다. 우선 로얄 크라운 더비의 역사상 특징으로 흡수 합병으로 가마의 경영이 매우 파란만장했다는 점만 기억해두자.

식기 디자인의 특징은 격조 높은 프랑스 세브르의 영향을 받았다는 것과 영국 도자기답게 리젠시 양식(p.177)에 특화되어 있다는 것 등이다. 또 웨지우드나 스포드가 중류계급(p.212)에도 보급되는 저가 제품을 만든 반면에 로얄 크라운 더비는 철저하게 왕족과 귀족 등 부유층을 고객으로 두었다.

1750년경 앙드레 플랑슈가 더비주에 작은 도자기 공방을 만든 것이 더비 가마의 시작이다. 이후 에나멜 페인터인 윌리엄 듀즈베리가 경영에 참여하게 되면서 영국 최초의 자기 제작으로 유명한 런던의 첼시 가마와 본차이나 제조를 처음 시도한 보 가마를 흡수 합병하는 등 사업을 확장해나갔다. 그리고 국왕 조지 3세가 왕실 납품 업체로서 '크라운' 칭호를 수여함으로써 회사 이름이 '크라운 더비'가 되었다.

그러나 19세기 초에 경영 승계 등의 문제가 발생하였고 그 사이에 사업은 점차 쇠퇴하여 최종적으로 크라운 더비는 폐업했다. 이후 두 군데에서 각각 회생했다. 하나는 폐업 직후 크라운 더비의 전 장인들이 킹스트리트에서 독립한 공방으로 크라운 더비의 디자인을 계승한 다른 명의의 공방이었다. 다른 하나는 정식 권리를 취득하여 오스매스턴 거리에 재건된 크라운 더비 제도소이다. 오랫동안 이 두 가마가 따로따로 더비 가마의 작품을 만들며 명맥을 이어가다가 1890년 '크라운 더비 제도소'가 당시 빅토리아 여왕으로부터 왕실 납품을 주문받아 현재까지 이어지는 '로얄 크라운 더비'라는 회사명을 얻게 됐다.

1890년은 세브르에서 수업을 받은 프랑스의 아티스트 겸 디자이너 데지레 레로이를 더비로 영입한 해이기도 하다. 레로이는 더비에서 제작에 종사한 아티스트 중 가장 뛰어난 사람 중 하나였다. 그는 세브르에서 민턴을 거쳐 로얄 크라운 더비에 입사했는데 재능이 절정에 달했고 세브르풍의 훌륭한 페인팅과 사치스러운 금채 작품들을 만들어냈다.

1935년 로얄 크라운 더비는 킹스트리트에 있던 공방을 흡수 합병하는 데 성공하고 전 사업을 오스매스턴 거리에 있는 공장으로 통합했다. 그 후 성장을 계속한 로얄 크라운 더비는 현재도 영국 현지 생산을 고집하며 제품을 생산하고 있다.

어떤 각도에서 봐도 우아한
로열 앙투아네트

🖙 더 알아보기…

영국 특유의 미술 양식인
리젠시 양식과 이마리 문양…p. 177
종교개혁…p. 226
프랑스 혁명과 영국 혁명…p. 232

영국의 식기

로얄 우스터
[Royal Worcester]

일본 사쓰마 자기를 모방한 초절정 기교의 자기

창업
1751년

브랜드명의 유래
창업지

창업지
영국 우스터주,
현재는 포트메리온 산하 브랜드

특징
현재 생산품은 캐주얼, 앤티크 제품은 자포니즘이나 유화와 같은 페인팅 자기

대표 양식
자포니즘

역사
- 1751년 의사 존 월과 약사 윌리엄 데이비스가 13명의 출자자를 모아(총 15명) 창업
- 1786년 도자기 페인터 로버트 체임벌린이 페인팅 전문 공방인 체임벌린즈 우스터 설립
- 1789년 도자기계 최초로 로열 칭호가 수여됨
- 1840년 '체임벌린즈 우스터'가 본가 우스터를 흡수 합병
- 1862년 로얄 우스터 Worcester Royal Porcelain Co. 가 됨
- 2009년 포트메리온이 인수

로고 마크
로고 마크의 중심에 있는 '51'은 창업연도를 표시한다. 또한 저작권 기호 ⓒ 뒤에 쓰인 숫자는 앞면의 문양이 창작된 연도이다.

관련 인물

존 월
창업자 중 한 명. 우스터 근교에서 출생. 고향에 대한 애착이 강하고 옥스퍼드대학교에서 공부한 후 우스터에서 의사로서 공헌했다. 그런 한편 마을의 번영과 고용 촉진을 위해서 할 수 있는 일을 고민한 끝에 자기 제작소를 우스터에 만들기로 결심한다.

대표 식기

이브샴 골드
1961년 발표. 이브샴 계곡에 익어가는 가을 과일이 그려져 있다. 히트작이 별로 없는 상황에서 20세기 유일한 베스트셀러.

페인티드 푸르트
최고의 예술작품으로 불리는 유명한 시리즈이다. 페인팅과 소성을 6회 반복하고 22K로 11시간을 들여 도금을 한 후 연마 등의 공정을 거쳐 만들어진다.
(사진 제공: 소비주식회사)

영국 자기업계 최초로 로열워런트를 허가받다

1751년에 창업한 로얄 우스터는 다른 메이저 영국 가마처럼 대히트를 친 간판 상품이 별로 없는 조금 마이너한 자기다. 하지만 역사적으로 오래된 자기인 만큼 그 후의 많은 영국 자기에 영향을 주고 있으니 꼭 배우도록 하자.

로얄 우스터 역시 더비 가마(p. 80)와 마찬가지로 지금까지 전해 내려오면서 흡수 합병이 잇따랐기 때문에 초보자에게는 복잡하고 이해하기 어려울 수 있다. 우선 흡수 합병으로 파란만장한 역사를 헤쳐온 자기라는 것을 기억해 두자.

또한 영국 요업 최초로 '로열워런트(왕실납품 허가증)'를 취득한 것과 자포니즘으로 일약 유명해졌다는 것도 기억할 만한 특징이다. 디자인 면에서는 핸드프린팅이 뛰어난 반면 양산화된 히트작이 그리 많지 않다.

우스터 가마는 창업자 중 한 명인 의사 존 월의 사후에 경영이 악화되면서 경영자가 플라이트가로 바뀌게 된다. 이때 비용을 중시하는 새로운 경영자의 경영방침에 납득하지 못한 마스터 로버트 체임벌린이 독립하여 따로 공방을 설립하면서 오히려 본가보다 더 번창하게 된다. 그리고 더비 가마가 집안싸움으로 주춤거리는 사이 체임벌린 가마가 영국 최고의 실력자로 부상하여 본가인 우스터 가마를 흡수하는 드라마 같은 하극상이 펼쳐졌다.

영국 가마는 크게 스포드(p. 88)나 로얄 덜튼(p. 98) 등 지극히 영국풍의 디자인을 자랑하는 타입과 로얄 크라운 더비(p. 80)나 민턴(p. 92) 등 프랑스 세브르풍이 특기인 타입으로 나뉘는데 로얄 우스터는 후자에 해당된다. 플라이트가가 원래 프랑스 도자기 장사를 했던 것에 영향을 받았기 때문이다.

자포니즘 열풍의 와중에 만든 사쓰마 자기 모작은 로얄 우스터를 대표하는 디자인으로 1873년 빈 만국박람회에서 극찬을 받았다. 유럽인들은 1867년 당시 아트 디렉터들이 파리 만국박람회에서 선보인 자포니즘에 매료됐다. 그러면서 일본에 대한 다양한 자료와 문헌을 바탕으로 사쓰마 자기 모작 등 수많은 자포니즘 작품이 탄생하였고 빠른 기술 발전이 이어졌다.

20세기에 들어서면서 해외 제품과의 치열한 경쟁에 휘말리면서 1976년에는 스포드와 합병돼 2009년에 스토크온트렌트에 거점을 둔 포트메리온에 인수되어 현재에 이른다.

로얄 릴리
1788년 조지 3세가 샬럿 왕비에게 헌정한 디자인. 그다음 해 왕실은 우스터에 로열워런트를 허가한다.

👉 포트메리온이란

1960년 영국 웨일스에 있는 포트메리온 마을에서 도자기 디자이너 수전 윌리엄스 엘리스 부부가 창업한 도자기 회사. 1972년 발표한 '보타닉 가든'(사진)의 대히트로 일약 유명해졌다. 현재는 스포드와 로얄 우스터를 산하에 두고 있으며 스토크온트렌트에 본점이 있다.

👉 더 알아보기…

자포니즘…p. 192

역사 | 영국 도자기의 고향 스토크온트렌트는 어떤 장소인가

웨지우드, 스포드, 민턴 등 명품 가마가 창업된 영국 중부의 스태퍼드셔(셔는 '주'라는 뜻). 런던에서 특급열차로 1시간 반 정도 걸리는 이곳은 턴스톨, 버슬렘, 핸리, 스토크온트렌트, 펜턴, 롱턴의 6개 마을이 속한 지역이다. 그중에서도 스토크온트렌트 Stoke-on-Trent는 '포터리즈 The Potteries'라는 애칭으로 사랑받고 있다. 왜 이곳에는 이렇게 많은 유명한 업체들이 모여 있는 걸까?

그 이유는 두 가지이다. 하나는 이 지방이 가마의 연료인 석탄이 풍부했다는 것이다. 또 하나는 도자기의 원료가 되는 양질의 점토가 풍부했다는 것이다. 이곳의 점토질 토양은 농업에 부적합하여 예로부터 요업이 성행하였고 서민들의 일상용품이 제조되었다. 17세기에 녹로(물레) 기법이 전해지면서 농민들이 부업으로 하는 게 아니라 전문적인 도공이 곳곳에 탄생하게 된다. 버슬렘 지구의 웨지우드 가문도 그런 도공가 중 하나였다. '보틀 킬른'이라 불리는 병 모양의 가마를 만들어

전통적인 슬립웨어(p. 134)와 소박한 흑색 도자기 항아리, 접시, 물병 등을 만들었다. 현재도 당시 사용되던 약 50개의 보틀 킬른이 스토크온트렌트 마을에 남아 있다.

스토크온트렌트의 글래드스톤 포터리 박물관.
가운데 보이는 것이 보틀 킬른. 현재는 공해 문제로 폐쇄되었다.

로얄 우스터의 사쓰마 자기 모작

포트메리온의
보타닉 가든 하모니 (사진 중앙)

영국의 식기

웨지우드
[Wedgwood]

신고전 양식 디자인의 제왕

👉 창업
1759년

👉 창업지
영국 스태퍼드셔 스토그온트렌트, 현재는 피스카스Fiskars 그룹 산하 브랜드

👉 브랜드명의 유래
창업자의 이름

👉 특징
고대 그리스와 로마풍 디자인의 독자적인 도자기

👉 대표 양식
신고전 양식

👉 역사
- 1759년 창업(조사이아가 삼촌에게 아이비하우스 공방을 계승)
- 1761년 퀸즈웨어의 완성과 판매
- 1769년 벤틀리를 공동 경영자로 영입
- 1790년 '포틀랜드 항아리'를 재스퍼웨어로 재현
- 1795년 조사이아 웨지우드 사망
- 1812년 파인 본차이나를 제품화
- 2015년 핀란드 기업 피스카스그룹 산하로 편입

👉 로고 마크
로고 마크로 오랫동안 사용되었던 '포틀랜드 항아리'. 앤티크 제품에서는 색상으로 연대를 알 수 있다.

=== 관련 인물 ===

조사이아 웨지우드
창업자. 1730년생. '영국 도자기의 아버지'로 불린다. 도자기의 양산화, 사회공헌 등 도자기 업계뿐만 아니라 폭넓은 분야에서 활약했다.

토머스 벤틀리
1730년 출생. 웨지우드 가마의 공동 경영자. 조사이아와는 절친으로 조사이아의 삶과 사업에 무한한 영향을 미쳤다. 고학력자로 고전문학에 정통했다.

빅터 스퀠런
웨지우드 5세(1899~1968) 시절에 아트 디렉터로 기용된 디자이너

대표 식기

페스티비티
축제를 뜻하며 '퀸즈웨어'를 대표하는 시리즈

재스퍼웨어
창업자 조사이아 웨지우드가 독자 개발에 성공한 소지를 사용한 시리즈. 신고전 양식의 모티프가 다양하게 사용되고 있다.

독자적인 도자기를 개발하여 양산화에 성공하다

웨지우드의 창업자 조사이아 웨지우드는 '영국 도자기의 아버지'라고 불릴 정도로 영국 도자기 업계 전체에 매우 많은 기여를 했다(p. 268). 웨지우드 식기의 특징은 크게 다음과 같은 세 가지를 들 수 있다.

- 독자적인 도자기를 개발했다.
- 신고전 양식에 뛰어나다.
- 도자기업계 최초로 양산화에 성공했다.

창업 당시 제작되던 크림웨어(p. 31)는 자기에 비해 비용이 많이 들지 않아 다양한 공방에서 당시의 주력 상품으로 제작되었다. 조사이아는 이 크림웨어를 자체 연구로 개량하여 어느 공방보다 질 좋은 도기를 만드는 데 성공했다. 이것이 도자기에 관심이 많았던 샬럿 왕비(영국 왕 조지 3세의 아내)의 눈에 띄어 후원을 받을 수 있게 된다. 그 결과 웨지우드가 만드는 크림웨어는 특별히 '퀸즈웨어(여왕의 도자기)'라는 명예로운 명칭을 부여받았다.

또한 조사이아는 1769년에 현무암을 방불케 하는 흑색 도기 '블랙 바살트', 1774년에는 '재스퍼(석영)웨어'라고 이름 붙인 석기(p. 16)를 완성했다. 석기는 유럽에서 많이 만들어졌지만 재스퍼웨어는 기존 석기에 비해서도 알갱이가 아주 촘촘하고 소재가 현격히 부드럽다. 디자인은 웨지우드를 대표하는 신고전 양식이 사용되었다.

1790년에는 재스퍼웨어를 이용해 유명한 고대 로마의 유리 항아리인 '포틀랜드 항아리'를 완벽하게 재현했고 그러면서 조사이아 웨지우드의 명성은 한층 높아졌다. '포틀랜드 항아리'는 웨지우드의 상징이 되는 작품이 되었다. 현재까지도 백스탬프의 일부로 사용되는 등 현대 고객들에게도 친숙하다.

당시 영국은 세계 최초로 산업혁명(p. 232)을 이룬 국가였다. 조사이아는 다른 어떤 가마보다 일찍 기계화와 양산화에 주목하여 농민들의 수작업이었던 도예를 근대적 공업으로 발전시킨다. 전자제품이나 디지털이 없는 그 시대에 최신예 기기, 과학기술, 유통 시스템을 도입해 대량생산된 도자기는 '최첨단 테크놀로지의 결정'이었다. 현재의 정보기술에 버금가는 혁신을 이룬 웨지우드는 영국을 넘어서 세계 과학 기술의 선구자이기도 했다.

본차이나인 스위트 플럼과 크림웨어인 페스티비티의 코디네이션

👉 더 알아보기…

마욜리카…p. 133
신고전 양식…p. 164
그로테스크 문양…p. 171
프랑스 혁명과 영국 혁명…p. 232
그랜드 투어…p. 235
폼페이 유적…p. 239
조사이아 웨지우드…p. 268
빅터 스켈런…p. 270

 영국의 식기

스포드
[Spode]

본차이나에 동판전사기법을 도입하여 영국 요업계에 큰 공헌

☞ **창업**
1770년

☞ **창업지**
영국 스태퍼드셔 스토크온트렌트, 현재는 포트메리온 산하 브랜드

☞ **브랜드명의 유래**
창업자의 이름

☞ **특징**
블루 앤드 화이트, 오리엔탈풍의 도안, 런던 셰이프

☞ **대표 양식**
리젠시 양식

☞ **역사**
1770년   창업
1784년경   동판전사기법의 실용화에 성공
1799년경   본차이나의 제품화 성공
1806년   조지 4세(당시 황태자)에게 로열워런트를 받음
1833년   코플랜드가에서 스포드가의 모든 권리를 인수하여
         코플랜드 앤드 개릿으로 영업 재개
1866년   에드워드 7세(당시 황태자)에게 로열워런트를 받음
1970년   회사 이름을 '코플랜드'에서 '스포드'로 개칭
2009년   포트메리온 산하로 편입

☞ **로고 마크**
스포드는 사명이 '코플랜드'였던 시대가 있었기 때문에 앤티크 제품에서 '코플랜드COPELAND' 표기를 볼 수 있다(오른쪽 사진).

═══ 관련 인물 ═══

조사이아 스포드
창업자. 6세에 아버지를 여의고 도공의 길을 걷기 시작한다. 동판전사에 의한 하회기법의 실용화에 성공하였으나 본차이나의 제품화를 눈앞에 두고 사망했다.

조사이아 스포드 2세
조사이아의 아들. 1799년경 본차이나(당시 명칭은 '스토크 차이나')의 제품화에 성공했다. 그의 시대에 '런던 셰이프'와 '블루 이탈리안' 등 현재의 스포드를 대표하는 디자인이 다수 탄생했다.

═══ 대표 식기 ═══

블루 이탈리안
1816년 발표. 고대 로마의 전통적인 풍경과 조지 4세(당시 왕세자)가 사랑했던 이마리 문양(p. 177)을 접목한 디자인. 현재는 프린트이지만 원래는 동판전사로 제작했다.

런던 셰이프
밑이 오목한 원기둥형, 잘록한 저부, 각이 도드라진 손잡이가 특징이다. 1812년경에 디자인되어 영국 전역에서 유행하였으며 다양한 브랜드에서 제조되었다.

블루 앤드 화이트를 영국의 중산층에게 보급하다

스포드는 1770년 영국 스토크온트렌트에서 창업한 가마이다. 스포드의 역사에서 주목할 점은 영국 도자기의 양대 기술인 본차이나(p. 30)의 발명과 동판전사기법(p. 27)의 실용화를 하나의 브랜드에서 해냈다는 점이다. 18세기 말에 탄생한 이 두 기술은 19세기에 들어서면 메이저 제품에서 활발하게 사용되어 대영제국의 황금시대를 화려하게 빛내게 된다.

도토에 소의 골회를 섞어 굽는 기법은 1740년대에 보 가마의 토머스 프라이가 이미 고안한 적이 있지만 제품으로 판매할 수 있는 완성도에는 미치지 못했다. 그런데 스포드의 2대 경영자인 조사이아 스포드 2세가 골회의 비율과 소성 온도를 연구한 끝에 투명하고 아름다운 본차이나 제작에 성공한다.

1799년경 제품화가 시작된 초기의 본차이나는 지역명에서 유래한 '스토크 차이나'라고 불렸다. 이후 연구가 더 진행되면서 최종적으로 소의 골회를 50% 함유해 더 높은 투광성과 강도를 높인 '파인 본차이나'를 완성했다. 현재 영국의 서양 식기 브랜드 대부분이 본차이나를 제조하고 있다. 영국 도자기업계에 스포드가 얼마나 중요한 역할을 했는지 이해할 수 있을 것이다.

동판전사기법은 쉽게 말해 블루 앤드 화이트 그릇(p. 42)을 양산하는 기술이다. 판화처럼 동판에 새긴 무늬에 잉크를 묻혀 얇은 종이에 찍은 후 마르기 전에 그 종이를 도자기 표면에 재빨리 문질러 전사하는 기법이다. 한 장의 판화에서 300개의 치밀한 그림 접시를 단시간에 간단히 만들 수 있는 동판전사기법의 확립은 핸드페인팅 속도를 훨씬 뛰어넘는 매우 획기적인 것이었다. 대량생산을 목적으로 한 산업혁명에서 일익을 담당한 이 기술은 순식간에 유럽 전역으로 퍼졌다.

동판전사기법의 실용화에 성공한 것은 1784년경으로 1789년 프랑스 혁명(p. 232)과 비슷한 시기이다. 당시는 로코코 양식과 비슷한 시기에 전성기를 맞이했던 시누아즈리의 블루 앤드 화이트는 이미 인기가 시들해진 상태였다. 하지만 왕후와 귀족들이 열광하는 핸드페인팅의 블루 앤드 화이트 식기를 엄두도 내지 못하고 있던 중산층(p. 212) 사람들은 블루 앤드 화이트 식기를 계속 동경하고 있었다. 스포드의 동판전사기법에 의한 블루 앤드 화이트의 양산화는 중산층이나 노동계 계급의 가정에 동경하던 블루 앤드 화이트를 보급하는 데 지대한 공헌을 했다. 지금도 블루 앤드 화이트 식기는 스포드의 대명사이기도 하고 영국인들에게 특별한 애정을 받고 있는 제품이다.

헤리티지(로마)
스포드 창업 250주년을 기념해 만든 시리즈. 1811년의 아카이브에서 영감을 얻어 만들어졌다.

🕮 더 알아보기…

동판전사기법…p. 27
포트메리온…p. 83
신고전 양식…p. 164
리젠시 양식…p. 177
픽처레스크…p. 236
조사이아 스포드…p. 269

영화「신데렐라」에 등장하는 스포드의 트랩넬 스프레이즈

디즈니의 실사판 영화「신데렐라」에서는 소품으로 스포드의 '트랩넬 스프레이즈Trapnell Sprays'가 등장한다. 어떤 장면에서 등장할까?

왕궁 살롱을 수놓은 페로의「신데렐라」

영화「신데렐라」속 티타임과 식사 장면에서 나오는 '트랩넬 스프레이즈'는 주인공 신데렐라(극중 본명은 엘라)의 행복과 불행을 상징한다. 이 제품은 영국의 명품 식기인 스포드의 창업자 조사이아 스포드의 탄생 250주년을 기념해 1983년 리메이크된 것이다. 오리지널은 1900년경 제작되었으며 영국 로코코 복고 작품(p. 158)이다.

상큼한 터콰이즈 블루의 작은 진주와 코스모스와 사과를 형상화한 여성스러운 디자인이 금색으로 치장한 부드러운 곡선 테두리와 맞물려 매우 우아한 느낌을 주는 로코코풍으로 완성되었다. 신데렐라의 하늘색 드레스를 암시하는 터콰이즈 블루의 이 중요한 소품은 수많은 도자기 중에서 특별히 선택된 것이라고 추측된다.

「신데렐라」는 우리에게 친숙한 동화이다. 필자는 조금 잔인한 그림 형제의 작품보다 세련되고 고급스러운 페로의 작품을 더 좋아한다. 샤를 페로는 사실 루이 14세를 섬긴 부르주아 관리로 그가 엮은 이 옛날이야기집은 1697년 초판이 발행되었다. 바로크 시대에 태어난 것이다. 「상드리용(신데렐라의 프랑스어 발음)」은 화려한 루이 14세의 궁정 문화를 담아낸 작품으로 왕궁 안 살롱에 모인 수많은 왕후와 귀족들 앞에서 문학작품으로 낭독되었을 것이다.

다른 문화를 알면 도자기 문화가 입체적으로 다가온다

페로판「신데렐라」에서 신데렐라는 짓궂은 언니들을 용서하고 행복한 결혼으로 두 사람을 이끈다. 그리고 이야기 마지막에서 요정이 진짜 선물로 신데렐라에게 '둘도 없이 귀한 본 그라스bonne grace'를 준다. 본 그라스는 '선의' '상냥한 마음' 등으로 번역되어 있다. 필자는 로코코 시대의 숙녀에게 중요시되었던 '여성의 품격'이라는 번역이 가장 잘 맞지 않을까 생각한다.

페로는 구전되어 온 옛날이야기에 이런 관념을 가미하여 발표했다. 이 때문에 페로의 작품에서는 예절이나 기품을 미학으로 한 당시 프랑스 고전주의 문화의 풍미를 느낄 수 있다. 도자기 문화는 도자기에만 눈을 돌리는 것이 아니라 그것을 사용하던 살롱에 출입하던 문화인들과 같은 눈높이로 사물을 보는 것이라고 생각한다.

살롱에 모인 교양인들이 탐닉한 미술, 음악, 문학, 역사, 고전, 그리스 신화 등 전부는 몰라도 윤곽만이라도 알고 있으면 도자기 문화가 훨씬 입체적으로 다가올 것이다. 페로의 동화「신데렐라」도 그중 하나일 것이다. (겐바)

이탈리안은 한정판도 즐길 수 있다. 왼쪽은 2018년 발표한 한정판 색상 크랜베리 이탈리안

헤리티지는 전통적인 매력을 풍기면서도 모던한 느낌으로 완성되었다. 접시에는 고기말이 요리를 담았다.

블루 이탈리안 느낌의 네일
(네일리스트: 츠루보 케이카)

영국의 식기

민턴
[Minton]

프랑스의 영향을 가장 많이 받은 영국 자기

☞ **창업**
1793년

☞ **창업지**
영국 스태퍼드셔 스토크온트렌트

☞ **브랜드명의 유래**
창업자의 이름

☞ **특징**
파트 쉬르 파트(pâte-sur-pâte) 기법, 민턴 블루

☞ **대표 양식**
앙피르 양식, 고딕 복고, 자포니즘

☞ **역사**
1793년 스토크온트렌트에서 창업
1828년경 둘째 아들 하버드 민턴이 상감 타일에 주목함
1849년 마졸리카(p. 133) 개발
1856년 빅토리아 여왕에게 왕실 납품을 허가받음
1860년대 크리스토퍼 드레서의 디자인을 제공받음
1870년 마르크 루이 솔롱이 세브르에서 이적해 옴
2015년 핀란드의 피스카스그룹과 합병. 그룹사 내 브랜드 폐지 결정

※ 현재는 라이선스 브랜드. '하돈홀' 등의 린넨류를 패브릭 제조사 가와시마직물 셀콘이 판매하고 있다.

관련 인물

토머스 민턴
창업자. 1765년 스토크온트렌트의 남서쪽 슈롭셔의 슈루즈베리 출신. 그가 민턴 창업 전에 동판조각사를 했기에 윌로 패턴(p. 94) 최초 고안자라는 설이 있다.

하버드 민턴
토머스 민턴의 둘째 아들. 민턴 가마의 2대 경영자. 상감 타일과 마욜리카의 부활과 보급에 기여했다.

루이 솔롱
세브르에서 최고의 장식기법인 파트 쉬르 파트 기법을 확립한 마스터. 프로이센-프랑스 전쟁(p. 249)을 계기로 민턴에 입사했다.
그가 있던 시절 민턴의 기술력은 매우 높았고 지금도 높은 평가를 받고 있다.

대표 식기

하돈홀
1948년 탄생. 인근 중세의 성 하돈홀에서 영감을 얻었다.

이그조틱 버드
애시드 골드, 레이즈드 페이스트 골드, 파트 쉬르 파트라는 세 가지 기법을 사용해 만든 민턴이 자랑하는 최고급품 시리즈

프로이센-프랑스 전쟁을 계기로 세계 최고봉의 기술을 확립하다

2015년 민턴은 피스카스그룹과 합병 이후 '브랜드 폐지'가 결정되었다. 이 책에서 다루는 서양 식기 브랜드 중에서는 유일하게 현재 생산이 중단되었다.

하지만 민턴은 서양 식기 역사상 많은 공을 세웠다. 프랑스 세브르의 장인과 유럽 대륙의 영향을 특히 많이 받은 영국의 더비 가마(p. 80)에서 장인을 스카우트하여 다른 가마를 압도하는 기교를 발휘한 예술성 높은 서양 식기를 제작하여 요업계에 큰 기여를 했다. 19세기 후반에서 20세기 초반 민턴 전성기에 만들어진 작품은 감탄이 절로 나올 정도로 압도적으로 아름답다. 전시회 등에서 꼭 실물을 보기를 추천한다.

민턴의 창업자 토머스 민턴은 동판조각사의 견습생이었는데 일찌감치 동판전사기법의 수요가 확대될 것을 내다본 인물이었다. 결혼을 계기로 스토크온트렌트로 이주하여 웨지우드와 스포드 등 다양한 가마의 동판조각 하청 일을 시작한다. 1793년에는 사업을 확대해 스토크온트렌트의 런던 가에서 창업하여 이곳에서 처음으로 '민턴'이라는 이름으로 수주를 받기 시작했다.

1800년경에는 스포드의 뒤를 이어 본차이나를 제작했다. 이후 빅토리아 여왕으로부터 '세계에서 가장 아름다운 본차이나'라는 칭송을 받는 영예를 얻었다. 또한 빅토리아 시대 후기의 프로이센-프랑스 전쟁(p. 249)에서 세브르가 폭격을 당하는 바람에 세브르의 천재 장인 루이 솔롱이 민턴으로 이적해 온 것이 큰 전환점이 되었다. 민턴가는 개신교로 가톨릭 국가인 프랑스의 박해에서 벗어난 다수의 위그노(칼뱅교)를 장인으로 거느리고 있었는데 당시 책임자인 아트 디렉터도 프랑스인 레옹 아르노였다. 이 두 사람이 일했던 시대에 민턴이 자랑하는 3대 초절정 기법인 애시드 골드(p. 95), 레이즈드 페이스트 골드, 그리고 세계 최고봉의 기술로 칭송받는 파트 쉬르 파트가 확립된다. 이 3대 기법으로 인해 정통 영국풍 도자기인 웨지우드와 스포드에 대비되는 ==민턴은 프랑스풍의 기품 넘치는 디자인을 만들어내는 독자적인 입지를 구축해 나갔다.==

현재는 라이선스 브랜드로 이름만 남았다. 하지만 민턴이 만들어낸 상감 타일, 마졸리카, 아름다운 장식 기법의 수많은 제품이 서양 식기에 관심 있는 사람들의 눈에 꼭 띄었으면 한다.

'파트 쉬르 파트 (pâte-sur-pâte, '연토 위에 연토'라는 뜻의 프랑스어)'라는 이름처럼 연토를 겹겹이 덧발라 입체감을 주는 기법. 사진은 루이 솔롱의 파트 쉬르 파트

👉 더 알아보기...

상감 타일…p. 94
윌로 패턴…p. 96
마올리카…p. 133
종교혁명…p. 226

역사 | 민턴의 상감 타일과 고딕 복고

민턴 창업기에서 가장 주목할 점은 본차이나가 아니라 상감 타일 스타일에 착안했다는 점이다. 민턴이라고 하면 '서양 식기' 메이커라는 이미지가 강하지만, 민턴 타일도 세계적인 명품이다. 여기서 민턴의 타일 제작에 대한 시대 배경을 간단히 살펴보자.

상감 타일은 유약으로 형형색색의 채색을 한 타일로 고가의 유색 대리석 대용품으로 활용되었다. 중세 가톨릭 수도원에서 많이 사용되었기 때문에 고딕 복고(p. 178)가 유행하던 당시에 영국에서 다시 주목을 받았다. 민턴의 2대 경영자인 하버드는 이미 기술이 끊긴 상감 타일의 복원을 목표로 연구에 몰두하다가 창업자이자 아버지인 토머스의 강한 반대에 부딪쳤다. 막대한 비용이 들 뿐만 아니라 개신교도였던 민턴가에서 가톨릭의 고딕 복고는 받아들이기 힘들었던 것이다. 하버드의 상감 타일에 대한 집착은 결국 아버지와 큰 불화를 일으켰다. 아버지 토머스는 요업에 20년 이상 열심히 임했던 하버드가 아니라 개신교 목사로 일하던 큰 아들에게 자산을 상속하겠다고 유언을 남겼다. 결과적으로 1830년에 새뮤얼 라이트라는 인물이 상감 타일의 제조 특허를 얻었다. 하버드는 그에게 수수료를 지불하고 상감 타일의 사용 허가권을 받아 독자적인 시행착오를 겪은 끝에 숙원하던 타일의 안정적 제조를 실현시켰다. 1837년에 시작된 빅토리아 시대에 타일이 '빅토리안 스타일'로 불리며 큰 붐을 일으켰다. 이 유행 속에서 하버드는 시대의 물결을 타고 '고급 타일=민턴'이라는 지위를 확립했다. 현재의 웨스트민스터 궁전과 빅토리아 여왕의 사저인 오스본 하우스 등에도 민턴 타일을 사용했다.

덧붙여서 빌레로이앤보흐도 타일 분야에서 활약한 업체이다. 1869년에 유럽 최초의 타일 전문 공장을 설립하고 거점지의 지명을 딴 '메트라흐' 타일을 생산했다. 메트라흐 타일은 세계 유산으로 등재된 독일의 쾰른 대성당과 타이태닉 호의 고급 선실의 욕실에도 사용될 정도로 인기를 끌면서 명성을 떨쳤다.

1851년 런던 만국박람회에서 빅토리아 여왕이 오스트리아 황제 프란츠 요제프 1세에게 선물한 세브르풍의 디저트 서비스

1855년 발표된 스트로베리 엠보스. 빅토리아 여왕이 그린 딸기 스케치를 바탕으로 디자인됐다. 1960년대까지 왕족에게만 납품되었다.

'애시드 골드'란 금을 부식하여 무늬를 입히는 기법이다. 메달리온 부분에서 볼 수 있다.

자포니즘 애호가인 크리스토퍼 드레서의 작품(1870년). 일본의 싯포 자기(칠보세공자기)와 중동의 영향을 받은 디자인을 만들어냈다.

더 깊이 보는 식기×디자인

윌로 패턴

영국에서 태어난 중국풍 디자인 윌로 패턴에는
어떤 이야기가 숨겨져 있을까?

누가 최초 발안자인지 알 수 없는 수수께끼 패턴

윌로 패턴이란 버드나무willow를 가운데 두고 하늘을 나는 두 마리의 산비둘기, 만다린(중국의 고급 관사) 저택, 중국풍의 다리를 건너는 세 사람 등을 배치한 다분히 동양적인 디자인이다.

이 디자인에는 흥미로운 두 가지 특징이 있다. 첫 번째는 언뜻 보면 중국풍 디자인임에도 불구하고 탄생지가 중국이 아니라 영국이라는 점이다. 일반적으로 1780년경에 민턴(p. 92)의 창업자인 토머스 민턴이 최초 디자인 발상자로 알려져 있다. 하지만 그밖에도 스포드의 창업자 조사이아 스포드가 고안했다는 설 등 누가 고안해냈는지에 대해 여러 설이 있다. 어쨌든 영국에서 출발한 디자인임에는 틀림없다.

두 번째는 이 문양에 동화 같은 이야기가 담겨 있다는 것이다. 더구나 원래 존재했던 이야기를 문양으로 옮긴 것이 아니라 그릇의 디자인(버드나무 무늬)에서 발상을 얻어 이야기로 전해지게 된 것이다. 문양에 이야기가 담겨 있다는 것 자체가 매우 드문 일인데다가 '디자인이 먼저'였다는 점은 다른 식기에서는 찾아볼 수 없는 특징이다.

만다린(고급 관료)의 대저택

과연 어떤 이야기인지 함께 알아보자. 우선 주목할 것은 다리 위 '세 사람'과 버드나무 상공을 나는 '두 마리의 산비둘기'이다. 등장인물은 만다린(고급 관료), 만다린의 딸, 만다린의 비서, 딸의 약혼자 등 네 명. 그릇에 그려진 2층짜리 대저택은 만다린의 저택이다. 여기에서 알 수 있듯이 만다린은 갑부로 대단한 권력자이다. 그리고 밀수 등 부정 거래에 종사하는 상인들에게 뇌물을 받는 등 나쁜 일에도 손을 대고 있었다.

용서받을 수 없는 사랑의 도피 행각

그러던 중 만다린은 비리가 세상에 드러날 위기에 처하자 비서에게 재무 처리를 맡긴다. 그리고 비서가 그것을 완수하는 순간 해고한다.

사실 이 비서는 만다린의 딸을 사랑하고 있었고 딸 또한 비서에게 마음을 쏟고 있었다. 하지만 딸에게는 대부호인 약혼자가 있었고 만다린은 비서와 딸의 사랑을 극렬히 반대했다.

드디어 딸과 약혼자가 약혼하는 날 성대한 잔치의 혼란을 틈타 비서가 딸을 데리고 도망치려 한다. 바로 그 장면이 그려져 있는 것이다. 선두에 있는 것

이 처녀의 상징인 실타래를 든 딸, 뒤따라오는 사람은 약혼자가 딸에게 선물한 보석함을 든 비서, 그리고 맨 뒤가 채찍을 든 만다린이다.

두 사람의 은신처와 비극적인 결말

가까스로 도망친 딸과 비서는 일단 다리 건너 작은 집에서 숨어 살게 된다. 그러나 곧 추격자가 찾아왔다. 그래서 버드나무의 위쪽에 그려진 작은 섬에 정착하게 된다. 두 사람은 이 섬에서 행복한 삶을 살았고 비서는 농사를 지었다. 하지만 그가 농업에 관한 서적을 출판하면서 명성이 높아졌고 거처가 약혼자에게 발각되고 만다.

약혼자는 두 사람이 사는 섬을 공격했고 결국 딸과 비서는 죽고 만다. 신은 두 사람을 불쌍히 여겨 한 쌍의 불사의 산비둘기로 변신시킨다. 나쁜 약혼자는 산비둘기의 저주를 받아 불치병에 쓰러지게 되고…….

대충 이런 줄거리이다. 버드나무 문양에는 여러 다양한 이야기가 있는데 지금 설명한 것은 그중 하나다. 잘 짜인 이야기이지만 누가 만들었는지는 아직 수수께끼에 싸여 있다.

아동 문학 『새빨간 거짓말』에 등장하는 월로 패턴

제럴딘 매코크런의 『새빨간 거짓말』은 영국의 아동문학상인 카네기상과 가디언상을 연거푸 수상한 명작이다. 자신을 'MCC'라고 소개하는 정체불명의 남자가 뜻밖의 일로 주인공 에일사 모자가 경영하는 골동품점에 정착하게 된다. 이 MCC는 낡고 보잘것없어 보이는 가구와 소품 등의 골동품의 유래를 빨려 들어갈 정도의 흥미로운 말솜씨로 손님들에게 들려준다는 환상적인 영국 소설이다. 소설의 이야기 중반에 중국의 골동품 접시를 소개하는 장이 있다. 이 접시의 묘사는 다음과 같다.

(손님은) 흰 바탕에 파란 무늬가 그려진 접시를 보았다. "아, 버드나무 무늬구나. 너희 할아버지 댁에 한 세트 있잖아. (…중략…) 이런 접시는 잘 알고 있지만 버드나무 무늬 접시란 흔하지 않은걸."(『새빨간 거짓말』, 카이세이샤 출판)

이미 눈치를 챘겠지만 이 중국 접시는 월로 패턴이다. 월로 패턴을 알고 있는지 여부에 따라 소설에 대한 이해가 전혀 달라진다. MCC는 손님들에게 이 접시를 보여주며 중국인 도공 우환과 고용주의 딸 리우의 신분이 다른 비련의 사랑을 들려준다. 둘은 몰래 사랑을 나누며 "마치 우리들 같다."라며 월로 패턴에 얽힌 슬픈 이야기에 자신들의 운명을 대입한다. 하지만 욕심 많은 리우의 부친은 부자에게 리우를 시집보내기로 결정한다. 절체절명의 두 사람. 그들의 사랑은 월로 패턴의 이야기처럼 슬픈 결말을 맞이하게 될까? 알고 싶다면 직접 읽어보길 바란다.

영국의 식기

로얄 덜튼
[Royal Doulton]

영국 요업계의 '작가주의'의 선구자

☞ **창업**
1815년

☞ **창업지**
영국 런던

☞ **브랜드명의 유래**
창업자의 이름

☞ **특징**
장식을 절제한 디자인, 현재 생산품은 모던 민턴 블루

☞ **대표 양식**
다양한 양식이 사용됨

☞ **역사**
1815년　창업
19세기 중반　상하수도관과 위생도기 제조로 사업을 확대
1863년　2대 헨리 덜튼이 램버스 아트 스쿨의 경영위원으로 취임
1884년경　본차이나 제조를 시작
1887년　헨리 덜튼이 빅토리아 여왕으로부터 도자기업계 최초로 기사 작위를 받음
1901년　에드워드 7세가 왕실 납품을 허가. 이후 '로얄 덜튼'으로 개명

☞ **로고 마크**
빈티지나 앤티크 제품에는 사자와 왕관 마크가 새겨져 있다(오른쪽 사진).

관련 인물

존 덜튼
창업자. 1793년 출생. 성실함과 부지런함으로 '언젠가 독립해서 내 공장을 가지겠다'는 목표를 위해 꾸준히 저축하여 1815년에 드디어 꿈을 실현한다. 덜튼의 발전의 기초를 닦은 인물이다.

헨리 덜튼
1820년 출생. 15세 때 자신의 의지로 진학을 접고 덜튼 앤드 왓츠사에 기술 견습생으로 입사하였다. 덜튼을 위생도기 제조사로 도약시킨 공적을 남겼다.

대표 식기

덜튼웨어의 물주전자
염유를 입힌 스톤웨어(석기). 이 양념통과 물병 등으로 쓰이는 염유석기 덜튼웨어는 앤티크 제품으로 인기가 많다. 요리 연구가인 오하라 테루코(p.257)도 애용했다.

버니킨즈
1934년 발표된 인기 어린이 식기 시리즈로 지금은 애호가들의 수집 모임이 있을 정도이다.

도기 기술로 영국의 공중위생과 작가주의에 공헌하다

1815년에 창업한 로얄 덜튼은 다른 영국 가마들과 다른 점이 많은 이색 브랜드이다. 지금까지 소개한 영국 가마들과는 달리 창업지가 수도 런던으로 영국의 공중위생에 공헌했다. 또한 미술학교와 제휴해 아티스트의 도예품을 제조하고 있다. 스테디셀러라고 할 수 있는 시리즈가 많지는 않다. 하지만 도기(p. 17)에 대해 잘 알게 되면 보다 깊은 맛이 느껴지는 브랜드이기도 하다.

1812년에 나중에 로얄 덜튼의 창업자가 된 존 덜튼은 램버스 지역에 있는 도자기 공장에 입사한다. 거기서 경영자인 존스 미망인으로부터 공동 경영을 권유받고 1815년에 동료인 왓츠와 함께 출자하여 로얄 덜튼의 전신인 석기(스톤웨어) 전문 도자기 회사 '존스, 왓츠 앤드 덜튼'을 창업한다.

램버스 지구는 예로부터 도예로 번창한 거리로 19세기에는 램버스 지역에서 만든 부식에 강한 염유석기(p. 21)는 물병이나 머그잔 등 일용 잡기, 벽돌, 배수관 등에 사용되었다.

영국 정부로부터 대규모 배수관을 수주받은 것을 계기로 덜튼은 비약적으로 성장한다. 파리 대개조(p. 242) 이전의 비위생적이었던 파리와 마찬가지로 덜튼 창업기의 런던도 매우 비위생적인 거리였다. 19세기 중반의 런던 중심부에는 지방에서 노동자가 대량 유입되었다. 하지만 위생 서비스가 이를 따라가지 못해 콜레라가 대유행하는 비극을 빚기도 했다.

이에 영국 정부는 '위생 혁명'을 내걸고 상하수도 정비에 착수하게 된다. 정부로부터 수주를 받은 덜튼은 사회적인 요구에 부응하여 위생 도자기 만들기에 매진하였고 사업을 확대해나갔다. 1880~1930년대 후반에는 해외 수출도 이루어졌다. 예를 들어 도쿄에 있는 구이와사키 저택의 세면대과 변기는 덜튼 제품이 사용되었다.

2대 헨리 덜튼 시절인 1854년 공장 지대였던 램버스 지역에는 예전처럼 아름다운 도자기를 만들어낸 문화를 재건하기 위한 노력으로 '램버스 아트 스쿨'이 설립되었다. 교장은 학교를 운영하면서 인근에 있는 덜튼에게 협조를 구했다. 헨리는 그 제의를 승낙했고 학교와의 관계를 통해 덜튼을 위생 도자기 전문 회사에서 미술품 제작도 겸하는 회사로 바꿔나갔다.

헨리는 학교 졸업생과 여성을 많이 채용했고 '램버스웨어'라고 불리는 예술의 경지에 이른 유일무이한 도예품을 만들기 위해 예술가를 육성했다. 식기로서의 '도예품' 개념은 일본에서는 다도에서 오래전부터 통용되고 있었지만, 영국에서는 처음 도입한 개념이었다. 작업 할당량 없이 만들어지는 자유롭고 개성 강한 디자인의 작품들은 다양한 만국박람회에서 좋은 평가를 받아 성공을 거두게 된다.

램버스 지역에서는 지금도 덜튼 타일로 장식한 본사를 찾을 수 있다. 당시 덜튼의 예술 작품 같은 타일은 고급 백화점 '해러즈'의 내부 인테리어에도 사용되었다.

해러즈 백화점 내부 장식에 사용된 덜튼 타일

> 🖙 **더 알아보기…**
>
> 석기…p. 16

브랜드

중유럽, 동유럽, 러시아의 식기

강대한 합스부르크 제국과 광대한 토지를 가진 러시아. 각국에서는 시대 배경을 반영한 식기를 만들어냈다. 18세기 오스트리아는 마이센에 대해 라이벌 의식을 가지고 막강한 합스부르크 제국의 국력을 배경으로 세련되고 뛰어난 자기를 만들어냈다.

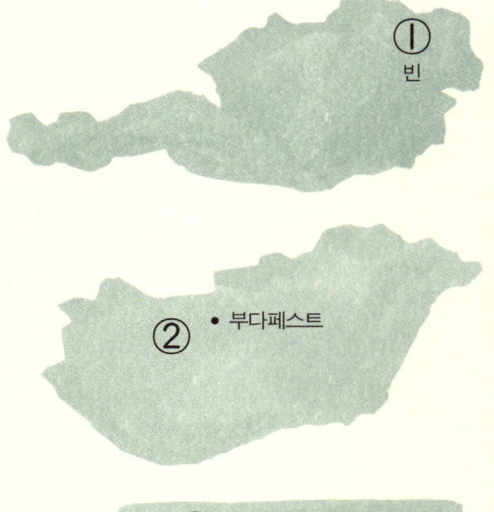

① 빈

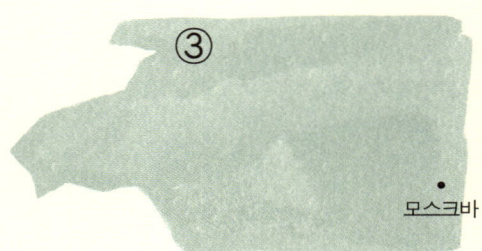

② • 부다페스트

③

• 모스크바

☞ **특징**
· 빈 가마와 아우가르텐 식기의 디자인은 당시 빈의 유행을 그대로 반영하고 있다.
· 민족성과 고급스러움을 겸비한 디자인

빈의 역사를 자기에 응축
① **아우가르텐** … p. 102

독자적으로 발전시킨 시누아즈리의 세계
② **헤렌드** … p. 106

① 아우가르텐의 마리아 테레지아 / ② 헤렌드의 빅토리아 부케

러시아에서 가장 오래된 자기 가마
③ 임페리얼 포슬린

임페리얼 포슬린Imperial Porcelain은 1844년 당시 로마노프 왕조 시대였던 러시아에서 옐리자베타 여제의 명으로 황실 전속 자기 공장으로 탄생한 러시아에서 가장 오래된 자기 가마이다.

1925년부터 2005년까지 브랜드명이 로모노소프였기 때문에 애용자 중에는 지금도 로모노소프라는 이름으로 부르는 사람이 적지 않다. 또 러시아 국외로 수출이 시작된 것이 1993년의 민영화 이후로 그 이전의 임페리얼 포슬린이 국외로 유출되는 경우는 매우 드물었기에 극히 일부 수집가만 소유하고 있다. 1950년에 발표된 '코발트 넷(위의 사진)'이 대표 작이다.

발레 컬렉션 지젤

👉 더 알아보기…

아우가르텐 역사에 재등장한
마이센 관계자…p. 104
다른 가마의 제품을 복원하면서
피셔 전법 발전…p. 108
영화 「해리포터」에 등장하는
헤렌드 티포트…p. 109

비더마이어 양식…p. 184
페티코트 동맹과 7년 전쟁…p. 228
계몽사상…p. 231
빈 체제…p. 240

중유럽 동유럽의 식기

아우가르텐
[Augarten]

빈의 역사를 자기에 응축

👉 창업
1923년
(빈 가마는 1718년부터)

👉 창업지
오스트리아 빈

👉 브랜드명의 유래
창업지

👉 특징
매우 얇고 부드러운 백자,
심플하고 고급스러운 디자인

👉 대표 양식
로코코 양식, 비더마이어 양식

👉 역사
〈빈 가마〉
1718년 창업
1719년 자기 소성에 성공. 유럽에서 두 번째로 오래된 자기 가마
1744년 제립 가마가 됨
1784년 조르겐탈 남작이 경영자가 되면서 전성기를 맞음
1814~1815년 빈 회의 기간 중 각국의 왕후와 귀족들이 공방을 방문
1864년 경영 부진으로 폐업
〈아우가르텐〉
1923년 창업
1924년 자기 공방 개회식

👉 로고 마크
로고 마크는 왕관과 합스부르크 가문의 방패형 문장이다.

관련 인물

두 파퀴에르
빈 가마의 창업자. 본명은 클라우디우스 이노첸티우스 두 파퀴에르. 네덜란드 태생이지만 가계에 대해서는 아직도 수수께끼가 많다.

사무엘 스퇼첼
마이센에서 경험을 쌓은 장인으로 뵈트거와 10년 넘게 함께 일했다. 두 파퀴에르의 발탁으로 마이센에서 빈 가마로 옮겨 자기 제조법을 전수했다.

조르겐탈 남작
빈 가마의 전성기를 이끈 사나이. 본명은 콘라트 폰 조르겐탈. 그가 활약한 1784년부터 1805년에는 다른 가마에서 보기 힘들 정도로 금채가 사치스럽게 사용된 앙피르 양식의 디자인이 많이 탄생했다.

대표 식기

프린츠 오이겐
창업한 지 2년 만인 1720년에 디자인된 가장 오래된 도안 중 하나. 합스부르크 제국 발전에 공헌한 오이겐 공에게 헌납되었다.

물망초
19세기 초에 창작된 비더마이어 양식 시리즈

서양에서 두 번째로 오래된 빈 가마의 디자인을 즐길 수 있다

1923년 창업한 아우가르텐의 매력은 우선 매우 얇고 섬세한 백자라는 것이다. 손으로 들었을 때의 가벼움, 마치 비칠 것처럼 느껴지는 얇은 두께, 그리고 입에 댄 순간 느껴지는 섬세한 감촉. 이런 것들은 글이나 사진이 아니라 꼭 실물을 접해보고 직접 느껴보는 것이 좋다. 디자인 면에서는 심플하면서도 고귀함이 전해진다. 아우가르텐은 일본 황실에 애용자가 많은 것으로도 알려져 있다. 백자의 아름다움을 돋보이게 하는 심플하고 섬세한 페인팅은 일본의 미의식과도 일맥상통하는 부분이 있다.

창업 자체는 20세기로 비교적 짧지만 아우가르텐은 '빈 가마'의 디자인 제품을 많이 제조하고 있어 빈 가마의 역사와 떼려야 뗄 수 없는 관계에 있다. 이 책에서도 먼저 빈 가마의 역사에 대해 설명하겠다.

빈 가마는 1718년에 창업됐다. 창업 초기에는 경영이 궤도에 오르지 못했고 1744년에 합스부르크가인 마리아 테레지아의 후원으로 제립 가마가 됐다. 테레지아의 사후에 경영을 물려받은 조르겐탈 남작은 산업혁명의 여파로 대량생산 저가품이 횡행하는 가운데에서도 고집스럽게 양보다 질로 승부수를 던졌다. 앙피르 양식(p. 172)으로 디자인된 최고급 노선의 금장식 자기를 제조했는데 왕족과 귀족들에게 크게 인기를 끌었다. 이 식기들은 현재는 박물관에서나 볼 수 있기에 빈 가마와 관련된 전시회 등 기회가 있을 때 꼭 실물을 보기를 추천한다.

그러나 빈 가마는 1864년에 재기 불능의 경영 부진에 빠져 폐업하고 만다. 이때 '비엔나 로즈' 등의 디자인이 합스부르크 통치하에 있던 헝가리의 헤렌드로 계승되면서 '빈의 장미'가 되었다. 60년의 공백기를 거친 후 20세기에 들어서면서 빈 외곽에 있는 아우가르텐 궁전에서 '빈 자기 공방 아우가르텐'이 창업됐다. 이때 주주들과 오스트리아 예술산업박물관(현 응용미술관)의 후원으로 박물관이 소장한 빈 가마의 작품을 양도받게 됐다. 그러면서 아우가르텐의 제품에서 빈 가마에서 만들던 디자인을 많이 볼 수 있다.

특히 부르주아 계급의 사랑을 받은 '비더마이어 양식'(p. 184) 등 빈 가마 특유의 미술 양식을 많이 다루는 것도 아우가르텐의 강점이다.

쿠라제
조르겐탈 시대인 1798년에 만든 디자인을 복각했다.

👉 더 알아보기…

앙피르 양식…p. 172
비더마이어 양식…p. 184
세기말 예술…p. 196
페티코트 동맹과 7년 전쟁…p. 228
빈 체제…p. 240
크리스토프 콘라트 훙거…p. 267

> 더 깊이 보는
> **식기×역사**

아우가르텐 역사에 재등장한 마이센 관계자

빈 가마의 역사를 이야기하다 보면 마이센의 역사에서 등장한 인물들의 이름이 속속 등장한다.
그러다 보니 항상 사람들이 놀라워한다. 도대체 누가 등장하는 것일까?

뵈트거의 동료 스틸첼

빈 가마의 창업자이자 군인인 두 파퀴에르는 앞으로는 '자기의 시대'라고 굳게 믿고 있었다. 그는 오스트리아 영내에서 25년간 자기 제작과 판매를 독점적으로 실시하기 위해 특허권을 신청하고 빈 자기 공방을 설립했다. 그는 자기를 만들기 위해 마이센 장인의 헤드헌팅을 기획했고, 마이센에서 뵈트거(p. 262)와 10년 넘게 함께 일했던 사무엘 스틸첼과 접촉하는 데 성공했다. 마이센에서 소지용 흙의 조합과 가마 불을 담당했던 스틸첼은 마이센의 약 10배의 연봉과 거기에 더해 주거와 설비를 무료로 제공한다는 매력적인 편지에 빈으로 한걸음에 달려왔다. 결국 중병에 걸린 뵈트거를 뒤로한 채 스틸첼은 두 파퀴에르를 만나 협상을 했다.

빈 가마는 스틸첼을 영입하여 자기 제조법과 재료를 갖추면서 무사히 시제품을 완성할 수 있었고 그 후 뛰어난 컬러 물감 개발에 성공했다. 일등 공신은 스틸첼보다 마이센에서 한발 앞서 발탁된 장인 훙거(p. 267)였다. 그러면서 마이센 이상으로 컬러풀한 페인팅이 가능해졌다.

빈 가마는 순조롭게 기술력을 높여갔지만 스틸첼은 점차 불만이 쌓여갔다. 두 파퀴에르가 너무 이상만을 추구하는 탓에 현실감각이 떨어져 있었던 것이다. 공장은 좁고 일꾼들은 미숙했으며 약속했던 보수는 지불되지 않았다. 그런 불만 때문에 스틸첼은 자신의 친정인 마이센으로 돌아가고 싶다는 생각이 강하게 들기 시작했다.

선물이 되어버린 천재 페인터 헤롤트

그러나 자기 제조법의 비밀을 빈 가마에 누설한 것은 마이센이 보기에 반역 행위였고 사형에 처해질 우려도 있었다. 스틸첼은 자신이 진정으로 후회하고 반성하고 있음을 마이센의 아우구스트 2세(p. 46)에게 알리기 위해 한밤 중에 빈 가마 공방 안으로 몰래 들어가 제조된 점토를 더럽히고 거푸집을 모두 파괴하고 가마까지 파괴해버린다.

또 다른 수단으로 스틸첼은 훙거가 발명한 비밀의 채색 물감을 훔치고 그것을 능수능란하게 사용하는 빈 가마의 직공인 천재 페인터 헤롤트(p. 46)를 부추겨 마이센으로 유인했다. 그렇게 헤롤트는 스틸첼이 빈 가마에서 다시 마이센으로 돌아가기 위한 '선물'이 되었다. 그리고 헤롤트의 활약상은 마이센의 소개에서 설명한 대로이다(p. 48).

마이센에 우수한 장인을 빼앗긴 빈 가마의 생산은 크게 출렁였다. 그러던 중 두 파퀴에르의 25년 계약이 종료되어 나라에 가마를 매각했고 1744년부터 신성로마제국의 합스부르크 가문이 빈 가마를 운영하게 됐다. 이렇게 하여 빈 가마는 1864년에 폐업하게 되기까지 합스부르크 가문이 보유한 자기 공방이 됐다.

자신의 이익을 위해서라면 어떤 수단도 마다하지 않는 카멜레온과 같은 인물인 스틸첼, 떠돌이 장인이었던 훙거, 냉혹한 천재 헤롤트, 자기병(자기 컬렉터를 야유하는 말)에 단단히 걸린 국왕 아우구스트 2세. 그야말로 마이센과 빈 가마에는 드라마틱한 배우들이 갖추어져 있었다. (카노)

1: 1725년경 빈 가마의 작품 / 2: 1725~1740년경 마이센의 작품 / 3: 헤롤트의 이적으로 마이센의 페인팅 기술은 비약적으로 향상되었다. / 4: 조르겐탈 시대의 빈 가마는 금으로 장식된 앙피르 양식이 많이 제작되었다. / 5: 1799년 빈 가마의 작품 / 6: 소장처는 모두 피티 궁전 내 보볼리 정원의 도자기 박물관(이탈리아 피렌체). 유럽 귀족들이 특별히 주문하여 토스카나 대공에게 기증한 수많은 도자기 컬렉션을 즐길 수 있다.

중유럽 동유럽의 식기

헤렌드
[Herend]

발전을 거듭해온 독창적인 시누아즈리의 세계

창업
1826년

창업지
헝가리 헤렌드

브랜드명의 유래
창업지

특징
독특한 동양적 디자인, 풍부한 패턴, 현재도 모두 수작업

대표 양식
시누아즈리, 로코코 양식, 비더마이어 양식

역사
1826년　창업. 창업 당시는 크림웨어(p. 31)를 제조
1839년　몰 피셔가 경영자가 됨
1840년경　자기 제조 시작
1851년　런던 만국박람회에서 빅토리아 여왕에게 주문을 받음
1864년　빈 가마가 폐가마가 되면서 헤렌드가 '빈의 장미' 등의 디자인을 계승
1872년　'로열워런트'의 칭호를 받음

관련 인물

몰 피셔
사업 감각이 뛰어난 경영자. 헤렌드를 세계적인 브랜드로 발전시킨 일등 공신으로 크림웨어 제작소였던 헤렌드를 자기제작소로 바꾸었다.

대표 식기

로스차일드 버드
1840년대 후반 로스차일드 가문의 주문을 받아 탄생하였다.

빅토리아 부케
1851년 런던 만국박람회에 출품했을 때 빅토리아 여왕이 구입한 시리즈. 동양풍으로 그려진 꽃과 새가 특징이다.

초창기 디자인이 지금까지도 스테디셀러다

헤렌드는 국내에서도 인기가 높아 여러 백화점에서 취급하는 대표적인 서양 식기 브랜드이다. 특징은 헤렌드 중흥의 조상으로 불리는 몰 피셔가 제작한 5개 대표작이 현재도 스테디셀러라는 것, 시누아즈리와 고전적인 디자인에 능숙하다는 것, 그리고 복각품 제조로 높은 기술력을 획득한 것(p. 108) 등이다.

1826년 헤렌드 가마는 헝가리 헤렌드 마을에서 창업됐다. 헝가리는 이국적인 나라로 민족적으로도 중앙 유럽에서 유일한 아시아계 민족(마자르인)이다. 참고로 애거사 크리스티의 소설 『오리엔트 특급 살인』에도 헝가리인 백작 부부는 무척 이국적인 분위기로 묘사되어 있다. 헤렌드의 시누아즈리가 다른 시누아즈리와 비교해서 특별히 이채로운 것은 동양 민족이라는 헝가리의 배경으로 인한 것이 아닐까라고 생각된다.

1840년에 헤렌드 지방에서 자기 만들기를 시작한 작은 공방이 일약 톱 브랜드의 반열에 오른 것은 중흥의 조상 몰 피셔의 공적이다. 이 책에 등장하는 로스차일드 버드(p. 106), 빅토리아 부케(p. 106), 빈의 장미(p. 249), 인디안 플라워(p. 246), 아포니(p. 109)는 모두 피셔 시대에 탄생했다. 피셔가 "나야말로 헤렌드 가마의 창업자다."라고 자부할 만하다.

헤렌드의 성공은 영국이 힘을 쏟은 1851년의 제1회 런던 만국박람회에서 헤렌드의 식기가 영국 빅토리아 여왕에게 첫선을 보이는 행운을 얻었기 때문이다. 빅토리아 여왕의 마음을 빼앗은 매력적인 헤렌드의 시누아즈리 디너 서비스는 윈저 성의 식탁을 장식하게 되었다. 이것이 바로 '빅토리아'이다. 당시 영국은 애프터눈 티의 유행으로 로코코 복고의 여성스러운 식기가 유행하던 시절이다(p. 158). 왕후와 귀족들 사이에 시누아즈리는 다소 시들해져 있었다. 이런 가운데 서양과 오리엔탈의 정신을 불어넣은 헝가리만의 참신한 시누아즈리 디자인이 신선하게 받아들여진 것이리라. 이후 새로운 선풍을 일으킨 헤렌드의 시누아즈리는 더 이상 미술 양식의 하나가 아니라 독자적인 스타일의 세계관을 구축해나갔다.

또한 헤렌드는 다른 가마의 식기를 복제하거나 복원하던 시기가 있었다. 이러한 역사에서 전통적인 로코코 양식의 식기들이 많이 탄생했다. 비더마이어 양식(p. 184)이 특기인 것도 빈을 본거지로 하는 합스부르크 통치의 역사로 인한 헤렌드만의 특징이라 할 수 있다.

빅토리아 플레인(오른쪽 앞)과 금사 만다린(왼쪽 뒤). 만다린은 중국 청나라의 관리를 의미한다.

👉 더 알아보기…

다른 가마의 제품을 복구하면서
피셔 전법 발전…p. 108
영화 「해리포터」에 등장하는
헤렌드의 티포트…p. 109

역사 | 다른 가마의 제품을 복구하면서 피셔 전법 발전

초창기에 크림웨어를 제조하던 헤렌드에 몰 피셔가 입사했다. 그는 타고난 기업가정신의 소유자로 새로운 전법의 경영 수완을 발휘했고 헤렌드의 대약진이 시작된다. 어떤 전법이었을까? 헤렌드가 1840년에 자기 제조를 시작한 지 4년 후 역사를 좌우할 일대 전기가 찾아온다. 어느 날 피셔의 후원자인 에스테르하지 백작이 부인이 애용하는 마이센의 디너 세트의 보충을 의뢰한 것이다. 유럽 귀족들의 식기는 대대로 전해 내려오는 소중한 가보인데 안타깝게도 사용할 때 잘 깨지는 물건이기도 하다. 피셔가 활약했던 19세기 중반은 마침 유럽 대륙에 있는 다른 가마들이 운영에 침체를 겪고 있던 시기여서 선조들이 구입한 가마(브랜드)에 파손품의 보충을 의뢰해도 기술력이 떨어져 18세기 제품에 대응할 수 없었다.

그러한 시대에 자기의 절대 왕자 마이센 식기의 보충 의뢰를 받은 것이다. 피셔에게는 생애 최대의 도전이 되었다. 자기 제조를 시작한 지 얼마 안 된 헤렌드가 오랜 역사를 지닌 최고 품질의 마이센 자기를 모두 재현해야 했기 때문이다. 피셔는 큰 압박을 느끼면서도 실험에 실험을 거듭하여 이 무리한 주문을 멋지게 성공한다.

이를 계기로 헤렌드 제품의 높은 완성도가 왕후와 귀족들 사이에서 평판을 얻었고 비슷한 보충용 식기 주문이 속속 들어오기 시작했다. 의뢰인은 리히텐슈타인과 메테르니히 등 쟁쟁한 인물들이었다. 게다가 복제를 의뢰한 제품은 마이센 외에도 빈, 세브르, 중국 자기 등 최고 난이도의 명품들이었다. 자기 업계의 신인인 헤렌드가 역대 명품 가마에 버금가는 높은 기술력을 단기간에 획득할 수 있었던 것은 엄청난 압박감을 겪으면서도 적극적으로 최고 난도의 복제품 의뢰에 대응했기 때문이다.

또 왕후와 귀족과 부유층으로부터 주문을 더 늘리고자 피셔는 '로스차일드' '빅토리아' '아포니' 등 시리즈 이름에 주문자의 이름을 붙이는 전법을 고안했고 폭발적으로 히트를 쳤다. 주문자는 지금으로 말하면 인플루언서였다. 피셔의 전법은 현대 마케팅 전략에서 선구적이기도 했다. (카노)

| 문화 | 영화 「해리포터」에 등장하는 헤렌드의 티포트 |

「해리포터」 시리즈의 스핀오프 작품인 영화 「신비한 동물사전」에는 이야기 후반 중요한 장면에서 소품으로 헤렌드의 아포니 그린 티포트가 등장한다. 주인공 스캐맨더가 마법 생물 오캐미를 잡기 위한 함정으로 아포니 그린의 티포트를 사용한다. 바퀴벌레(!)를 집어넣고 보란 듯이 오캐미를 잡는 장면이다. 헤렌드는 이 영화를 기념해 아포니 그린의 티포트 펜던트를 제조했다.

1920년대 아르데코 시대를 무대로 한 이 영화에 등장한 헤렌드의 아포니 그린 티포트는 오리엔탈적이고 고전적인 디자인이 돋보인다. 영화를 보면서 이 장면을 꼭 주목해서 보기를 추천한다.

아포니 모브 플래티넘
손잡이 부분이 아주
섬세한 티포트

브랜드

북유럽의 식기

북유럽에서는 20세기에 들어서 탄생한 실용성과 예술성을 겸비한 '스칸디나비아 디자인'이 세계적으로 인기를 끌었으며 지금도 절대적인 인기를 자랑하고 있다. 북유럽의 길고 험난한 겨울을 조금이라도 밝은 마음으로 보낼 수 있도록 디자인된 식기는 오래 사용해도 질리지 않는 매력이 있다.

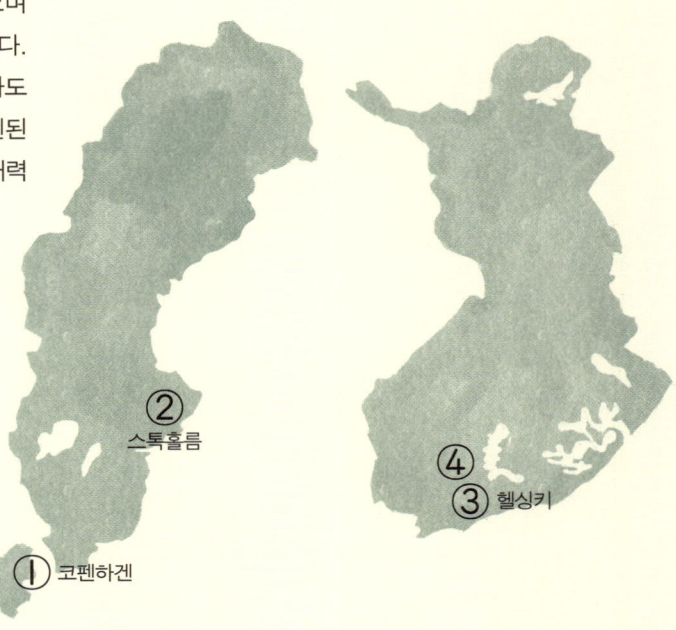

특징
- 기능성과 실용성을 겸비한 심플한 디자인
- 백자는 도톰한 것이 많다.
- 오븐 사용이 가능한 종류가 많다.
- 흡수 합병의 영향으로 같은 디자인을 다른 브랜드가 다루고 있는 경우가 많다.

② 스톡홀름
④
③ 헬싱키
① 코펜하겐

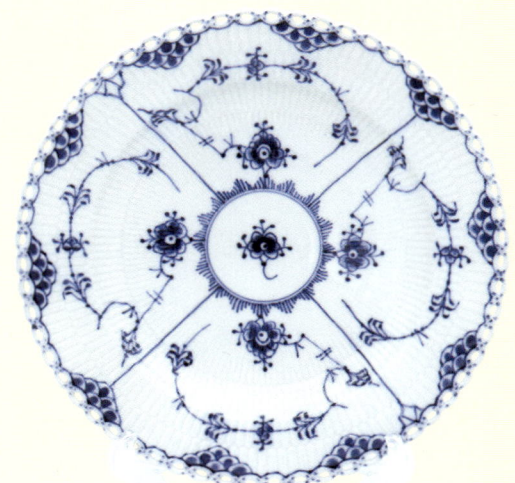

코발트블루가 인기인 북유럽 브랜드
① 로얄코펜하겐…p. 112

스칸디나비아 디자인의 원조
② 로스트란드…p. 114

가장 유명한 북유럽 식기
③ **아라비아** …p. 118

북유럽 브랜드의 식기 디자인을 계승
④ **이딸라** …p. 120

① 로얄코펜하겐의 블루 플루티드 풀 레이스 / ② 로스트란드의 몬아미
③ 아라비아의 파라티시 / ④ 이딸라의 오리고

브랜드 | 서양 식기 브랜드의 흡수 합병이 계속되고 있다

여기에서 소개하는 북유럽 브랜드 대부분은 현재 핀란드 기업 피스카스그룹의 산하에 있다. 피스카스그룹은 1649년 핀란드 피스카스 마을에서 창업한 핀란드의 일반 소비재 업체로 현재 다수의 브랜드를 산하에 보유하고 있다. 북유럽 브랜드뿐만 아니라 영국의 웨지우드 등도 포함되어 있다.

2019년에는 다이마루 백화점 신사이바시(일본 오사카) 지점에 '웨지우드·로얄코펜하겐·이딸라 다이마루 신사이바시점'을 개장했다. 이는 피스카스그룹 산하의 세 브랜드를 취급하는 직영 매장으로 칸막이가 없는 널찍한 매장에서 다른 개성을 지닌 세 브랜드를 자유롭게 즐길 수 있도록 한 피스카스그룹의 첫 매장이다. 다양한 서양 식기 브랜드를 산하에 둔 피스카스그룹만의 매우 재미있는 시도라고 생각한다.

21세기 들어 서양 식기업계에는 흡수 합병이 계속되고 있는데 특히 영국 브랜드에서 두드러진다. 흡수 합병으로 인해 생산지가 브랜드 창업지가 아니게 된 경우가 많아 오랫동안 서양 식기를 사랑해온 팬들 중에는 섭섭하게 생각하는 분들도 적지 않다.

필자 개인적으로도 이 상황에 관해서는 마음이 복잡하다. 그럼에도 수십 년에서 수백 년의 오랜 시간 사람들의 사랑을 받아온 식기 디자인을 계승하기 위해서라도 시대에 맞는 브랜드의 존속 방법을 모색했으면 한다. 우리들이 할 수 있는 것은 작지만 한 사람이라도 많은 분에게 이러한 식기의 매력을 전하고 계속 사용함으로써 다음 세대로 도자기업계가 계승되길 바란다. (카노)

《 다양한 서양 식기 브랜드를 산하에 둔 기업의 예 (2022년 3월 기준) 》

피스카스그룹
로얄코펜하겐(덴마크)
아라비아(핀란드)
이딸라(핀란드)
웨지우드(영국)
로얄 앨버트(영국)

포트메리온그룹
포트메리온
로얄 우스터
스포드(모두 영국)

☞ **더 알아보기…**
울리카…p. 117
1950년대 분위기를 머금은
스칸디나비아 디자인…p. 122

북유럽의 식기

로얄코펜하겐
[Royal Copenhagen]

코발트블루가 인기인 북유럽 브랜드

☞ **창업**
1775년

☞ **창업지**
덴마크 코펜하겐,
현재는 피스카스그룹 산하

☞ **브랜드명의 유래**
창업지

☞ **특징**
블루 앤드 화이트, 다양한 요리에 매치할 수 있는 실용성

☞ **대표 양식**
자포니즘, 아르누보

☞ **역사**
1775년 덴마크 최초 덴마크 자기 공장 설립(창업자는 뮐러)
1779년 국왕이 전 주식을 매입해 덴마크 왕립 자기 공장 설립을 선언
1790년 '플로라 다니카' 발표
1868년 왕실이 '로얄' 칭호를 남기는 조건으로 가마를 민간에 매각
         The Royal Copenhagen Manufactory
1885년 아르놀 크로그를 고용
2013년 피스카스그룹 산하로 영입

☞ **로고 마크**
과거 왕립이었음을 나타내는 왕관 마크 옆에는 덴마크를 둘러싼 3대 주요 해협을 나타낸 3개의 물결이 그려져 있다.

관련 인물

줄리안 마리
창업 초기의 일등공신. 독일 출신으로 본명은 율리아네 마리 폰 브라운슈바이크

요한 크리스토프 바이엘
18세기 후반에 활약한 독일 출신의 화가겸 도화가. 식물도감 『플로라 다니카』에 들어간 꽃 삽화를 그린 인연으로 코펜하겐으로 초청되어 1776년부터 덴마크 자기 공장에서 일했다.

아르놀 크로그
북유럽에 자포니즘 열풍을 가져온 덴마크의 건축가이자 디자이너. 100년 전에 만들어진 블루 플루티드를 보고 마음을 빼앗겨 언더글레이즈로 블루 플루티드를 부활시켰다.

대표 식기

블루 플루티드 플레인
플루티드는 세로줄로 홈파기를 뜻한다. 셰이프 가장자리에 홈파기가 되어 있다. 중국의 청화백자 접시가 원조이며, 원안은 마이센에 의해서 만들어졌다.

플로라 다니카
1790년 러시아 여제 예카테리나 2세에게 진상하기 위해 만들어졌다. '세계에서 가장 사치스러운 디너 서비스'라고도 불린다.

자포니즘으로 부활한 덴마크 최초의 자기 가마다

로얄코펜하겐은 일본에서도 꾸준한 팬이 많기로 유명한 서양 식기 브랜드이다. 식기 디자인의 특징은 뭐니 뭐니 해도 중흥의 조상 아르놀 크로그가 부활시킨 블루 앤드 화이트 식기. 그는 자포니즘 유행기에 우윳빛 피겨린을 많이 만들어 북유럽 자포니즘 열풍의 일등공신으로 알려져 있다.

1773년 약사 뮐러는 덴마크 내에서 경질자기를 만드는 데 성공했고 1775년 덴마크 최초로 자기 공장을 설립했다. 4년 후에는 줄리안 마리 황후의 후원으로 덴마크 왕립 자기 공장이 됐다. 자기 제조에 성공한 것은 자국에서 원료를 구할 수 있었던 덕분이다. 1755년 영토 내 보른홀름 섬에서 카올린이 발견됐고, 1773년 노르웨이(당시 덴마크는 덴마크=노르웨이 연합왕국)에서 청색 원료인 코발트가 발견되면서 국내 자기 생산 체제를 갖추게 됐다.

19세기 전반 덴마크는 마지막까지 프랑스의 동맹국이었던 탓에 나폴레옹과 운명을 같이하는 패전국으로 전락하여 국가 재정은 파탄에 빠졌다. 가마의 경영도 유지할 수 없게 되어 1868년에 왕실이 '로얄' 칭호를 남기는 조건으로 민간에 매각하였다.

지금은 왕립이 아님에도 브랜드명에 로얄을 사용하는 이유다. 민간 가마가 된 뒤에는 당시 덴마크를 대표하는 디자이너 아르놀 크로그가 입사해 부활에 성공한다. 현재의 스테디셀러인 '블루 플루티드' 시리즈는 창업 당시에 이미 나왔던 디자인이었지만 당시에는 인기가 없어 단종되었다. 하지만 파리 만국박람회장을 들끓게 했던 자포니즘 열풍에 주목한 아르놀 크로그는 '지금이라면 대중들에게 인기를 끌수 있겠다!'고 생각해 자포니즘의 세계관을 표현할 수 있는 언더글레이즈 기법을 개발해 풀 디너 서비스로 복각하였다.

이러한 아르놀 크로그의 예견은 적중했다. 오래되었지만 새로운 '플루티드' 시리즈는 좋은 반응을 얻었다. 현재에도 플루티드의 일부분을 확대하거나 현대적으로 변형하여 큰 인기를 얻고 있는 '블루 플루티드 메가 시리즈' 등의 진화된 플루티드 디자인이 계속 탄생하고 있다.

수국
아르누보 시대에 탄생한 제품.
언더글레이즈를 사용하여
녹아내리는 듯한 우윳빛 꽃병

블루 플루티드 메가
백스탬프도 메가 사이즈로 되어 있다.

👉 더 알아보기…

독일 7대 명요…p. 55
1950년대 분위기를 머금은
스칸디나비아 디자인…p. 122
아르누보…p. 200

 **북유럽의 식기**

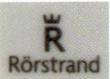

로스트란드

[Rörstrand]

스칸디나비아 디자인의 원조

☞ **창업**
1726년

☞ **창업지**
스웨덴 스톡홀름 로스트란드

☞ **브랜드명의 유래**
창업지

☞ **특징**
실용성과 예술성을 접목한 디자인

☞ **대표 양식**
스칸디나비아 디자인

☞ **역사**
1726년 창업
1873년 핀란드에서 아라비아 제도소(p. 119) 설립
1984년 아라비아에서 인수. 마찬가지로 아라비아에 인수된 구스타브스베리 제도소가 로스트란드와 사업을 합병(로스트란드 구스타브스베리)
2001년 이딸라(p. 120)에 인수됨

☞ **로고 마크**
과거 왕실 납품 자기였음을 나타내는 왕관을 마크로 사용하고 있다.

관련 인물

요한 울프
창업자. 독일 출신의 도자기 장인. 로스트란드 창업 전에는 덴마크 코펜하겐에 있었으나 스웨덴 정부가 경제 살리기를 위해 지원함으로써 로스트란드에 가마를 설립하였다.

대표 식기

몬아미
1952년 발표. 네잎클로버처럼 생긴 푸른 꽃무늬 디자인이 특징이다. 1980년대에 한 차례 생산이 중단되었으나 2008년 복각되었다.

에덴
1960년 발표. 1970년대에 제조가 중단되었으나 2016년 팬 투표에서 1위를 한 것을 계기로 복각되었다.

북유럽에서 가장 오랜 역사를 지녔다

　로스트란드는 북유럽에서 가장 오래된 도자기 가마이다. 덴마크 코펜하겐에서 온 요한 울프가 스웨덴 정부의 지원금으로 스톡홀름 로스트란드에 왕실 납품을 전문으로 하는 가마를 만든 것이 시초이다.

　당시 프레드리크 1세의 통치 아래였던 스웨덴은 선대왕 시절의 대북방 전쟁(스웨덴 패권을 둘러싼 주변 여러 나라가 참전한 대규모 전쟁. 강건왕 아우구스트(p. 46)와도 관련이 있음)의 군비 지출에 경제가 짓눌리고 그야말로 빈사 상태에 놓여 있었다.

　프레드리크 1세는 왕권을 물려받자 국력과 재력을 부흥시키는 수단으로 경질자기에 주목했다. 하지만 유럽 최초의 경질자기 가마(마이센)가 탄생한 18세기 초 국력이 약했던 스웨덴에서는 '하얀 금'으로 불린 자기의 입수가 어려워 거의 유통되지 않았다. 이에 프레드리크 1세는 동양자기와 비슷한 네덜란드의 델프트 도기(p. 139)를 떠올렸다. 설립 당시의 취지서에도 '델프트와 같은 방법에 따라 소성할 것'이라고 기재되어 있다.

　이후 스웨덴에서 요업 자체가 급속히 발전하면서 로스트란드도 19세기 중반에는 직원 1,000명을 거느린 근대적 공장으로 성장하게 된다. 또한 국내만으로는 생산이 따라갈 수 없게 되어 1873년에 이웃나라 핀란드에 새로운 도자기 공장을 설립했다. 이것이 바로 '아라비아 제도소'(p. 119)이다.

　19세기 말~20세기 초에는 당시 유행하던 프랑스식 파이앙스(p. 133) '비네타' 등이 제조되었고 지금도 앤티크 제품으로 인기가 있다. 공장은 규모가 확대됨에 따라 1926년에 예테보리로 이전했고 1936년에 리드셰핑으로 이전 했다.

　제2차 세계대전 후에는 스웨덴 공업협회가 제창하는 '예술가를 산업현장으로'라는 철학에 동참해 다양한 도예가와 디자이너를 초빙해 요업계에 새로운 물결을 불러일으켰다. 바로 스칸디나비아 디자인(p. 122)이다. 로스트란드도 이 유행의 물결을 타고 ==새로운 시대의 요구에 부응하는 심플한 디자인의 테이블웨어을 탄생시켰다.== 많은 사람에게 널리 인기를 끌면서 스웨덴 국내뿐만 아니라 수출도 상당액에 달하고 있다.

1900~1920년 '비네타' 플레이트
(백스탬프는 아라비아지만 로스트란드에서도 복각품이 만들어졌다.)

👉 더 알아보기…

아라비아…p. 118
1950년대 분위기를 머금은 스칸디나비아 디자인…p. 122

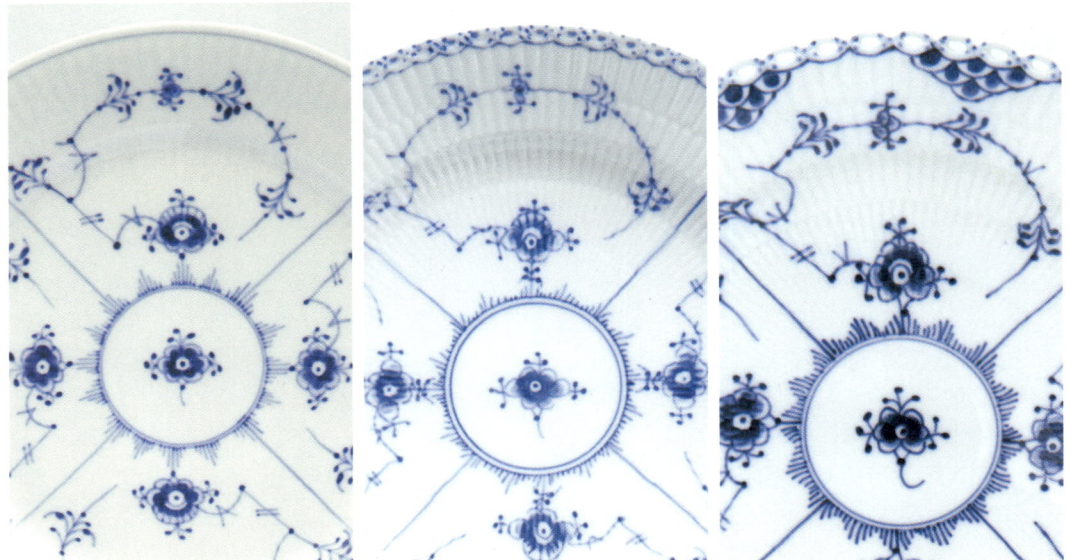

로얄코펜하겐의 블루 플루티드는 크게 세 가지 패턴이 있다. 왼쪽부터 1775년 창업 당시 탄생한 '플레인', 우아한 테두리가 특징인 '하프 레이스', 수작업으로 장식 구멍을 만든 '풀 레이스'

왼쪽: 오른쪽 위에서 아래로 화이트 플루티드 하프 레이스, 블루 플루티드 하프 레이스, 블루 플루티드 풀 레이스 / 오른쪽 위: 블루 플루티드는 마이센이 18세기 전반에 중국의 청화백자를 참고해 디자인했다(밀짚꽃 문양). 18세기 후반 마이센의 경영이 악화되자 이 디자인을 로얄코펜하겐에 매각했다. / 오른쪽 아래: 블루 플루티드에서 파생된 다양한 시리즈. 작은 사이즈도 많고 동양 요리와 궁합도 탁월하다.

역자 주) 2013년 로얄코펜하겐이 특정 국가를 위해 현지화한 제품을 출시한 것은 한국이 최초다. 첫 출시 후 꾸준히 확장하여 2022년 한식기 컬렉션을 완성했다.

> 더 깊이 보는
> **식기×역사**

프리드리히 대왕의 여동생이
유행시킨 스웨덴 로코코 시대

스웨덴의 울리카 왕비를 알게 되면 이 책에서 단편적으로 나왔던 정보가 서로 연결된다.
도대체 어떻게 연결이 될까?

울리카가 유행시킨 로코코, 시누아즈리, 계몽사상

프리드리히 대왕은 카페엠 베를린의 창설자로 주변국 여제들과 7년 전쟁을 일으켰다(p. 228). 사실 그의 여동생은 프레데리크 1세의 뒤를 이은 스웨덴 왕의 왕비로 이름은 로비사 울리카(루이제 울리케)이다. 그녀는 프랑스 궁정 문화와 친숙한 교양 있는 미모의 여성이었다. 프레데리크 1세는 그녀에게 '북유럽의 베르사유 궁전'이라 불리는 호수 궁전 드로트닝홀름을 결혼 선물로 주었다. 이 궁전은 지금도 스웨덴의 국왕 내외가 살고 있다.

울리카는 궁전의 실내를 로코코 양식으로 대폭 개량한 후 궁전 안에 살롱을 열고 스웨덴에 로코코 양식(p. 154)과 계몽사상(p. 231)을 널리 퍼뜨렸다. 궁전에는 미술과 도자기를 사랑했던 그녀의 도자기 컬렉션과 자연과학과 역사에 대한 조예를 보여주는 도서실이 구비되어 있었다. '분류학의 아버지'로 추앙받는 박물학자 린네는 이곳에서 동식물과 광물을 연구했다.

궁전 별채의 중국 파빌리온은 그녀의 생일 축하 선물로 만든 로코코 시대의 시누아즈리 건축물이다. 시누아즈리 인테리어는 스웨덴 동인도회사에서 근무한 경험이 있으며 동시대를 살았던 영국의 궁정 건축가 체임버스의 영감을 받았을 것으로 추정된다. 울리카는 스웨덴의 위대한 왕 구스타프 3세를 낳았다. 그는 진보적인 경제 정책을 펼치며 문화 활동 등에도 정력적으로 임한 인물로 알려졌다. 그의 가장 큰 공적은 스웨덴 아카데미 창립이다. 이 아카데미 설립은 나중에 노벨상으로 이어지게 된다.

'플로라 다니카'의 탄생에는 스웨덴의 린네가 영향을 끼쳤다

스웨덴의 린네를 라이벌로 삼아 탄생한 것이 로얄코펜하겐의 플로라 다니카이다. 플로라 다니카는 1790년 러시아 여제 예카테리나 2세에게 진상하기 위해 당시 덴마크 왕세자가 식물도감『플로라 다니카』에 나오는 모든 종류를 식기로 재현하라고 주문한 디너 서비스이다.

지금은 도자기 그릇이 특별한 의미가 없지만 당시 자기는 최첨단 기술이 결집된 국가 권위의 상징이었다. 그런데 덴마크 왕실은 러시아 여제에게 왜 플로라 다니카를 선물했을까?

그것은 1788~1789년에 일어난 러시아와 스웨덴 전쟁이 발단이 되었다. 러시아 제국이 벌인 이 전쟁에서 승리한 스웨덴의 구스타프 3세는 명성을 높힌 반면에 러시아의 동맹국 덴마크는 전쟁에서 활약상이 두드러지지 못했다. 안타까움을 느낀 덴마크 왕실이 어떻게든지 러시아에게 점수를 만회하고자 했던 진상품이 바로 이 웅장한 디너 서비스이다. 같은 북유럽 국가인 덴마크가 린네에 대항한다는 의미를 담아 예카테리나 2세에게 선물한 것이 플로라 다니카였던 것이다. (겐바)

북유럽의 식기

아라비아
[Arabia]

가장 유명한 북유럽 식기

👉 **창업**
1873년

👉 **창업지**
핀란드 헬싱키 교외의 아라비아 거리, 현재는 피스카스그룹 산하

👉 **브랜드명의 유래**
창업지

👉 **특징**
실용성 높은 디자인

👉 **대표 양식**
스칸디나비아 디자인

👉 **역사**
1873년 창업
1916년 로스트란드에서 독립
1945년 카이 프랑크가 입사. 이듬해 아트 디렉터로 취임
1984년 로스트란드를 인수
1990년 하크만그룹에 인수
2007년 피스카스그룹 산하에 들어감
2016년 핀란드 공장 폐업

관련 인물

비르게르 카이피아이넨
17세에 헬싱키공예대학교에 입학했고 졸업과 동시에 젊은 재능을 발휘했다. 아라비아의 (양산 가능한 제품이라기보다는) 순수 예술 부문에서 아티스트로서 제작 활동을 시작했다. 대표작 '파라티시'는 그가 도자기 셰이프까지 디자인한 희귀한 작품이다.

대표 식기

파라티시
비르게르 카이피아이넨이 1969년 발표한 낙원을 뜻하는 시리즈

무민
'무민'을 카이 프랭크가 디자인한 '띠마(p. 120)' 머그컵에 그린 것이 시리즈의 시작이다.

로스트란드의 자회사로 시작했지만 모기업을 인수하며 역전하다

1873년 아라비아는 로스트란드(p. 114) 자회사로서 '아라비아 제도소'란 이름으로 핀란드 수도 헬싱키의 외곽에 있는 아라비아 거리에서 창업됐다. 왜 스웨덴 회사인 로스트란드가 핀란드에 자회사를 차렸을까? 사실 핀란드는 12~19세기 동안 스웨덴에 귀속돼 있었지만 아라비아가 창업할 당시에는 러시아의 통제하에 있었다. 로스트란드는 핀란드를 발판으로 러시아 시장 진출을 생각하고 있었던 것이다.

아라비아는 창업 초기에는 심플한 백자를 제조하거나 로스트란드에서 파견된 페인터가 그림을 그리는 등 말 그대로 로스트란드 자회사로 활동했다.

그 후 명문가로부터 수주를 받거나 한정 생산의 카탈로그 판매를 하는 등 서서히 두각을 나타내기 시작했다. 몇 년 후에는 핀란드의 도자기 생산량의 약 절반을 차지할 정도로 성장했다. 20세기에 들어오면서 북유럽 최대 규모를 자랑하는 도자기 제조사가 되었다.

그 후 유럽 전역에서 각 민족의 정체성으로서 예술을 인식하기 시작하였고 아라비아도 그 영향을 받아 독자적인 표현을 추구하게 됐다. 1916년에 아라비아는 로스트란드에서 독립하여 핀란드를 대표하는 도자기 회사로 발돋움하였다.

아라비아가 획기적으로 발전하는 데 최대 계기가 된 것은 뭐니 뭐니 해도 '핀란드 디자인의 양심'이라고 불리는 위대한 디자이너 카이 프랑크(p. 120)의 입사이다. 1945년 그가 아라비아 디자이너로 입사하면서 아라비아에 황금시대가 시작됐다.

1945년은 제2차 세계대전 종전 직후였다. 카이 프랑크는 이듬해인 1946년 아라비아에 아트 디렉터로 취임했다. 취임 이후 그가 가장 먼저 모색한 것은 패전국이 된 핀란드에서 전쟁의 상처가 치유되지 못하고 있던 서민들의 식탁을 얼마나 풍요롭게 만들 것인가 하는 것이었다.

그 생각이 결실을 본 것이 1953년에 발매한 '킬타'였다. 과도한 장식을 일절 없애고 높은 기능성과 실용성을 겸비한 킬타는 출시와 동시에 폭발적인 인기를 끌며 전설적인 스테디셀러로 자리매김한다. 현재 '띠마'(p. 120)로 이름이 변경되어 이딸라를 대표하는 시리즈가 되었다.

1984년에는 창업 당시 모회사였던 로스트란드와 아라비아의 입장이 역전되면서 아리비아가 로스트란드를 산하에 거느릴 정도로 성장했다. 1990년에는 이딸라와 함께 하크만그룹에 인수되었다. 하크만그룹은 후에 이딸라로 이름을 개칭하였고 2007년에 피스카스그룹 산하가 됐다. 이후 세계정세 악화와 세계화 물결로 결국 2016년에 핀란드 공장을 모두 폐업하였고 아라비아 상표는 피스카스그룹이 소유하면서 회사로서 아라비아는 존재하지 않게 되었다. 현재는 주로 태국이나 루마니아 등에서 제품을 생산하고 있다.

킬타
현재는 '띠마'라는 이름으로 이딸라가 판매하고 있다.

> 👉 **더 알아보기…**
>
> 로스트란드…p. 114
> 이딸라…p. 120
> 1950년대 분위기를 머금은
> 스칸디나비아 디자인…p. 122

북유럽의 식기

이딸라

[Iittala]

북유럽 브랜드의 식기 디자인을 계승

👉 창업
1881년

👉 창업지
핀란드 이딸라 마을,
현재는 피스카스그룹 산하

👉 브랜드명의 유래
창업지

👉 특징
기능성과 디자인성이 높은 유리 식기. 아라비아와 로스트란드에서 계승된 심플한 도자기

👉 대표 양식
스칸디나비아 디자인

👉 역사
1881년 창업
1917년 '칼프라=이딸라'라는 명칭으로 유리 공업용품을 제조
1920~1930년대 예술적인 상품을 만드는 벤처로 사업 확장
1987년 누타야르비 유리 공장의 대주주인 바르질라에 인수되었고
        '이딸라=누타야르비'가 됨
1990년 하크만그룹의 산하에 들어감
2003년 하크만그룹이 '이딸라'로 개칭
2004년 ABN 암로 캐피털 산하에 들어감
2007년 피스카스그룹 산하에 들어감

👉 로고 마크
로고 마크 중 'i'의 가늘고 긴 선 부분은 유리 장인이 들고 있는 블로 파이프, 점 부분은 처음에 붙이는 유리 재료, 'i'를 둘러싼 동그라미는 가마의 불꽃을 나타낸다.

관련 인물

카이 프랑크
'핀란드의 양심'으로 불리는 디자이너. 이딸라와 아라비아의 주임 디자이너로도 유명하다. 각 브랜드에서 디자인한 식기 시리즈가 있다.

대표 식기

아이노 알토
1932년에 출시된 식기로 디자이너의 이름이 시리즈명이 되었다. 가장 긴 역사를 가진 디자인이다.

비르게르 카이피아이넨
카이 프랑크가 디자인한 대표 시리즈. 2005년까지 아라비아에서 '킬타'라는 이름으로 판매되었다(p. 119).

유리 공방에서 시작된 가마

이딸라와 아라비아(p. 118) 상품은 같은 진열대에 진열되는 경우가 많아 다른 브랜드임에도 불구하고 혼동되기 쉽다. 무리도 아닌 것이 이딸라와 아라비아는 현재 같은 그룹사이기 때문이다.

1881년 이딸라는 핀란드 남부 이딸라 마을에서 원래 유리 장인이었던 스웨덴인 페테르 망누스 아브라함손이 창업했다. 즉 <mark>이딸라는 처음에는 유리 공방에서 탄생한 것이다</mark>. 이딸라의 대표 시리즈인 '띠마'와 '오리고' 등은 원래 아라비아와 로스트란드가 만들던 것으로 이딸라와 아라비아가 통합되면서 이딸라로 디자인이 옮겨 왔다. 이 책에서는 이딸라의 유리 제조에 한정해 소개하기로 한다.

이딸라의 창업 초기 핀란드는 솜씨 좋은 유리 장인이 부족했던 탓에 스웨덴인의 노동력에 의존할 수밖에 없었다. 1917년에는 칼프라 유리 공장이 소유하고 있던 자재 회사인 알스트롬에 인수되어 1950년대까지 칼프라=이딸라라는 이름이 쓰였다. 처음에는 화학 실험이나 램프오일 등에 사용하는 병을 주로 제조했다. 그런 가운데 1920년대부터 1930년대에 걸쳐 더 실험적이고 예술적인 상품을 만드는 벤처로 사업을 확대하였다.

그 성공 사례의 하나가 아이노 알토와 알바 알토 부부를 기용한 것이다. 제2차 세계대전으로 재료와 노동력이 심각하게 부족하여 생산이 중단됐다. 그 직후인 1946년에 생산을 재개하여 1950~1960년대까지 이딸라의 유리제품은 황금기를 맞이했다. 그러나 1970년대 중반 오일 쇼크의 영향으로 다시 제조에 지장이 생기고 말았다. 1987년 결국 알스트롬은 이딸라를 핀란드에 있는 누타야르비 유리 공장의 대주주인 바르질라에 매각했고 바르질라는 이딸라와 누타야르비를 합병해 '이딸라=누타야르비'를 설립했다.

1990년 '이딸라=누타야르비'가 하크만그룹에 인수됐다. 하크만그룹은 2003년에 그룹명을 '이딸라'로 개칭하였고, 2007년에는 피스카스그룹 산하에 들어가 현재에 이른다.

지금도 이딸라의 유리제품 중 약 90%는 이딸라 마을에 있는 자사 공장에서 만들고 있다. '가장 순수한 빛을 가진 유리그릇 제작'이라는 정책 아래 인체와 환경에 유해한 납을 일절 사용하지 않고 있다. 이딸라는 자연을 사랑하고 자연과 더불어 사는 북유럽인의 정신이 살아 있는 브랜드로 전 세계인의 사랑을 받고 있다.

오리고
원래는 로스트란드가 발표한 시리즈. 컬러풀한 스트라이프가 특징이다.

> 📖 **더 알아보기…**
>
> 로스트란드…p. 114
> 아라비아…p. 118
> 1950년대 분위기를 머금은 스칸디나비아 디자인…p. 122

> 더 깊이 보는
> **식기 × 디자인**

1950년대 분위기를 머금은 스칸디나비아 디자인

북유럽 서양 식기에서 두드러지는 스칸디나비아 디자인.
어떤 시대에 태어나서 발전해왔는지 알아보자.

미국에서 유행으로 역수입되다

1950년대 전승국 미국은 활기를 되찾는다. 전장이 아니었던 미국 본토로 수많은 병사가 돌아왔고, 제대 장병 지원금GI Bill으로 미국 전역이 풍요로워졌다. 기혼자는 내 집 마련을 했고, 신혼부부는 아이를 낳았고, 청년은 복학을 하며 전쟁 전의 생활로 돌아갔다. 전쟁으로 멈췄던 아르데코 시대(p. 204)의 오락거리를 되찾기라도 하듯 꿈꾸었던 생활을 다시 즐기기 시작한 것이다.

미국인들은 청바지와 아이비 룩을 입고 자동차와 TV 등 공산품을 속속 사들였다. 그때 주목받은 것이 북유럽 디자인인 스칸디나비아 디자인이다. 기능적이면서도 어딘가 온기가 느껴지는 스칸디나비아 디자인은 북유럽계 미국 이민자의 향수를 자극하면서 대히트를 쳤다. 미국에서 일어난 북유럽 디자인의 인기가 역수입되는 형태로 북유럽 국가에서도 인기를 끌었다.

스칸디나비아 디자인의 특징은 심플함과 예술성

스칸디나비아 디자인의 특징은 불필요한 장식을 배제한 심플한 '공산품'이면서 '예술'이기도 한 디자인이라는 것이다. 인체공학적으로 뛰어나고 단순하며 사용하기 쉬운 모더니즘(현대적) 디자인은 1950년대 미국에서도 '미드센추리(세기의 중반)'로 불리며 유행했다. 현재도 인기 있는 임스 체어 등이 대표적이다.

미드센추리도 스칸디나비아 디자인처럼 기능적인 공산품이면서 예술작품과 같은 디자인이라는 면에서는 비슷하다. 다만 미드센추리가 도시적이고 스타일리시한 디자인에 경쾌하고 밝은 테마 컬러라는 점에 비해 스칸디나비아 디자인은 자연이 풍부한 북유럽 환경을 반영한 나무의 온기가 느껴지는 질감과 자연이 연상되는 따뜻한 느낌의 차분한 테마 컬러가 애용된다는 점에서 차이가 있다. 어쨌든 두 디자인은 같은 '시대의 분위기'가 만든 것이기에 가구, 조명, 소품 전반에서 서로 조화를 이룰 수 있는 제품들이라 생각한다.

북유럽 디자인이 1950년대에 유행한 이유

그렇다면 왜 북유럽 디자인 제품이 1950년대에 폭발적으로 히트를 친 것일까? 이는 역설적이기는 하지만 1950년대까지 북유럽 국가들이 하나같이 국력이 부족해 19세기에 유럽을 휩쓴 산업혁명의 물결에 뒤처져서 공업화되지 못했던 것에서 기인한다.

북유럽은 예로부터 풍요와는 거리가 멀었다. 자원 개발에서 뒤처졌고 식민지도 거의 갖지 못했다. 심지어 덴마크는 19세 후반에 슐레스비히-홀슈타인 전쟁(p. 248)에 패배해 풍부한 국토가 줄어드는 큰 타격을 입었다.

북유럽의 서민들은 20세기에 들어와서도 혹독한 북부의 자연과 더불어 가난하게 살고 있었다. 그런 환경 속에서 제조에 필요한 손재주, 근면함, 모두가 협력하여 살아야 한다는 협동 체제의 토양이 완성된 것이다.

북유럽 사람들의 고난의 역사와 끈질긴 노력은 제2차 세계대전 이후 1950년대에 결실을 보았다. 북유럽 국가들은 전후 부흥을 위해 남녀를 총동원하여 공업화에 매진했다. 맞벌이 가정을 위한 높은 기능성, 집 안을 밝은 분위기로 꾸미는 색상, 좁은 주거 색상에서 예술작품으로도 활용할 수 있는 '보이는 수납' 등 디자인성이 추구된 작품이 차례차례 탄생했다.

뛰어난 아티스트가 고안한 작품은 협동 체제가 갖추어진 장인들의 협업에 의해 질 좋은 공산품으로 대량생산되었다. 이렇게 외화 획득 수단으로 마케팅을 구사한 스칸디나비아 디자인의 제품들은 평화와 번영에 들끓는 미국의 지지를 받으며 성공을 거둔 것이다. 핀란드의 '카흐비타우코 kahvitauko', 스웨덴의 '피카 fika', 덴마크의 '휘게 hygge' 등은 모두 흉금을 털어놓을 수 있는 가족이나 동료와 느긋하게 휴식을 취한다는 따뜻한 말이다. 북유럽 사람들은 전후 복구에 매진하면서도 바쁜 일 사이에 이러한 시간을 소중히 여겼다. 전후 일본에서 맹렬히 일하는 산업 전사들의 휴식 시간에 아리타 자기나 세토 자기의 찻잔과 테이블이 활약하던 시대에 북반구 뒤편에서는 스칸디나비아 디자인의 식기들이 그 시대 북유럽 사람들의 삶을 그늘에서 지탱하고 있었던 것이다.* (겐바)

역자 주) 전쟁과 식민지배로 피폐해진 1950년대 한국은 광복 후 '전후 복구 프로젝트로서의 공예'에서 현대 공예의 아버지 유강열이 나전장인 김봉룡과 함께 전통 공예를 바탕으로 한국 최초의 현대 공예인 양성을 위해 경상남도 나전칠기강습소(1951)를 설립 운영했다. 당시 실기 강사로 김봉룡과 이중섭 등이 참여하여 한국 공예의 중흥과 발전을 꾀하였다. 그 발전의 속도는 느릴 수밖에 없는 환경이었고 1960년대에 들어서서 아시아재단의 후원을 받으며 국내 대학에 공예과가 신설되고 공예 교육에 대한 전반적인 기반이 확대되기 시작하였다.

브랜드

 # 일본의 서양 식기

일본에서 서양 식기를 처음 만든 것은 20세기 전반이다. 서구 열강에 뒤지지 않는 강대국임을 보여주기 위해 서양인의 입맛에 맞춘 디자인에 식탁 외교를 뒷받침하기 위한 국제적인 권위를 나타내는 격조 높은 식기를 생산했다.

☞ **특징**
- 일본인이 좋아하는 백자, 얇고 가벼운 질감. 편리한 수납을 추구한 제품이 많다.
- 일식과 양식 모두에 사용할 수 있는 활용도 높은 디자인이다.

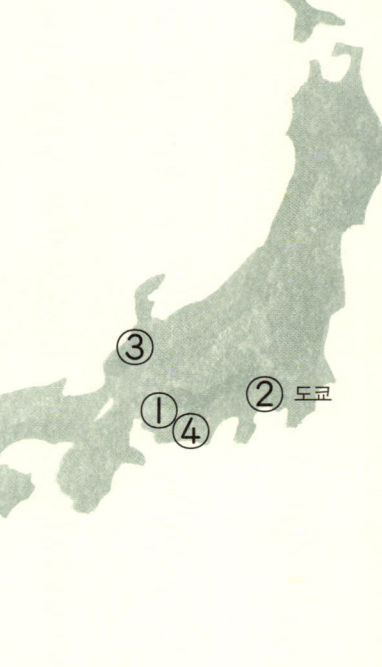

③　①④　② 도쿄

일본 서양 식기의 선구자
① **노리다케** …p. 126

일본의 미학을 느낄 수 있는 황실 납품 가마
② **오쿠라도엔** ……p. 128

① 노리다케의 요시노 / ② 오쿠라도엔의 블루 로즈

메이드 인 재팬에 대한 고집
③ 니코

1908년에 일본경질도기 주식회사로 출발한 니코에서 주목할 점은 일본산을 고집하고 있다는 것이다. 지금도 원료 제조부터 식기 제조 전 과정을 이시카와현 하쿠야마시에 있는 자사 공장에서 진행한다.

'산수이SANSUI'의 오리지널은 1915년에 탄생했다. 일본에서 만드는 윌로 패턴(p. 96)은 '산수이'가 유일하다.
(사진 제공: 니코주식회사)

일본에서 처음으로 본차이나
양산화에 성공한
④ 나루미

1946년 창업한 나루미제도주식회사(나루미)는 나고야시 미도리구 나루미초에 거점을 둔 서양 식기 메이커. 1965년에 일본 최초로 본차이나 양산에 성공한 이래 일본 내 특급 호텔과 레스토랑에서 애용되고 있다.

'밀라노'는 1972년 발매된 이래 스테디셀러
(사진 제공: 나루미제도주식회사)

☞ **더 알아보기…**

일본에서는 언제부터
서양 식기가 만들어졌을까?…p. 30
만국박람회…p. 244
다이쇼 모던과 시라카바파…p. 254
민예운동…p. 256

 **일본의 식기**

노리다케
[Noritake]

일본 서양 식기의 선구자

☛ **창업**
1904년

☛ **창업지**
일본 아이치현 나고야시 노리다케

☛ **브랜드명의 유래**
창업지

☛ **특징**
시대의 요구에 부응한 디자인

☛ **대표 양식**
아르누보, 아르데코

☛ **역사**
1876년 모리무라 이치자에몬이 긴자에서 무역상사 모리무라구미를 창업, 동생 토요가 뉴욕에 수입 잡화점 히노데 상회를 창업
1903년 백색 경질자기 제조에 성공
1904년 일본도기합명회사 설립
1981년 브랜드명을 '노리다케Noritake'로 하여 '노리다케 주식회사'로 사명을 변경

관련 인물

모리무라 이치자에몬
황실 납품 업체인 상인의 집에서 태어났다. 후쿠자와 유키치가 "외국으로 유출된 돈을 되찾아 오려면 수출무역을 통해 외화를 얻는 것이 필요하다."라고 한 말에 감명되어 국익을 위해 해외 무역업을 하기로 결심한다.

모리무라 토요
이치자에몬의 15세 연하의 이복동생. 형 이치자에몬의 이상에 공감하여 1876년 이치자에몬이 긴자에 무역회사 모리무라구미를 창업하자 단신으로 미국에 건너가 일본 수입품을 취급하는 히노데 상회를 창업했다.

대표 식기

요시노
벚꽃 명소인 요시노산에서 이름을 따왔다. 1931년 발표된 '시릴'을 베이스로 역대 디자이너들이 변형을 주면서 이어져 내려온 디자인이다.

이웃집 토토로
미야자키 하야오 감독의 요청으로 일부러 플라스틱이 아니라 깨지는 도자기를 사용했다고 하는 어린이 식기. 노리다케의 숨은 인기 제품이다.

일본제 서양 식기의 수출로 국익에 공헌하다

노리다케를 한마디로 평가하자면 '일본 서양 식기의 선구자'이다. 일본에서 처음으로 서양 식기를 만들었고 해외로 시야를 돌린 일본 최초의 브랜드이기도 하다. 노리다케의 역사는 일본 최초의 민간 미일 무역상사 모리무라구미와 연결되어 있다.

창업자 모리무라 이치자에몬이 청년기를 맞이하던 시대는 막부 말기에서 메이지 초기로 일본이 개국한 지 얼마 되지 않은 시기였다. 후쿠자와 유키치가 "한 나라의 자주 독립을 위해서는 상업이 중요하다."라고 한 말에 감화된 이치자에몬은 1876년에 수출 무역에 의한 외화 획득을 목적으로 모리무라구미를 창업한다.

형의 생각에 공감한 동생 토요는 미국으로 건너가 '히노데 상회(모리무라구미 뉴욕점. 후에 모리무라브라더스)'를 창업하여 일본에서 보내오는 도자기와 전통적인 일본 잡화를 취급하였는데 큰 인기를 끌었다.

그런 시대에 마침 유럽에서 열린 만국박람회에서 일대 전기를 마련했다. 1889년 이치자에몬은 토요와 함께 파리 만국박람회를 둘러보다가 거기에 출품된 아름다운 도자기들을 보고 깊은 감명을 받았다. 이후 시찰하기 위해 리모주의 도자기 공장을 방문하여 공장의 기계화, 합리화된 작업 공정, 도자기 대량 제조 시스템을 보고 '일본에서도 이러한 대량생산 방식의 공장이 필요하다'고 느끼게 됐다.

그 시대에 모리무라구미가 만든 제품은 꽃병이나 장식접시 등 장식품이 위주였다. 토요는 뉴욕에서 "앞으로도 도자기를 취급한다면 테이블웨어를 취급하는 것이 좋다. 단 테이블웨어는 바탕이 순백색이어야 한다."라는 조언을 들었다.

사실 당시 전속 공장에서 만들었던 도자기 소지는 푸른빛을 띤 회색이었다. 그러나 서양인이 좋아하는 순백의 바탕흙을 만드는 것은 향후 미국과 유럽에서 판매를 고려한다면 꼭 필요한 일이었다. 그들은 백색 경질자기의 개발 연구에 임하였고 시행착오를 반복한 끝에 1903년에 자기 제조에 성공했다. 만반의 준비를 갖추고 1904년 '일본도기합명회사'를 설립했다. 그리고 1914년 염원하던 일본 최초 순백 디너 서비스인 '세단'이 탄생했다. 창업으로부터 10년이라는 오랜 시간이 걸린 것만 봐도 서양에서 인기 있는 백자를 일본에서 제조하는 것이 얼마나 어려웠는지 알 수 있다.

일본도기합명회사는 1981년에 브랜드명을 '노리다케'로 하고 '노리다케 주식회사'로 사명을 변경했다. 현재도 '성실'을 경영 철학으로 다양한 아름다운 서양 식기를 만들어내고 있다.

하나사라사
완만한 셰이프에 그려진 페르시아풍의 꽃무늬가 아름답다. 다양한 연령층의 사랑을 받는 시리즈이다.
(촬영 협력: 오카치마이)

☞ **더 알아보기…**

일본에서는 언제부터 서양 식기가 만들어졌을까?…p. 30
오쿠라도엔…p. 128
만국박람회…p. 244

일본의 식기

오쿠라도엔
[大倉陶園]

일본의 미학을 느낄 수 있는 황실 납품 도자기

☞ 창업
1919년

☞ 창업지
도쿄도 오타구(구 가마타구), 현재는 가나가와현 요코하마시 도쓰카구

☞ 브랜드명의 유래
창업자 이름

☞ 특징
오쿠라도엔의 독자적인 기법, 일본의 미의식을 느끼게 하는 디자인

☞ 대표 양식
일본적 모티프

☞ 역사
- 1904년 모리무라구미, 일본도기합명회사 창립(오쿠라 카즈치카가 초대 사장에 취임)
- 1919년 오쿠라도엔 창업(오쿠라 마고베, 카즈치카 부자)
- 1932년 주미 일본대사관에 디너 세트 납품
- 1950년 법인화하여 오쿠라도엔 주식회사가 됨
- 1956년 니토 도기상회(현재의 노리다케 테이블웨어) 등에 판매를 위탁
- 1960년 요코하마에 도쓰카 공장을 완성해 이전(현재의 본사와 공장)
- 1974년 영빈관 보수 시 디너 세트 납입
- 2005년 교토 영빈관에 양식기 대모음 세트를 납품
- 2008년 홋카이도 도야코 정상회의에 만찬용 식기를 납품

☞ 로고 마크
로고 마크에는 오쿠라가의 문장인 '우메바치' 형상 안에 'okura art china'의 머리글자인 O·A·C와 'OKURA'라는 글자가 나란히 쓰여 있다.

관련 인물

오쿠라 마고베

창업자 중 한 명. 1843년 에도[1] 요츠야에서 에조시 가게[2]에서 태어났다. 1876년 일본을 유럽과 미국 수준의 대국으로 만들려면 무역을 활발히 하고 외화를 늘리라는 모리무라 이치자에몬의 말에 감명을 받아 모리무라구미(p. 126)에 입사했다.

오쿠라 카즈치카

창업자 중 한 명으로 마고베의 장남이다. 게이오기주쿠대학교 졸업 후 모리무라구미에 입사했다. 일본 세라믹 산업의 기반을 확립하는 데 크게 공헌한 인물이다.

대표 식기

블루로즈

1928년 탄생한 오쿠라도엔의 대명사라 할 수 있는 인기 시리즈. '오카조메'라고 하는 오쿠라도엔의 독자적인 기법으로 페인팅한 식기이다. 유약 위에 그려진 무늬를 마치 스며드는 듯한 느낌으로 표현했다.

이로마키

'우루시마키(옻칠 두르기)'라고 하는 오쿠라도엔의 독자적인 기법이 사용된 시리즈. 옻칠을 접착제로 사용해서 물감을 바르고 구우면 물감이 유약 표면에 아름답게 표현되는데 깊이 있는 독특한 색감을 낼 수 있다.

---

1. 역자 주) 도쿄의 옛 이름
2. 역자 주) 에도 시대에 소책자와 우키요에 등의 잡지를 팔던 영세한 서점

경영 철학 '좋은 것 위에 더 좋은 것을'을 현재도 계승하다

오쿠라도엔은 일본을 대표하는 일본 왕실 납품 서양 식기 브랜드다. 창업 당시에는 대부분 특별 주문품을 제작했다. 주요 고객은 미쓰이 가문과 이와사키 가문 등의 사업가와 도쿠가와 가문과 모리 가문 등의 옛 다이묘였고 가장 큰 고객은 일왕 가문이었다. 특히 쇼와 일왕의 동생인 다카마쓰노미야와 마쓰노미야, 사다카메이 다이쇼 일왕비 등이 주문량이 많았다고 한다. 이렇게 오쿠라도엔이 유수의 상류층에게 사랑받은 이유는 무엇이었을까?

오쿠라도엔은 1919년에 창업됐다. 당시 궁중 만찬 등에서는 유럽에서 수입된 일류 서양 식기가 주로 사용되었다. 즉 외국 국빈을 대접할 때도 유럽제 식기를 사용하고 있었던 것이다. 그러나 국빈 접대 만찬에서 사용할 식기는 그나라 제품으로 하는 것이 식탁 외교의 암묵적인 규칙이기에 수입 식기를 사용하는 것은 국제 교류상 바람직한 일은 아니었다.

창업자인 오쿠라 마고베는 국빈을 대접하는 서양 식기를 일본에서 만들지 못한다는 사실을 우려했다. 향후 일본의 국제화를 위해 국가의 식탁 외교에 필요한 최고급 서양 식기를 만드는 것을 목표의 하나로 내걸어 오쿠라도엔의 창업을 결심한다.

창업부터 제2차 세계대전 전까지는 서양의 명품을 능가하는 최고급 식기를 제조하는 데 중점을 두었다. 하지만 전후 공장을 요코하마 토츠카로 이전한 후에는 '일본인이 만든 서양 식기'라고 자부할 수 있는 새로운 서양 식기를 만들게 된다. 그 계기가 된 것이 모모키 하루오(오쿠라도엔의 디자이너로 1978년에 오쿠라도엔 사장으로 취임)가 사업가 마쓰시타 코노스케로부터 들은 "설명할 필요 없이, 뒤집어볼 필요 없이, 일본인이 일본에서 만든 디자인으로 세계에서 통용되는 식기가 이제 슬슬 나와도 좋지 않을까."라는 조언이었다고 한다.

그 후 '일본인의 삶에 밀착한 서양 식기'를 표방하며 일본인의 미의식에 근거한 창작에 매진한다. 일본의 장점인 뚜렷한 사계절의 차이를 색감으로 나타내거나 섬세하게 표현한 나무와 꽃들을 디자인에 도입하여 <mark>일본적인 분위기와 일본에서만 만들 수 있는 디자인의 서양 식기를 차례로 선보인다.</mark>

창업 당시부터 경영 철학인 '좋은 것 위에 더 좋은 것을'이 오쿠라도엔의 전통 기술에 뿌리 깊게 남아 있다. 예를 들면 1,460도의 고온에서 소성하는 메이커는 현재는 오쿠라도엔 이외는 거의 볼 수 없다. 엄청난 고온소성에서 나오는 매우 희고 견고한 백자는 '오쿠라 화이트'라고 불릴 정도로 아름답다. 그밖에도 '오카조메(오카 염색 기법)' '우루시마키' '엠보스'라고 하는 오쿠라도엔만의 기술들로 만든 식기의 상당수는 확실히 일본을 대표하는 서양 식기라는 말에 적합한 일품들이다.

한 송이 장미
백자에 핸드페인팅 된 한 송이 장미는 100송이의 화려한 꽃다발보다 사람을 끄는 매력이 있다. 금테두리는 오쿠라도엔만의 귀중한 기술인 '엠보스' 기법을 사용하고 있다.

☞ 더 알아보기…

서양 식기의 제조법…p. 22
노리다케…p. 126
만국박람회…p. 244

노리다케의 다양한 트리오(p. 33) 디저트 플레이트에 '셰르 블랑' 볼(16cm)을 조합했다.

오쿠라도엔의 완자라고요미
일본의 뚜렷한 사계절과 미의식을 형상이 다른 12종류의 컵과 소서로 표현한 시리즈. 오쿠라도엔의 100년의 기술과 디자인의 정수를 담은 컬렉션이다.

나루미의 밀라노
상서로운 꽃으로 사랑받는 매화꽃을 남색의 농담으로 표현한 시리즈. 기품과 호화스러움을 겸비한 스테디셀러로 2022년에 탄생 50주년을 맞았다.
(사진 제공: 나루미제도 주식회사)

닛코 산수山水
1915년 출시 이후 유행에 구애받지 않고 여러 세대에 걸쳐 사랑받고 있다.
1966년 비틀즈가 일본에 왔을 때 분장실에서 사용한 것으로도 유명하다.
현재는 파인 본차이나로 제작되며 '산수이SANSUI'라는 이름으로 발매되고 있다.

귀족 자기와 다른 서민 도기의 세계

폴리시포터리, 사르그민, 바르보틴, 슬립웨어 등은
현재 젊은 여성들을 중심으로 인기 높은 서양 식기들이다.
간략하게 사랑스러운 도기들에 대해 배워보자.

도기는 왕후와 귀족의 자기와는 다르다

먼저 도기의 역사와 디자인의 특징에 대해 대략적인 이미지를 살펴보자. 자기가 만들어지기 전까지는 왕후와 귀족들도 델프트 도기 등 하얀 도기를 사용하였다(p. 29). 그러나 그들이 자기의 매력에 푹 빠지면서 부유층용 도기는 거의 만들어지지 않게 되었고 도기는 주로 서민들의 일용 잡기로 독자적으로 진화하게 된다. 즉 서양에서 자기를 만들기 시작한 18세기 이후부터 도기는 궁정 문화와는 분리된 문화가 되어갔다.

사르그민 가마의 파보리

그릇은 서민의 삶과 밀착하여 걸어왔다

자기에 그려진 박물학적 동식물이나 그리스 신화의 문양은 교양 높은 왕후와 귀족들의 대화에서 화두를 제공하는 데 일조했다. 반면 도기 디자인은 서민들이 흉금을 털어놓고 동료들과 편안한 장소에서 사용할 수 있는 디자인이 많다. 자기와 도기 모두의 매력을 알아야 서양 식기의 전체상을 볼 수 있으니 꼭 이 소박한 아름다움이 넘치는 도기를 감상해보자.

볼레스와비에츠 가마의 커피 컵과 소서

석유도기란?

마욜리카 도기, 파이앙스 도기, 델프트 도기라고 불리는 도기는 모두 석유도기이다. 석유(p. 21)를 칠하고 소성하면 색을 입히는 데 적합한 광택이 나는 흰색 도자기로 만들 수 있다. 그 때문에 유럽에서 자기 제조법이 규명되는 18세기 초반까지는 '흰 그릇=석유도기'였다(p. 29).

조금 번거롭게도 석유도기는 주로 어디서 수입했느냐로 호칭이 바뀌었다. 그리고 각국이 토지별 풍토를 살린 특색 있는 디자인을 만들어내고 있다.

🇪🇸 🇮🇹 스페인, 이탈리아

마욜리카 도기

석유도기(p. 17)는 원래 9세기경 이슬람제국에서 발달하여 유럽 전체로 전파되었다. 중세 시대 이슬람제국의 지배 아래에 있던 스페인 마요르카섬에서 이베리아반도와 시칠리아섬으로 석유도기 기술이 전해졌다. '마요르카섬에서 수입한 도자기'라는 뜻에서 스페인과 이탈리아에서는 '마욜리카 도기'라고 부르게 되었다. 밝은 원색의 컬러풀한 색감으로 핸드페인팅의 감촉을 살린 소박함이 특징이다.

이탈리아 시칠리아섬에서 볼 수 있는 마욜리카 도기. 밝고 개방적인 지중해 기후가 그림의 문양에 잘 나타나 있다.

🇫🇷 프랑스

파이앙스 도기와 바르보틴

이탈리아 파엔차에서도 활발히 만들어진 마욜리카 도기의 기술은 독일과 프랑스에 전파됐다. 이들 지역에서는 피엔차의 발음이 변형되며 '파이앙스 도기'라고 불리게 된다. 노르망디 북부의 루앙은 프랑스에서 제일 앞서 파이앙스를 생산하기 시작했고 17세기 말에는 매우 많은 도기 공방이 설립됐다.

독일 국경에 가까운 사르그민 가마에서는 빌레로이앤 보흐(p. 52)로부터 기술을 제공받아 공업화가 진전되어 우아하고 섬세한 파이앙스가 대량생산되었다. 프로이센-프랑스 전쟁(p. 249)의 영향으로 공장이 이전하는 등 파란만장한 역사로 인해 안타깝게도 현재는 문을 닫았다.

사르그민 가마에서는 바르보틴도 만들어졌다. 바르보틴Barbotine은 요철을 뜻하는 말로 무늬에 맞게 입체적으로 조형한 것이 특징인 식기이다. 팔리시웨어(p. 260)가 기원이라고 알려져 있다. 아르누보 시대에 하빌랜드(p. 70)가 이 바르보틴을 다시 되살렸다.

루앙 가마의 파이앙스. 한가운데 그려 넣은 레요낭(Rayonnant, 방사형 꽃무늬)과 테두리 장식인 랑브르캥(lambrequin, 창문틀이나 지붕틀에 사용되는 장식적인 레이스 무늬)이 특징이다.

사르그민 가마의 바르보틴. 제철 채소와 과일을 맛보는 다채로운 식탁을 연출했다.

🇬🇧 영국

마졸리카

영국에서는 석유도기뿐만 아니라 색을 입힌 석유도기와 울퉁불퉁한 돋을새김이 있는 도기도 '마졸리카majolica'라고 불린다. 민턴(p. 92)이 개발한 민턴의 마졸리카유(팔리 시유)는 팔리시웨어(p. 260)와 같은 사실적이고 입체감 있는 장식이 새겨진 형상이 특징으로 빅토리아 시대에 대량으로 만들어져(빅토리안 마졸리카) 일세를 풍미했다.

웨지우드의 마졸리카(20세기 전반). 컬리플라워 마졸리카는 웨지우드 창업기인 1760년경부터 있었던 전통 깊은 디자인이다.

🇬🇧🇯🇵 영국, 일본

슬립웨어

슬립웨어란 걸쭉한 크림 형태의 화장토(슬립, 이장)로 장식하여 구워낸 도기 전반을 말한다. 기원은 매우 오래되어 고대 문명인 신석기 시대부터 유럽을 중심으로 세계 각지에서 만들어져 왔다.

영국에서는 17세기에는 장식 접시로 애용됐고 18~19세기에는 파이 등을 굽는 오븐 접시와 같은 조리기구로 애용되었다. 그러나 제2차 산업혁명(p. 213)으로 인해 희고 아름답고 튼튼한 크림웨어와 본차이나가 대량생산되자 슬립웨어 공방은 점차 쇠퇴하여 19세기 말에 거의 소멸되고 만다.

소멸한 영국식 슬립웨어를 시행착오 끝에 부활시킨 것이 버나드 리치(p. 256)이다. 리치는 민예운동가로서 민예운동(p. 256)의 멤버들과 일본 각지의 가마를 방문해 영국식 슬립웨어를 지도했다. 그가 직접 지도한 가마는 유마치 가마(시마네), 단소 가마(효고현

단바) 등이다. 영국과 일본의 개인 가마에서 만들어진 것이 영국식 슬립웨어의 특징이다. 비록 가격은 비싸지만 원래는 서민의 일용 잡기로 사용되었기 때문에 소박한 가정식이나 간식을 담아내는 것이 본래의 민예 콘셉트와 잘 맞는다.

단소 가마의 슬립웨어

🇵🇱 폴란드

폴리시 포터리

경쾌하고 귀여운 도트 무늬의 폴란드 도자기 폴리시 포터리. 그중 가장 유명한 곳은 볼레스와비에츠 가마이다. 중세 시대부터 도자기의 거리로 번성했던 곳이다. 17세기까지는 연유鉛釉가 사용된 갈색 도기를 만들었지만 19세기 후반에 요한 고틀리예프 알트만이라는 장인이 기술을 혁신한다. 흰 점토를 베이스로 하여 연유를 사용하지 않고도 무색투명해지는 준장석 유약을 사용해 보기에도 선명한 무늬를 자유자재로 그릴 수 있게 됐다.

볼레스와비에츠 가마에는 주로 두 종류의 시리즈가 있다. 전통 무늬인 트라디치니(전통적인이라는 뜻의 폴란드어)와 현대식으로 재해석한 우니카트(독특하다는 뜻의 폴란드어)이다. 전통 무늬의 동글동글한 도트 무늬는 파비에 오치코(공작의 눈이라는 뜻의 폴란드어)라고 하며 애교스럽고 매우 매력적이다.

슬립웨어는 전 세계에서 만들어진다. 사진의 파란색 그릇은 트로얀 도기(불가리아). 불가리아에서는 방연석(갈레나)을 다량 생산한다. 사진 왼쪽 끝은 호레즈 도기(루마니아)이고 그 외는 모두 일본의 슬립웨어이다.

| 디자인 | 도기 사용 팁 |

　도기 식기는 디자인이 개성 있고 강렬한 것이 많으며 질감도 둔탁한 시골풍부터 단정하고 고급스러운 것까지 폭넓게 갖추어져 있다. 그러다 보니 사실은 테이블 세팅이 다소 어려운 상급자용 식기이기도 하다. 아무쪼록 폴리시 포터리 도기와 금채가 있는 격조 높은 자기 등을 함께 식탁에 놓는 실수를 범하지 않도록 주의해야 한다.

　도기 사용이 익숙해지면 약간의 믹스 앤드 매치를 응용하는 것도 상관없다. 우선 기본이 되는 '식기끼리 격을 맞추는' 것을 유의한다면 통일감 있고 아름다운 테이블 세팅이 될 수 있다. 이후에는 점차로 서양 식기와 동양 식기와의 조합도 자유자재로 구사하며 센스 있는 식탁 예술을 펼칠 수 있게 될 것이다.

　마욜리카 도기와 멕시코 탈라베라 도기는 무늬가 독특하기 때문에 에스닉 요리, 아시아 요리, 가정적인 남유럽 요리에 아주 적합하다. 시크하고 어른스러운 분위기의 파이앙스는 포토푀 등 가정적인 프랑스 요리와 궁합이 좋다. 과자를 올릴 때는 소박한 모습의 구운 과자가 어울린다.

　또한 슬립웨어가 일식에 잘 어울리는 것은 야나기 무네요시(p. 256)가 이미 증명했다. 과거에 한 TV 프로에서 교토에 있는 전통 요리집의 요리사가 버나드 리치의 슬립웨어에 돈가스를 담는 것을 보고 필자는 무릎을 쳤다. 꼭 이 책을 참고하여(p. 276) 일상적인 반찬이나 간단한 간식과 함께 식탁을 아름답게 물들여보기 바란다.*

* 역자 주) 한국에서는 예술적 가치를 지키면서 현대적인 생활도자기로 변천을 거듭한 이도 도자기와 광주요가 대표적인 예이다. 또한 한국의 여백의 미를 담은 이우환 작가의 그림을 모티프로 한 박영숙 도예가와의 컬래버레이션 작품을 추천한다.

프랑스의 식기

지앙

[Gien]

파이앙스는 따뜻하고 소박하면서도 품위 있다

☞ 창업
1821년

☞ 창업지
프랑스 루아레주 지앙

☞ 브랜드명의 유래
창업지

☞ 특징
파이앙스의 따뜻하고 소박한 감촉

☞ 대표 양식
프랑스 앤티크풍 디자인

☞ 역사
1821년 창업
1889년 파리 만국박람회 그랑프리 수상
1974년 프랑스 최초 정상회의 개최 시 대통령 주최 만찬에서 사용
1989년 프랑스 명품 브랜드가 모인 조직 '콜베르 위원회' 가입

관련 인물

토머스 에드미
헐름에드메 홀름

창업자. 외할아버지가 영국인이다. 그의 가족은 지앙에서 북쪽으로 약 100km 앞에 있는 몽트로 거리에서 1774년부터 제도업을 이어왔다.

대표 식기

밀플뢰르

수천 송이의 꽃을 뜻하는 대표 시리즈. 20가지 색상이 겹쳐진 전사지를 사용하여 제작하는 기술은 세계 정상급이다.

튤립

아카이브 디자인에서 복각된 작품. 프랑스 앤티크 디자인을 현재 생산품으로 입수할 수 있다.

프랑스를 대표하는 고급 도기다

지앙의 정식 명칭은 '파이앙스리 드 지앙Faïencerie de Gien' '지앙 마을의 파이앙스'이다. 이 책에서 소개한 것 중 유일하게 파이앙스(p. 133)에 특화된 서양 식기를 만들고 있는 프랑스 브랜드이다.

창업자는 토마스 앙투안 에드메 훌름. 본가는 1774년부터 제도업을 하고 있었는데 그가 공장을 계승했다. 1786년 영불통상조약(프랑스가 산업혁명 중 영국 공산품의 수입을 인정한 조약)이 체결됨에 따라 영국에서 대량의 공산품이 수입되어 프랑스 시장은 대량생산된 값싼 영국 제품으로 넘쳐나게 되었다. 그러자 그는 제도업에 좀 더 적당한 지역으로 공장 이전을 결심했다.

프랑스의 제도업이 점점 쇠퇴해가는 상황에 위기감을 느낀 훌름은 새로운 생산 공장을 세우기로 결정하고 새 터전으로 루아르 강변의 지앙을 선택했다. 지앙은 도기 생산에 아주 이상적인 땅이었다. 운반이 편리한 강을 활용할 수 있을 뿐만 아니라 인근에는 연료가 되는 목재를 공급할 수 있는 삼림이 있었고 무엇보다 이 지역의 흙이 도기 만들기에 매우 적합했다. 훌름은 여기서 15세기 말에 지어진 오래된 수도원을 새롭게 단장하고 1821년에 도자기 공장을 창업했다.

창업 후 1850년대까지는 식기와 일용 잡기를 제조했는데 17~18세기에 루앙과 델프트(p. 139) 등에서 만들어졌던 과거 도기 작품을 모방해 저렴한 가격에 제공함으로써 인기를 끌어 확고한 지위를 획득했다.

이후 1889년 파리 만국박람회에서 그랑프리를 수상한 것을 계기로 전 세계 귀족들로부터 가문의 문양을 각인한 맞춤형 테이블웨어를 주문받으면서 이름을 떨치게 됐다. 이 무렵부터 '맞춤 제작에 충실히 대응한다'는 지앙의 정신 중 하나가 소중하게 이어지고 있다. 또한 '식탁에 행복을 물들인다'는 이념을 표현하는

듯한, 채색이 풍부한 '밀플뢰르'는 지앙을 대표하는 스테디셀러 시리즈가 되었다. 지앙은 1989년 바카라, 샤넬, 에르메스 등 프랑스를 대표하는 럭셔리 브랜드로 구성된 '콜베르 위원회'에 가입해 활동을 이어왔으나 2014년 경영파탄 위기에 빠졌다. 하지만 지앙에 매료된 현 소유주가 2014년 회사를 매수하여 부지의 절반가량을 매각하고 새로운 설비투자 등의 경영개혁을 통해 회사를 재건하였고, 2015년부터 새롭게 6명의 장인을 채용해 온고지신의 디자인을 만들어내고 있다.

파이앙스 도기는 일용 식기로 사용되고 있기 때문에 앤티크 제품이나 빈티지 제품은 대개 얼룩이나 금이 없는 완벽히 온전한 제품을 찾기가 어렵다. 현재 인기 있는 사르그민 가마(p. 133)의 식기 역시 안타깝게도 문을 닫아서 새 제품을 구할 수 없다. 그런 점에서 지앙은 프랑스 앤티크 디자인을 새 제품으로 구입할 수 있다는 점이 무엇보다 큰 장점이기도 하다.

지앙의 바가텔

> 📖 **더 알아보기…**
>
> 파이앙스…p. 133

네덜란드의 식기

포르셀레이너 플러스
[Porceleyne Fles]

네덜란드에서 유일한 로얄 델프트다

👉 **창업**
1653년

👉 **창업지**
네덜란드 델프트 프레스 지구

👉 **브랜드명의 유래**
창업지

👉 **특징**
동양풍의 블루 앤드 화이트

👉 **대표 양식**
중국 양식

👉 **역사**
1653년 창업
1876년 도자기 페인터인 요스트 스프트가 '델프트 블루' 재현에 성공
1919년 네덜란드 왕실로부터 '로얄' 칭호를 수여받음

👉 **로고 마크**
로고 마크는 도안화한 항아리, 요스트 토프트의 이니셜을 조합한 F와 비슷한 기호, 델프트Delft 문자로 구성되었다.

관련 인물

요스트 토프트
포르셀레이너 가마에서 활약한 페인터. '로얄' 칭호를 얻는 계기가 된 인물이다. 19세기 후반에는 전사지에 의한 대량생산으로 이행되었지만, 그의 활약 덕분에 핸드페인팅에 의한 '델프트 블루'가 부활하게 된다.

대표 식기

풍차
네덜란드를 대표하는 풍경, 풍차, 높은 갈대가 빛나는 물가를 그려 넣었다.

네인체
네덜란드를 대표하는 캐릭터 미피의 디자인. 미피는 영어식 호칭으로 본국에서는 네인체로 불린다.

유럽을 풍미했던 델프트 도기의 생존자다

암스테르담에서 열차로 한 시간 거리에 위치한 델프트는 운하와 벽돌집들이 아름다운 작은 도시인데 블루 앤드 화이트가 인상적인 델프트 도기가 탄생한 거리이다. 화가 페르메이르가 출생한 고향이기도 하다. 이곳에서 창업한 도자기 공방이 포르셀레이너 플러스. 네덜란드 왕실로부터 유일하게 '로얄 델프트'라는 명칭을 사용하는 것이 허용된 브랜드이다.

네덜란드는 1602년 동인도회사(p. 222)를 설립하면서 동양에서 청화백자(p. 42)를 대량으로 수입하였다. 아름다운 백자에 그려진 이국적인 청색 디자인은 순식간에 사람들의 마음을 사로잡았다.

그 후 델프트 근교에서 염원하던 도토가 발견되면서 동양자기와 비슷한 독특한 도기를 제조하게 된다. 그리하여 17세기 유럽은 동양자기풍 도기를 만들어낸 델프트 도기의 '독무대'가 된다.

1653년 포르셀레이너 플러스 가마는 만반의 준비를 끝내고 드디어 문을 연다. 1650년 일본의 데지마에서 네덜란드 동인도회사를 통해 처음으로 올드 이마리가 수출된 지 3년 만의 일이다(p. 224). 비슷한 시기에 운영된 20여 개의 가마가 대부분이 동양 자기의 디자인을 모방한 도기를 만들었다. 그 정도로 유럽인들에게 하얀 바탕에 청색으로 그려진 중국 문양은 신선했다.

17세기 후반에 이르러서는 거기에 다양한 색이 이용되기 시작하는데 이른바 '컬러 델프트'이다. 모양도 다양해져 토산품으로 인기 있는 네덜란드의 나막신을 본뜬 장식물, 물병이나 도시락통, 찻주전자, 도기 바이올린까지 만들어졌다. 튤립 버블로 들끓었던 네덜란드에 '튤립 베이스'가 만들어진 것도 1685년이다. 이 무렵이 델프트 도기와 델프트라는 도시의 전성기였다.

18세기 초 독일 마이센에서 마침내 경질자기를 구워냈고 유럽 전역에 자기 제조기술이 널리 퍼졌다(p. 29). 그보다 조금 늦게 영국에서 본차이나가 탄생한 것은 30쪽에서 소개했다. 그러나 무엇보다 델프트에게 가장 큰 위협은 서민들도 살 수 있는 '경질자기에 한없이 근접한 도기', 즉 크림웨어(p. 31)가 영국에서 탄생했던 것이다. 뜻밖의 라이벌의 등장에 델프트 도기의 수요는 급감했고, 19세기 초에는 포르셀레이너 플러스만이 겨우 살아남았다.

그럼에도 1876년에 도자기 페인터인 요스트 토프트를 맞이해 델프트 블루를 재현하는 데 성공했다. 밝은 파랑부터 검은빛이 도는 파랑까지 절묘한 톤으로 그려낸 델프트 블루는 지금도 수많은 오랜 팬들이 있다.

네덜란드 특유의 튤립 베이스

> 📖 **더 알아보기…**
>
> 서양 식기의 시작…p. 28
> 본차이나…p. 30
> 크림웨어…p. 31
> 데지마…p. 224

1: 프랑스 부르고뉴 지방의 가정에서 대접받은 식사에는 파이앙스 도기가 사용되었다. 랑브르캥(p. 39)의 테두리가 포인트 / 2: 날개 문양을 빗으로 그리는 전통적인 슬립웨어 문양 '페더콤'. 슬립을 늘어뜨린 후 바로 빗으로 긁어 모양을 만든다. / 3: 멕시코 탈라베라 도기(마욜리카 도기). 이슬람 문화의 배경을 가진 스페인의 식민지였던 멕시코에서는 전통적으로 오리엔탈 분위기가 풍기는 블루 앤드 화이트 도자기를 만들어왔다. / 4: 이탈리아 마욜리카 도기는 컬러풀하게 음식을 장식한다. 오사카에 있는 레스토랑 빅토리아에서 촬영

웨지우드의 와일드 스트로베리. 심플한 디저트도 전체에 무늬가 그려진 식기를 사용하면 한층 돋보인다.

왼쪽 앞은 오쿠라도엔의 블루 로즈이고 오른쪽은 임페리얼 포슬린의 골든 가든이다. 다른 브랜드라도 같은 톤의 색조로 조합하면 통일감이 있다.

위: 마이센의 웨이브는 품위 있는 단순한 형태여서 화과자와 궁합이 좋다. / 아래: 오렌지 리큐어를 사용한 카페 마리아 테레지아가 담긴 아우가르텐의 마리아 테레지아. 진한 커피에 쿠앵트로를 조금 넣고 휘핑크림을 듬뿍 얹고 오렌지 필을 곁들이면 완성된다.

3장

서양 식기와 미술 양식

서양 식기의 디자인, 장식, 도안 배경에 담긴 미술 양식에 대해 알아보자.
미술 양식을 알게 되면 단순히 '예쁘다.' '아름답다.'라는 직감적인 감상을
넘어 더 깊이 이해할 수 있게 된다.

> 미술 양식

서양 식기 탄생의 미술 배경
미술 양식을 아는 것이 식기 디자인을 알게 되는 첫걸음이다

 단지 '예쁘다' '아름답다'만이 아니다!
미술 양식을 알면 서양 식기를 '해독'할 수 있다

회화, 음악, 건축, 문학 등의 예술작품에 공통되는 당시 대유행을 정리한 것을 양식(스타일)이라고 한다. 여기서 다룰 고딕, 바로크 등의 미술 양식은 주로 '서양회화사의 양식'이다. 미술에는 시대마다 공통된 스타일이 있다.

공통된 미술 양식이 있기에 후세에도 그 작품이 어느 시대의 것인지 알 수 있다. 미술 양식은 말하자면 규칙과 같은 것이다. 서양 식기 디자인도 기본적으로 이 미술 양식에 따라 만들어졌다. 따라서 미술 양식을 모르고 식기의 디자인을 감상하는 것은 경기 규칙을 모르고 스포츠를 관람하는 것과 마찬가지라고 할 수 있다. 이는 매우 중요한 부분이지만 안타깝게도 학교 수업에서는 많은 시간이 그림 그리기에 할애되는 관계로 미술사에 대해 배울 기회가 적은 것이 현실이다. 그렇기 때문에 식기를 좋아하는 분들도 미술 양식의 중요성을 납득하고 있다고 말하기 어렵다.

또한 미술 양식을 다룰 때는 그 원천이 어디에서 기인한 것인가를 꼭 명심했으면 한다. 그러면 유럽 문화라고 하는 것의 전모가 보이기 때문이다. 유럽 문화를 단적으로 표현하자면 '기독교'와 '고대 그리스와 로마 문화'이다. 유럽 문화를 인간의 몸으로 비유하면 기독교는 심장이며 고대 그리스와 로마 문화는 척추이다. 이 양대 요소 없이는 유럽 문화를 말할 수 없다. 예를 들어 도자기를 총칭하여 '세라믹 ceramic'이라고 한다. 이 말은 고대 그리스어의 케라메이코스(고대 아테네의 도공의 도시)에서 유래했다. 도자기의 어원도 고대 그리스에 뿌리를 두고 있다. 그럼 이제부터 다양한 미술 양식을 둘러보면서 서양 식기가 태어난 배경을 살펴 보자.

 서양과 일본의 미의 기준

서양	크다 강하다 완벽하다 인간이 자연계에서 가장 위대하다 (신의 모습을 닮았기 때문에)
일본	작다 귀엽다, 덧없다 불완전하다 모든 것에는 혼이 깃들어 있다

👉 회화와 모티프의 위계

서양 회화

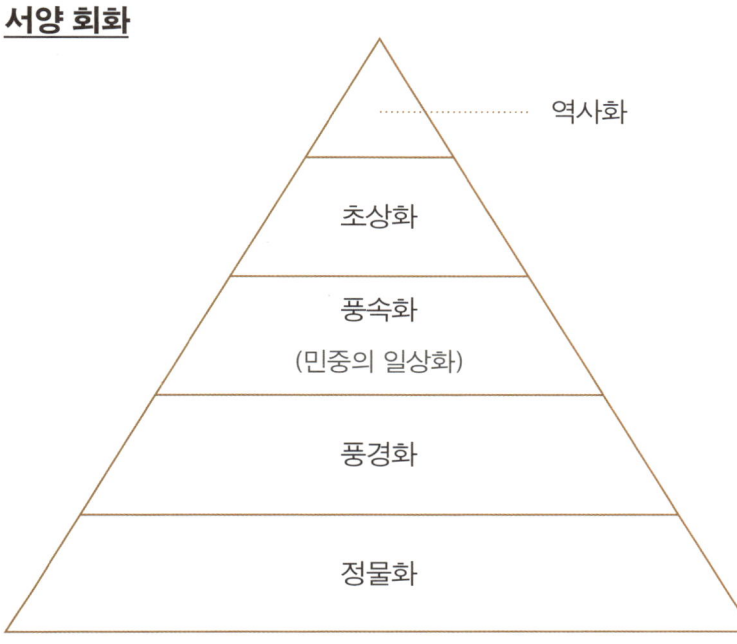

참고 자료: 호리코시 히로시의 『논리적 미술 감상 인물×배경×시대로 어떤 회화라도 해독할 수 있다』 (쇼에이샤 출판)

서양 식기

○ 서양 식기 도안의 위계는 가문의 문장이나 신화적 모티프가 격이 높고 다음으로 동물이나 풍경이고 마지막으로 꽃 순서다.
○ 16~19세기 '미술 아카데미'의 존재
○ 미술에서 '자연'은 이른바 곁들이기에 불과했다.
  → 예술의 중심은 인간이며 인간이야말로 중요한 모티프이다.
  → 꽃은 일반적으로 장미나 백합 등 사람이 기르는 꽃은 격식이 높고 사람의 손길이 닿지 않는 들꽃은 격식이 낮다.

미술 양식

바로크 양식
극적인 연출과 장식 과다

👉 특징

○ 16세기 말~18세기 전반에 이탈리아를 중심으로 유럽 전체에서 유행하였다.
○ 왕족과 교회의 권위를 나타내기 위한 디자인. 거대하고 장식적이며 역동적이다.
○ 바로크 미술은 루벤스가 대표적이다. 바로크 음악은 매우 밝으면서도 중후함이 있다.

> 역동감과 극적 연출과 장식 과다야말로 바로크의 특징!
> 바로크 시대에 유럽의 자기 제조가 시작되었다

바로크 양식은 16세기 말부터 18세기 전반에 걸쳐 시대의 주류로서 유행한 미술 양식이다. 바로크의 어원은 '일그러진 진주'를 뜻하는 포르투갈어 '바로코barocco'에서 유래했다고 한다. 건축, 실내 장식, 음악, 회화에 주로 사용되었다. 이 책에서는 유럽의 자기 제조가 바로크 시대부터 시작되기 때문에 바로크 양식부터 다루고자 한다.

바로크 양식의 특징은 ==생동감, 극적 연출, 장식 과다==이다. 모든 미술 작품이 역동적으로 넘실거리며 화면 가득 장식이 그려 있고 명암이 뚜렷하다. '여백의 미'라고 하는 발상은 찾아볼 수 없고 서양 미학의 기본인 '큰 것, 강한 것'이 충실하게 표현되어 있다. 이는 원래 바로크 양식이 왕족과 교회에 권위를 부여하기 위해 이용된 미술 양식이기 때문이다.

유럽의 거리를 거닐다가 빽빽이 빈틈없이 채워진 장식, 입체적이고 생동감 있게 표현된 인간, 반짝임과 힘이 솟아나듯 넘쳐나는 무늬를 보게 되면 대개 바로크 양식이라고 판단하면 된다.

👉 탄생 스토리

16세기 초에 시작된 종교개혁(p. 226)으로 가톨릭의 권위가 하락한다. 이 대변혁은 미술계에도 큰 영향을 미쳤다. 『성경』의 교리를 중시하는 개신교는 예수와 마리아를 그린 종교화가 우상숭배에 해당한다고 강하게 비난했다. 그러나 가톨릭은 그것을 역으로 발판 삼아 반격을 꾀하는데 '반종교 개혁'이라고 한다.

가톨릭이 반격의 수단으로 채택한 것은 종교미술이었다. 종교미술을 더욱 화려하고 권위 있게 함으로써 포교에 널리 이용했다. 로마에서는 교황들이 가톨릭 수도에 걸맞은 도시로 만들고자 도시 정비를 했다. 그러자 개신교의 유행으로 종교화를 그리지 못해 실직한 재능과 야심 있는 미술가들이 유럽 전역에서 로마로 집결했다. 그렇게 해서 바로크 양식이라 불리는 새로운 미술이 태어났다.

👉 건축과 실내장식

바로크 양식의 특징을 가장 잘 알 수 있는 곳이 교회이다. 건축과 회화와 조각이 삼위일체가 되어 하나의 웅장한 작품이 되었기 때문이다. 대리석을 많이 사용해 연출이 호화스럽고 장식이 과도하다. 생동감 넘치는 종교화와 종교상들은 보는 이들을 압도하고 황홀한 느낌을 주어 환희에 차 고양된다. 신자를 사로잡는 훌륭한 연출이라고 할 수 있다. 개신교를 추종하는 것이 아니라 정반대 방향으로 돌진한 가톨릭의 전략에 그저 감탄이 나올 뿐이다.

프랑스식 정원(평면기하학식 정원)이라고 불리는 정원도 바로크 양식이다. 다듬은 나무나 기하학적으로 심은 식물은 자연물도 모두 통제한다는 절대 왕정의 권력을 과시한다. 이 시기에 분수는 무척 인기 있는 장식물이었다. 물마저 자유자재로 조종할 수 있다는 권력을 보여준다.

👉 미술

미술 분야에서는 바로크 양식의 호화찬란함을 권력으로 이용한 가톨릭계 왕후와 귀족들이 전성기를 맞이했다. 바로크의 본거지인 이탈리아에서는 카라바조가 극적인 명암 대비와 박력 있는 표정을 주특기로 하는 그림으로 바로크 양식을 이끌었다.

스페인 왕국, 스페인에서 분리 독립한 네덜란드, 플랑드르 등 스페인 관계국들의 그림은 특징적이다. 엄격한 가톨릭 국가였던 스페인 왕국에서는 궁정화가 벨라스케스가 활약했다. 스페인으로부터 고난 끝에 독립한 네덜란드는 칼뱅교(p. 223)가 대부분을 차지하기 때문에 바로크 양식이 아니라 풍경화, 정물화, 집단 초상화가 유행했는데 페르메이르가 대표적이다. 페르메이르는 더없이 사랑하는 아내와 결혼하기 위해 가톨릭으로 개종했지만 그의 그림은 개신교 국가답게 매우 잔잔하다. 그들의 후원자가 된 것은 네덜란드 동인도회사(p. 224) 등을 통해 무역으로 재산을 이룬 부르주아들(p. 212)이었다.

한편 스페인령으로 남은 플랑드르에서는 루벤스가 회화의 황금시대를 이끌었다. 플랑드르는 가톨릭 국가로 예술작품에서 바로크다운 특징이 잘 드러나고 있으며 루벤스는 바로크 양식을 대표하는 거장이다. 그림 속에는 풍만한 인물(부와 행복의 상징)이 충만하고 떠들썩하고 난리법석을 피는데 이것이 바로 바로크이다.

원래 두 나라는 같은 네덜란드였지만 개신교와 가톨릭에서 화풍 차이가 난다는 것이 매우 흥미롭다. 프랑스에서는 절대왕정하에 건축 양식은 바로크가 많이 채택되었다. 하지만 미술에서는 바로크가 뿌리내리지 못하고 대신 지적이고 단정한 프랑스 고전주의가 유행했다.

👉 음악

바로크라고 하면 많은 사람이 제일 먼저 바로크 음악을 떠올릴 것이다. 바로크 음악의 특징도 미술과 마찬가지로 밝고 중후함이 있는 호화로운 음악이 많다.

바로크 시대에 절정기였던 프랑스의 루이 14세는 발레 애호가였다. 국왕의 막대한 재정 지원으로 베르사유 궁전에서 화려한 궁정음악이 발달했다.

바로크 음악을 대표하는 3대 음악가는 비발디, 헨델, 바흐이다. 다만 바흐는 루터교로 '밝은 느낌의 바로크 음악'이라는 주류에서는 벗어난 존재이다. 바흐의 위대함은 근대음악의 기초를 구축한 '음악의 아버지'로서 후세 음악가들에게 바이블이 된 공적에 있다.

삶 자체가 바로크였던 인물이 바로 바흐와 같은 해에 태어난 헨델이다. 헨델은 5개 국어를 구사하여 온 유럽을 주름잡았고 런던의 쇼 비즈니스계를 이끌며 거대한 부를 축적한 음악계의 엔터테이너이다. 대표작은 오라토리오 「메시야」로 '할렐루야 코러스'로 친숙한 걸작이다. 광고나 텔레비전 프로그램의 BGM으로도 인기가 많은 이 곡은 바로크다움을 가장 잘 알 수 있는 곡이기도 하다.

👉 문학

문학의 중심지는 프랑스였다. 훗날 데카르트, 몽테스키외, 루소 등 근대철학과 계몽사상(p. 231)을 상징하는 인물을 배출한 것도 프랑스이다. 당시 프랑스어는 외교의 도구이자 상류층의 일상어로 쓰였기에 교양인이라면 반드시 익혀야 하는 필수 국제어의 지위를 획득했다. 외국 영화를 보면 가끔 유럽 각국의 왕후와 귀족들이 프랑스어로 이야기하는 장면이 나오는 것은 이 때문이다.

건축 '도자기의 방'은 바로크와 시누아즈리가 융합됐다

유럽 각국을 여행하다 보면 왕궁과 궁궐은 물론 지방 귀족의 성에도 산더미 같은 자기 수집품이 장식되어 있는 것을 보게 된다. 바로크 시대에 수입된 당시의 동양 자기는 워낙 희귀품이었기 때문에 식기로 이용되기보다는 실내장식품으로 이용되는 경우가 많았다.

실내장식에 사용된 동양 자기는 '도자기의 방'이라 불리는 곳에 진열되었는데 벽면뿐만 아니라 대들보와 기둥에도 설치되었다. 장식으로 빽빽하게 가득 채우는 바로크 건축 속에 동양적인 파란색과 흰색의 색조는 빛이 더해져 압도적으로 호화로운 분위기를 자아낸다.

현존하는 도자기의 방 중에서 가장 유명한 것 중 하나가 독일 베를린의 샤를로텐부르크 궁전에 있다. 1695~1699년에 걸쳐 건설된 이 여름 별궁은 유명한 관광명소이다. 이 성에 현존하는 '도자기의 방'은 제2차 세계대전 이후에 복원된 것이다. 원래는 건축가 에오산더 폰 괴테의 디자인으로 1706년에 완성된 것으로 추정되며 3,000개가 넘는 자기로 장식되어 있다.

나가사키에 있는 하우스텐보스에는 좀처럼 베를린까지 갈 수 없는 분들을 위해 이 도자기의 방을 재현한 전시관이 있다. (카노)

독일 베를린 시내에 있는 샤를로텐부르크 궁전

바로크 양식의 도자기

> 당시는 도기와 시누아즈리가 주류!

유럽 자기의 여명기였던 바로크 시대의 주류는 시누아즈리 식기
바로크 양식의 식기는 실용성보다 장식성을 중요시했다

바로크 양식의 도자기를 설명할 때 상대방이 가장 놀라는 부분은 "바로크 시대의 식기=시누아즈리"라고 하는 부분이다. 바로크 시대는 오직 마이센에서만 자기 제조가 본격적으로 제작되었고 델프트 도기(p. 29)와 같은 중국이나 일본 자기의 복제 디자인, 즉 도기와 시누아즈리가 당시의 주류였다.

꽃무늬의 서양 식기 디자인이 완성된 것은 이후 로코코 시대부터이다. 마이센조차 디너용 식기를 만들기 시작한 것은 창업에서 10년이나 지난 후의 일로 처음에는 다기만을 제조했다. 기술적인 문제로 인해 당장은 풀 디너세트를 제조할 수 없었기 때문이다. 실용성보다 외형(장식성)을 중시한, 극히 한정된 제품만이 오리지널 시대부터 남아 있는 바로크 양식의 식기이다. 또한 바로크 양식의 식기는 음영을 살린 바로크만의 부조 장식이 많은 것이 특징이다.

바로크 양식의 서양 식기

베키오 지노리 화이트
(지노리1735)···p. 74

바구니처럼 엮은 무늬와 파도 같은 부조 장식으로 조각과 같은 생동감을 살리고 빛과 그림자의 대비를 연출했다. '베키오'란 '오래된 것'이라는 뜻이다.

스완 서비스
(마이센)···p. 46

바로크다운 울퉁불퉁한 부조 장식. 주문인인 브뤼르 백작의 정원에 있는 분수에서 영감을 얻었다고 한다.

Q&A

마이센 가마가 있는 작센 왕국은 루터를 옹호한 개신교 국가인데요. 왜 반종교개혁인 바로크 양식의 식기가 있을까요?

작센 왕국의 강건왕 아우구스트는 사실 1679년에 개신교에서 가톨릭으로 개종했는데 가톨릭 국가인 폴란드 왕을 겸하기 위해서였죠. 그의 아들은 가톨릭인 합스부르크 가문과 결혼했어요. 이 때문에 작센 왕국은 개신교국이면서 가톨릭이 주도한 바로크 양식의 식기가 있는 것이죠.

> 미술 양식

시누아즈리
동양에 대한 동경

👉 **특징**
- 17~18세기에 대유행했다. 어원은 '중국풍'이지만 아시아 전역에 대한 오리엔탈 정서의 장식을 유럽식으로 독자 해석한 것을 의미한다.
- 시대별로 유럽의 독자적인 미술 양식과 계속 공존공영을 해왔다.
- 대유행의 계기는 중국 자기로 부용수가 가장 먼저 유행한 디자인이다.
- 다양한 실내장식에 사용되었다.

아시아 문양을 유럽식으로 독자 해석한 오리엔탈 양식이다

시누아즈리chinoiserie는 '중국풍'라는 뜻이며 시누아chinois는 프랑스어로 중국을 의미한다. 동인도회사(p. 222) 설립으로 동아시아 무역이 시작된 17세기 바로크부터 18세기 로코코 시대에 가장 유행한 양식이다. 동인도회사의 '인도'가 아시아 전역을 의미하듯이 중국풍의 '중국'도 중국에 국한되지 않고 아시아 전역(동양)을 나타낸다.

시누아즈리는 아시아 지역 특유의 이국적이고 오리엔탈한 분위기의 장식을 유럽식으로 독자 해석한 미술 양식이다. 대유행기나 침체기 등은 다소 있었지만 시대별로 유럽 고유의 미술 양식과 공존하며 오래 지속되어 온 양식이라는 점이 특징이다. 특히 도자기 분야에서는 대유행 시대인 바로크, 로코코 시대가 끝난 후에도 시누아즈리 디자인은 선호되어 계속 만들어져 왔다.

==유럽 고유의 미술 양식과 계속 공존했다는 것은== 시누아즈리의 중요한 키워드이다. 서양인들에게 자신들에게는 없는 미적 센스와 미의식을 가진 아시아의 예술품은 신선하게 여겨졌다. 그래서 '블루 어니언'이나 '윌로 패턴' 등의 시누아즈리 서양 식기는 어느 시대에서도 환영을 받았고 계속해서 만들어져 왔다.

👉 **탄생 스토리**

중국 자기는 원래 12세기경부터 아랍 상인들에 의해 서양에 유입되었으나 본격적으로 유입되기 시작한 것은 17세기 네덜란드 동인도회사 설립 무렵부터이다. 명나라 시대의 경덕진 요의 부용수 자기를 처음 운반한 것은 포르투갈 선박이다. 1600년대 초반 네덜란드가 포르투갈 무역선을 나포해 몰수한 물품 중에 있었던 중국 자기는 네덜란드 암스테르담에서

경매에 부쳐졌다. 이를 계기로 그 후 엄청난 중국 자기 열풍이 불었다.

덧붙여서 부용수 자기를 '크라크웨어'라고 부르는 것은 이때의 포르투갈 무역선의 일종이었던 '카라크'에서 유래했다. 경매에 나온 중국 자기는 유럽의 왕후와 귀족들에게 팔리면서 열광적인 시누아즈리 대유행을 일으켰다.

👉 건축·가구

시누아즈리가 사랑을 받자 유럽 정원에서는 중국식 파고다(사원탑)의 폴리(실용성 없는 장식용 건물)가 세워졌다.

특히 시누아즈리는 '이질감'을 좋아하는 픽처레스크(p. 236)와도 궁합이 잘 맞아 영국식 풍경 정원에서 많이 사용되었다. 그중 유명한 것으로 런던의 큐가든(왕립식물원)에 있는 파고다가 있다. 건축을 맡은 윌리엄 체임버스는 신고전 시대를 살았던 인물로 로버트 애덤과 함께 영국 궁정 건축가가 되었다. 체임버스는 스웨덴 동인도회사 근무 시절에 실제로 중국과 인도에 건너가 본국의 진품을 본 적이 있어 그 경험을 한껏 살렸다고 할 수 있다. 시누아즈리는 실내장식의 모든 부분에서 사용되었다. 지금도 인기가 높은 앤티크 가구는 신고전 양식 시대에 유행했던 치펜데일 양식을 차용한 '차이니즈 치펜데일 체어'이다.

👉 미술

시누아즈리 회화는 로코코 시대에 전성기를 맞이하는데 부셰(p. 155)가 대표적이다. 서양인들이 생각하는 이상적이고 이국적인 중국의 정경은 당시 큰 인기를 끌었다.

덧붙여 미술 분야에서는 시누아즈리가 18세기 말 로코코 시대와 함께 종언을 맞이했고 19세기 전반이 되면 이국적 정서의 '오리엔탈리즘'이 등장했다. 동아시아뿐만 아니라 이슬람과 이집트까지 포함한 오리엔트 문화를 서양인의 감각으로 그린 그림이다. 다만, 도자기 분야에서는 디자인적으로 오리엔탈리즘이라고 하는 틀은 사용되지 않고 시누아즈리나 앙피르 양식 등으로 분류된다. 예를 들어 오리엔탈리즘 시대에 등장한 '윌로 패턴'은 시누아즈리고 이집트 무늬가 디자인된 도자기는 주로 앙피르 양식으로 분류된다.

Q&A

바로크 양식과 미의식이 전혀 다른데 시누아즈리가 함께 인기를 얻은 이유는 무엇인가요?

강좌 때 자주 예로 드는 것은 쇼와 노래의 유행이에요. 전후 쇼와 시대에 엔카가 유행했지만 비틀즈 등의 록도 함께 유행했어요. 이 둘은 곡조도 분위기도 전혀 달라요. 그런데 많은 일본인은 순수 일본식 엔카를 들으면서 서양에서 수입된 록도 즐겼던 것 같아요. 바로크와 시누아즈리가 동시에 유행했다는 것은 이 감각에 가까운 것이 아닐까요?

시누아즈리 도자기

시누아즈리 서양 식기의 원점

300년 동안 이어진 스테디셀러로 인기 시리즈가 즐비
전통적인 시누아즈리와 서양식으로 각색한 시누아즈리를 비교

시누아즈리는 서양 식기의 원점이다. 특히 바로크 시대는 서양에서 자기 제조가 본격화되지 못했다. 그러다 보니 바로크 시대의 서양 식기는 거의 시누아즈리이다. 따라서 300년간이나 스테디셀러였던 만큼 다양한 디자인이 존재하고 현재도 꾸준히 사랑받는 제품이 즐비하다. 명품 서양 식기에서 인기 작품이 많은 시누아즈리의 특징을 살펴보자.

시누아즈리에는 두 종류가 있다. 동양 자기의 모방에서 시작한 만큼 중국이나 일본 자기를 거의 그대로 형상화한 '전통적인 시누아즈리 디자인'과 서양 고유의 문화로 승화한 '서양식 각색형 시누아즈리 디자인'이다. 두 디자인을 비교해보자. 특히 서양식 각색형은 언뜻 보면 시누아즈리라고 생각되지 않는 디자인도 많다. 전통적인 시누아즈리와 차이점은 다음과 같다.

전통적인 시누아즈리		서양식 각색형 시누아즈리
부각 장식이 적다. 동양의 찻잔을 본뜬 오리엔탈 컵(핸들이 없는 찻잔)도 많다.	셰이프	단순한 디자인. 바로크나 로코코의 셰이프와 융합한 것도 있다.
부용수, 가키에몬 양식, 아리타 자기 모작, 구타니 자기 모작, 중국 무늬 	패턴 (모티프가 된 것) 	윌로 패턴, 부용, 모란, 꿩 또는 공작, 용, 인도의 사라사 문양, 중국 무늬 또는 일본 무늬를 독자적으로 각색한 것
코발트블루, 오채(빨강, 파랑, 초록, 노랑, 보라) 	컬러	코발트블루, 다양한 색 
이국정서, 이국적, 동양풍, 중국풍 	이미지 	이국정서, 이국적, 오리엔탈 ※이국적인 문양 중 이집트 문양과 페르시아 문양(페이즐리 등)은 앙피르 양식으로 분류한다. 

| 전통적인 시누아즈리 | 서양식 각색형 시누아즈리 |

부용수(크라크웨어)
(포르셀레이너 플러스)…p. 139

중국과 일본 자기가 동인도회사를 통해 도착한 곳이 네덜란드 델프트이다. 당시 동양 자기에 대한 동경이 직접 전해진다.

헤롤트 시누아즈리 문양
(마이센)…p. 46

먹으로 그린 동양서적을 참고한 인물과 헤롤트만의 다색을 사용한 페인팅. 독일이나 프랑스의 다른 가마에서도 헤롤트풍 시누아즈리를 모방하였다.

드래곤
(마이센)…p. 46

마이센 초기 인도 문양의 하나. 동양자기에 자주 등장하는 용이 1730년경부터 만들어졌다. 1918년까지 붉은 드래곤은 작센 왕실에서만 사용됐다.

빅토리아 부케
(헤렌드)…p. 106

1851년 런던 만국박람회에서 일약 유명해진 헤렌드의 출세작으로 지금도 인기 있는 작품. 중국 청조의 분채를 닮은 화조도를 각색하였다. 셰이프는 로코코 양식.

가키에몬 문양
(마이센)…p. 46

알록달록한 이국적인 가키에몬 양식(p. 40)은 왕후와 귀족들의 사랑을 받았다. 아리타 자기의 가키에몬 양식을 모방하였다.

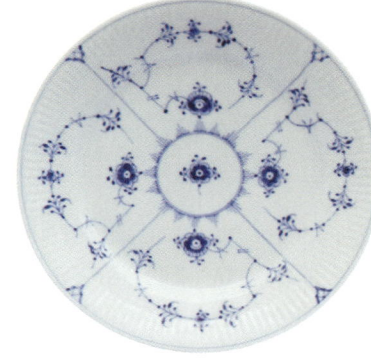

블루플루티드 플레인
(로얄코펜하겐)…p. 112

창업연도인 1775년부터 발표된 로얄코펜하겐의 대표작. 로얄코펜하겐의 얼굴로 지금도 인기가 높다. 중국의 청화백자를 각색하였다.

미술 양식

로코코 양식
여성스럽고 탐미주의적인 궁정 문화

☞ **특징**
- 18세기 프랑스를 중심으로 유행한 화려하고 여성스러운 궁정 문화이다.
- 도자기에 미친 영향이 지대하다. 서양 식기의 우아한 꽃무늬 패턴은 대부분 로코코 양식이다.
- 루이 15세의 공식 정부인 퐁파두르 후작부인은 인플루언서였다.
- 주로 실내장식에 사용된 미술 양식으로 캐브리올 레그(굽은 다리) 가구, 연인화(와토화)가 유행했다.

우아하고 섬세한 귀족 문화의 산물

로코코rococo 양식은 당시 정원에서 유행했던 패각이나 자연 암석을 쌓아올린 인공동굴(그로토 Grotto)의 패각 장식(로카이유) 디자인에서 유래된 미술 양식이다. 1715~1789년 프랑스를 중심으로 유럽 전체에 퍼진 양식으로 실내장식, 회화, 음악, 도자기, 가구 분야에서 주로 사용되었다.

특징은 우아하고 섬세하고 여성스러우면서도 어딘가 귀족적인 탐미주의가 느껴진다는 점이다. 모티프는 리본, 줄무늬, 레이스, 진주, 장미 등 여성스러운 요소가 메인이며 색상은 화이트 앤드 골드나 파스텔 색상이 주요 테마 컬러이다.

영화 등에서 많이 볼 수 있듯이 패션에서도 귀족들의 드레스가 연상되는 로코코 스타일의 드레스가 유행했다. 미술 양식 초보자들에게 강의할 때는 항상 ==로코코 양식은 베르사유의 장미의 세계라고 설명한다.==

☞ **탄생 스토리**

바로크 시대의 프랑스 국왕 루이 14세는 격식을 중시해 검소한 생활을 귀족들에게 강요했다. 하지만 1715년 루이 14세가 세상을 떠나고 증손자인 루이 15세가 즉위하자 분위기가 일신한다. 잘생기고 애인이 많은 루이 15세 시절 프랑스는 갑자기 개방적이고 향락적인 분위기에 휩싸인다.

로코코 양식의 인플루언서는 루이 15세의 공식 정부 퐁파두르 후작부인(p. 265)이었다. '정부'라고 하면 흔히 애인으로 생각할 수도 있지만 좀 더 공적인 입장의 인물로 국가의 관료와 같은 의미가 강하다. 사실 그녀는 정치에도 크게 관여했으며 예술에 대한 관심과 지성이 넘쳤다. 퐁파두르 후작부인은 많은 문화 사업에 관여했는데 백과사전 편집이나 세브르 자기의 보급에도 정력적으로 노력했다.

👉 실내장식과 가구

로코코 양식은 프랑스 귀족들에게 리모델링이 성행할 때 유행했던 미술 양식이다. 건물의 외관은 바로크 양식을 그대로 두고 실내장식을 로코코 양식으로 리모델링한 것이 많았다. 즉 로코코 양식은 오로지 실내장식을 위한 미술 양식으로 이용되었다. 화이트 앤드 골드를 기조로 하여 곡선이나 섬세한 무늬를 많이 사용했다.

가구에서는 여성적인 캐브리올 레그가 사용되었다. 영국에서는 당시가 앤 여왕 통치 시대였기 때문에 이러한 의자를 퀸 앤 스타일, 퀸 앤 의자라고 부른다.

👉 미술

로코코 시대의 3대 화가는 와토, 부셰, 프라고나르이다. 이 중 로코코 말기의 프라고나르는 대표작 「그네」로 친숙한 화가라고 생각된다. 그러나 도자기 분야에서 꼭 기억해야 하는 인물은 와토와 부셰다. 와토는 대표작 「키테라 섬의 순례」를 통해 숲과 전원에서 사랑을 나누는 남녀를 그린 '페트 갈랑트(와토화)'라고 하는 새로운 장르를 확립한 인물이다. 이는 기존 풍경화나 역사화에도 속하지 않는 새로운 분야라는 점에서 큰 주목을 받았다.

부셰는 로코코 시대 화가 1인자로 군림한 인물이다. 퐁파두르 부인의 비호 아래 수석 궁정화가이자 아카데미 회장으로 무려 1만 점의 작품을 남기며 로코코 시대를 화려하게 달궜다. 또한 뱅센 가마(세브르 가마의 전신)에도 동원되어 세브르 이전 시 새로운 시설의 디자인 작업에도 관여하는 등 최고의 자기 제작에 기여했다. 부셰의 작품 중 여신의 누드를 그린 관능적인 신화화가 특히 인기가 있어 귀족 부인들의 침실을 장식했다. 또한 시누아즈리의 열풍을 타고 중국풍 일상용품과 중국풍 회화작품도 그렸다. 그가 그린 아름답고 총명한 퐁파두르 후작부인의 초상화는 지금도 매우 인기가 있다.

'로망스' 시리즈 (리모주캐슬)
1760년에 프랑스 리모주 지방의 행정 감독이었던 자크 튀르고가 만들었다. 로열 블루의 자기에 와토화가 그려져 있다.

부셰의 「퐁파두르 후작부인」
만능 장인으로 불리던 부셰의 대표작. 퐁파두르 부인의 지성을 상징하는 독서와 장서, 로즈 퐁파두르 핑크색 리본과 세브르를 방불케 하는 와토 그린, 진주, 레이스 등 로코코 양식의 모티프가 풍성하게 사용되었다.

로코코 양식의 도자기

도자기에 끼친 영향이 지대하다!

서양 식기의 여왕 로코코 양식
우선은 전통적인 로코코 양식을 확실히 배워두자

　로코코 양식이 유행하던 시대는 마이센과 빈 가마 등을 시작으로 서양에서 자기 제조가 본격화되면서 동양 자기를 모방하는 게 아니라 유럽의 독자적인 도자기 디자인이 생겨난 시기이다.

　로코코 양식이 도자기에 미친 영향은 지대했다. 현재까지도 판매되고 있는 서양 식기 중 우아하고 여성적인 꽃무늬 작품 대부분은 로코코 양식이라고 해도 좋을 정도이다. 그 때문에 로코코 양식의 특징을 파악하면 서양 식기를 더욱 깊이 이해하고 즐길 수 있다. 다만, 일반적으로 사람들이 상상하는 로코코 식기는 로코코 양식이 유행한 오리지널 시대(원조)가 아니라 나중에 영국에서 유행한 로코코 복고(p. 158)이거나 현대의 로코코 양식(p. 159)인 경우가 많다. 오리지널 시대는 화려한 것뿐만 아니라 의외로 차분하고 단순한 디자인이거나 얼핏 보기엔 로코코 양식이라고 눈치채지 못하는 디자인도 많다. 여기에서는 우선 전통적인 로코코 양식을 알아보자.

로코코 양식의 포인트

  둥글고 조개처럼 물결치는 실루엣, 핸들은 c형과 r형을 위아래로 조합한 우아한 형태가 많다.

  독일의 꽃, 와토화, 천사, 과일, 리본, 진주, 로카이유(비늘무늬)

  퐁파두르 핑크, 로열 블루, 와토 그린, 터콰이즈 블루

  여성적, 탐미주의, 화려함, 섬세함

전통적 로코코 양식의 서양 식기

마리아 테레지아
(아우가르텐)…p. 102

마리아 테레지아의 사냥용 별장으로 사용되었던 아우가르텐궁의 디너 세트 디자인. 로코코 양식의 모차르트 셰이프

이탈리아 프루츠
(지노리1735)…p. 74

1760년경 토스카나 지방의 귀족 별장용 디너 세트로 고안되었다. 유유자적한 목가적인 페인팅 스타일도 폭넓은 로코코의 특징이다. 과일은 로코코 양식의 대표적인 모티프이다.

와토 그린
(마이센)…p. 46

로코코 양식이라고 인식하기 어려운 디자인의 대표적 사례. 숲과 같은 자연에서 노니는 남녀를 그린 와토화=로코코 양식이다. 색상도 와토 그린이다.

훔볼트
(헤렌드)…p. 106

1857년에 헤렌드의 창업기에 기술을 지원한 독일의 과학자 훔볼트 박사의 88세 선물로 디자인되었다. 로코코 시대의 세브르풍 디자인이다.

베이직 플라워
(마이센)…p. 46

물결치는 셰이프과 독일의 꽃무늬. 밝은 컬러가 로코코 양식을 구분하는 포인트이다.

프루츠 네커 부케
(헤렌드)…p. 106

로코코 양식의 대표적 모티프인 과일과 물결치는 셰이프와 밝은 색조가 특징이다.

디자인   '독일의 꽃'은 모든 서양 식기 꽃무늬 디자인의 기초가 됐다

빈 가마(p. 103)에서는 동양의 꽃이 아니라 유럽의 꽃을 그린 '독일의 꽃'이라는 시리즈가 탄생했다. 마이센도 1740년대(로코코 시대)부터 사실적이고 컬러풀한 독일의 꽃으로 꽃무늬 디자인이 바뀌었다. 이 스타일은 전 유럽의 가마로 퍼져나갔다. 서양 고유의 유화풍 무늬인 독일의 꽃이야말로 서양이 동양 자기를 모방한 무늬에서 벗어나게 했으며 오늘날까지 이어지는 모든 꽃무늬 디자인의 기초가 되었다.

님펜부르크. 독일의 꽃이 모티프가 된 로코코 양식의 플레이트

역사   애프터눈 티 문화로 영국의 로코코 양식이 복고됐다

강의를 하다 보면 유럽 대륙에서 비더마이어 양식이 유행하던 시기(빈 체제 시대)에 영국에서는 무엇이 유행하고 있었냐는 질문을 자주 받는다. 유럽 대륙의 비더마이어 시대는 영국 도자기 분야에서는 '낭만주의'(p. 188)와 '로코코 복고'가 유행했다. 이는 영국의 경제적 발전과 애프터눈 티를 비롯한 차 문화의 번성과도 무관하지 않다.

애프터눈 티는 1840년경에 안나 마리아 공작부인(홍차 음료 '오후의 홍차' 라벨에 그려진 여성)이 과거 디너 타임이었던 오후 4시경에 시장기를 달래주는 차와 가벼운 식사를 한 것이 시초로 알려져 있다. 산업혁명으로 조명시설이 보급된 당시 영국 귀족들의 저녁식사 시간은 점점 늦어져 연극이나 음악회가 끝난 후인 오후 8~9시경이었다.

애프터눈 티는 상류계급과 상위 중류계급 숙녀가 중심이 되어 집에서 열렸기 때문에 화려한 분위기의 차 도구의 수요가 높아졌다. 이로 인해 여성스러운 디자인의 로코코 양식이 복고되었다. 당시의 복고는 오리지널과는 조금 다르게 독특한 디자인이었다.

이른바 빅토리안 컵이다. 여기에는 몇 가지 특징이 있다. 컵의 바깥쪽은 흰 바탕에 심플한 그림을 그리는 반면 컵 안쪽은 매우 장식이 많다. 또한 금채가 전통적인 로코코 양식보다 더 화려하고 무늬는 꽃무늬가 많이 그려져 있다. 배색은 런던의 흐린 하늘로 표현되는 옅은 회색, 로코코 시대 세브르 가마를 방불케 하는 세브르 블루(로열 블루), 퐁파두르 핑크, 터콰이즈 블루(민턴 블루) 등이 선호되었다.

세브르 가마의 특징색이 유행한 이유 중 하나는 프로이센-프랑스 전쟁(p. 249)의 영향이다. 전쟁이 발발하자 폭격을 받은 세브르 가마의 장인들이 프랑스에서 타국으로 이주하였다. 그들 대부분은 경제 발전의 영향으로 도자기 수요가 많았던 영국으로 이직한 것이다. 세브르에서 영국 민턴 가마로 자리를 옮긴 많은 장인이 세브르 스타일의 장식을 차례로 제작해서 큰 인기를 끌었다. 이 시대 영국 터콰이즈 블루를 '민턴 블루'라고 하는 것에서도 그 당시의 인기상을 엿볼 수 있다.

콜포트의 배트윙 빅토리안 컵의 대표적인 예이다.

역사 　현대의 로코코 양식 식기는 화려하고 여성적이다

화려하고 여성적인 로코코 양식의 식기는 그 아름다움으로 인해 시대를 초월하여 사랑받아 왔다. 그래서 한 마디로 로코코라고 해도 시대에 따라서는 오리지널 시대와는 또 다른 로코코 양식의 디자인을 만나기도 한다.

현대에 발표된 로코코 식기는 오리지널 시대의 분위기를 남기면서도 오리지널에서는 찾아볼 수 없는 색감과 현대적인 정신을 느끼게 하는 것 등 다양한 종류가 제조되고 있는 것이 특징이다.

지금까지 서양 식기 관련 서적에서는 오리지널 시대, 영국의 로코코 복고 시대, 그리고 현대의 로코코 양식 등 각각 시대별 식기 디자인을 구별하여 다룬 것이 별로 없었다. 로코코 양식의 식기는 종류가 다양한 만큼 다른 양식의 식기보다 시대의 변천을 비교적 알기 쉬운 만큼 꼭 시대별 디자인의 차이도 즐겨보자.

펠리시타!
(나루미)

올드 컨트리 로즈
(로얄 앨버트)

아프로디테
(노리다케)

로얄 앙투아네트
(로얄 크라운 더비)

미술 양식

루이 16세 양식
마리 앙투아네트가 사랑한 양식

특징
○ 18세기 후반 프랑스를 중심으로 유행하였으며 로코코 양식과 신고전 양식이 융합되었다.
○ 로코코 양식보다 차분하고 절제된 무늬가 특징이다. 국왕 부부의 인간적인 모습이 배어 있다.
○ 목가적 이상향을 사랑한 마리 앙투아네트의 혁신적인 슈미즈 드레스와 프티 트리아농에서의 생활은 전통을 존중하는 귀족들의 반감을 샀다.

신고전 양식의 깔끔하고 직선적인 라인과 로코코 양식의 우아함, 섬세함, 여성스러움을 겸비

마리 앙투아네트의 남편인 프랑스 국왕 루이 16세의 이름을 딴 루이 16세 양식은 대부분 로코코 양식이나 신고전 양식 중 하나로 취급되기 때문에 일반적으로 알려지지 않은 마이너한 양식이다. 이름 그대로 루이 16세 통치 시대(1774~1792년)에 유행했으며 주로 도자기, 실내장식, 가구 등에 사용된 양식이다. 정확히 말하면 로코코 양식은 루이 15세의 공식 정부 퐁파두르 후작부인 등이 좋아했던 스타일이다. '마리 앙투아네트가 정말로 사랑한 디자인'에 대해 알고 싶다면 루이 16세 양식을 아는 것이 중요하지 않을까 싶다(마리 앙투아네트에 대해서는 p. 266).

문헌에 "루이 16세 양식의 기초는 신고전 양식이다."라는 설명이 자주 나온다. 사실 이 당시에 이미 신고전 양식(p. 164)의 유행이 시작됐으니 분명 맞는 말이다. 하지만 루이 16세 양식에서는 로코코 양식과의 융합을 볼 수 있다. 이 점이야말로 로코코 양식이나 신고전 양식과 큰 차이점이다. 즉 루이 16세 양식에는 신고전 양식의 깔끔하고 직선적인 라인을 유지하면서 로코코 양식의 우아한 아름다움, 섬세함, 여성스러움이 섞여 있는 것이 특징이다. 그런 의미에서는 로코코 양식의 탐미주의와 유희적 감성이 옅어지고, 대신 루이 16세와 마리 앙투아네트 부부의 본래의 모습인 차분한 분위기를 자아내는 양식이라고 할 수 있겠다.

탄생 스토리

1774년 루이 16세는 즉위하자 아내 마리 앙투아네트의 휴식처로 베르사유 궁전 내에 프티 트리아농이라는 저택을 선물했다. 분 단위의 스케줄로 인한 '프라이버시 제로'의 공간

속에서 파벌 싸움에 시달리며 답답함을 느끼고 있던 마리 앙투아네트에게 프티 프리아농은 정신적인 밸런스를 유지하기 위한 피난처이기도 했다.

마리 앙투아네트의 소유물이 된 프티 프리아농은 그녀의 센스 넘치고 깔끔한 신고전 양식과 차분한 로코코 양식이 어우러진 편안한 공간이 되었다. 사용자의 동선과 프라이버시가 배려된 구조의 공간에서 마리 앙투아네트는 마음을 터놓을 수 있는 동료, 자녀들, 그리고 남편과 화목한 시간을 보냈다. 원래 그녀의 생가인 합스부르크가에서는 공적인 부분 이외에는 프라이버시를 완벽하게 유지할 수 있는 환경에서 살았다. 이를 재현한 프티 프리아농은 그녀에게 결코 부자연스러운 것이 아니었다.

마리 앙투아네트는 여기에서 답답한 코르셋이나 스커트 자락을 옆으로 크게 부풀리는 후프를 벗어버리고 면직 소재의 슈미즈 드레스를 착용했다. 이 넉넉한 드레스는 소박하고 꾸밈없고 편하게 입을 수 있는 합리성을 중시한 혁신적 디자인이었다. 마치 구경거리처럼 겹겹이 차려입어야 했던 마리 앙투아네트의 궁정 의상이 아니라 그녀의 본래의 미적 센스를 엿볼 수 있었다. 이렇게 루이 16세 양식이 탄생하게 된 것이다.

그러나 프티 프리아농의 존재는 전통과 규율을 중시하는 궁정 사람들에게 불쾌한 일만 가득한 곳이었다. 패션 리더인 마리 앙투아네트가 면직으로 만든 옷을 입는 것은 적대국인 영국(이 시기는 산업혁명으로 방적 산업이 비약적으로 발전하고 있었다)에 대해 은연중에 찬동한 것으로 여겨질 수 있었다. 견직(비단옷감) 산업이 발전한 프랑스에는 위협이었다. 궁정 사람들은 "프티 프리아농에서 왕비는 속옷만 입고 살면서 난교 파티를 벌이고 있다."라는 소문을 낸 시민들 사이에서 난교에 빠져 있는 마리 앙투아네트를 그린 모욕적인 음란화가 난무하기도 했다.

비제 르 브룅 「슈미즈 드레스를 입은 마리 앙투아네트」 (1783년)
보석도 액세서리도 달지 않고 밀짚모자를 쓴 왕비는 혁신적인 존재였다.

👉 건축과 가구

프티 프리아농에는 시골 마을을 본뜬 작은 마을 '왕비의 농촌'과 영국식 정원(랜드스케이프 가든)(p. 236)이 있다. 마침 영국에서는 공전의 픽처레스크 붐(p. 236)이 불고 있었고, 프랑스 사상가 루소(자유민권운동에 영향을 준 인민주권 제창자)의 "자연으로 돌아가라"는 사상이 유행하고 있었기 때문에 그 흐름에 영향을 받아 정원이 조성되었다. 왕비의 침실에 클로드 로랭(p. 236)의 그림과 흡사한 폴리(장식용 건물) 「사랑의 신전」이 보인다.

이 농촌 풍경을 각별히 사랑한 마리 앙투아네트는 밀짚모자, 농기구, 새장 등의 모티프를 선호했다. 로코코 양식의 향락적인 모티프와는 정반대의 소박한 모티프는 그녀의 본래의 취향을 드러내고 있다. 당시 궁정에서 유행한 머스크 등의 동물계 향수가 아니라 장미나 제비꽃 등의 싱그러운 식물계 향수를 애용했던 그녀다움을 느낄 수 있다.

루이 16세 양식의 가구는 캐브리올 레그의

프티 트리아농 내 왕비의 침실. 침실에 사용된 천은 사슬 모양의 장미 갈런드로 되어 있고, 잔잔한 수레국화가 그려진 루이 16세 양식이다.

곡선을 그리는 로코코 양식의 다리에서부터 팽이를 본뜬 가는 다리 등의 직선적인 실루엣으로 변화했다.

모티프는 신고전 양식의 카메오, 메달리온, 아칸서스, 사슬 모양의 장미와 월계수 등이며 비스듬한 격자 모양의 화환 안에 장미를 넣은 것도 특징이다. 컬러풀한 벽지도 이 시대 유행이었다.

루이 16세 양식의 도자기

로코코보다 어른스럽고 신고전보다 여성스럽다

로코코 양식과 신고전 양식이 결합되어 가련하면서도 안정감이 인상적인 루이 16세 양식, 전통적인 로코코 양식, 신고전 양식의 차이를 알아보자

루이 16세 양식은 앞서 기술한 바와 같이 마이너한 양식으로 주로 로코코 양식의 카테고리에 넣기 때문에 도자기 분야에서도 구분이 어려운 양식이다.

모티프와 콘셉트 컬러에 로코코 양식과 신고전 양식 요소가 모두 들어 있다는 점이 포인트이다. 로코코 양식보다는 성숙하고 신고전 양식보다는 여성스러운 디자인이라 할 수 있다. 특징으로는 월계수나 올리브가 사슬 모양으로 길게 늘어선 디자인이 많이 사용되며 테마 색상이 로코코 양식의 짙은 녹색(와토 그린)에서 올리브그린으로 바뀌었다는 점이다. 또한 마리 앙투아네트가 그 무엇보다 사랑했던 소박하고 가련한 꽃 수레국화가 모티프를 이루고 있는 것이 매우 많다. 파란색이 콘플라워(수레국화) 블루인 것도 로코코 양식과 구별하는 포인트가 된다.

루이 16세 양식의 포인트

셰이프 	 둥그스름하지만 로코코 양식만큼 물결치는 실루엣은 아니다. 핸들은 로코코 양식인 것이 많다.	패턴 	 수레국화, 월계수, 올리브, 장미, 진주, 리본, 농기구, 밀짚모자, 갈런드, 페스툰, 카메오
컬러 	 콘플라워 블루, 터콰이즈 블루, 올리브그린, 핑크	이미지 	 여성적, 우아함, 소박함, 지성적

루이 16세 양식의 서양 식기

아르투아
(베르나르도)…p. 67

루이 16세의 동생 아르투아 백작(훗날 샤를 10세)을 위한 디자인. 월계수 사슬 모양의 연속, 수레국화 무늬, 콘플라워 블루가 특징적이다.

루브시엔느
(하빌랜드)…p. 70

세브르의 1770년 작품에 이와 유사한 디자인이 있다. 수레국화풍 문양은 루이 16세 시절 큰 사랑을 받았다. 대표 모티프는 올리브그린의 사슬 모양 갈런드이다.

마리 앙투아네트
(루아얄 리모주)…p. 66

1782년 세브르에서 디자인된 제품의 복각품. 진주 사슬 모양의 갈런드, 올리브그린, 수레국화 무늬 모티프를 조합했다.

슈베르니
(루아얄 리모주)…p. 66

리본과 월계수가 융합된 모티프가 섬세하고 지적이다. 여성스러움과 올리브그린이 특징이다.

세브르풍의 작은 장미 금채
(헤렌드)…p. 106

사선 격자형 갈런드에 장미를 넣은 디자인은 루이 16세 시대에 많은 사랑을 받은 모티프로 가구 등 일상용품의 천에도 사용되었다. 헤렌드 3대 경영자가 선호했던 것으로 알려졌으며 1960년대 발표됐다.

로제유
(레이노)

수레국화 모티프의 갈런드와 콘플라워 블루의 배색이 특징적이다.

미술 양식

신고전 양식
네오클래시컬 스타일

👉 **특징**
- 고대 그리스와 로마를 재현한 디자인으로 18세기 중반부터 19세기에 걸쳐 유럽 전역에서 유행했다.
- 도자기에 미친 영향이 지대했으며 다양한 디자인이 탄생했다.
- 영국에서는 애덤 스타일 건축, 웨지우드 도자기, 헤플화이트 가구가 유행했다.
- 음악은 고전파인 베토벤이 시민음악 시대를 개막했고 미술은 고운 피부로 표현된 신화화가 유행했다.

역사적, 지적, 이성적이며 근대 미술의 본보기가 된 양식

신고전 양식은 18세기 중반부터 19세기에 걸쳐 유럽 전역에서 오랫동안 친숙했던 양식으로 네오클래시컬 스타일Neoclassical Style이라고 하는 경우도 있다.

미술 양식 중에서도 신고전 양식은 바로크 양식과 맞먹는 주류 양식이다. 초보자들은 대략적으로 '17세기 후반~18세기 전반은 바로크 시대, 18세기 후반~19세기 전반은 신고전 시대'라는 이미지를 가지고 있으면 좋을 것 같다.

회화, 음악, 건축, 가구, 패션, 도자기와 폭넓은 분야를 아우르는 미술 양식이지만 그중에서도 특히 도자기에 미친 영향은 로코코 양식만큼이나 크다. 신고전 양식 식기는 19세기 전반의 대 유행이 끝난 이후에도 다양한 모티프의 디자인이 탄생하며 오랫동안 사랑받았다.

역사적이고 지적이며 이성적인 점이 특징으로 전 시대 양식인 로코코 양식과는 '어쩌면 이렇게까지'라고 할 정도로 정반대되는 특징을 가진 양식이다. 그런 점에서 이 둘의 최적의 조합인 루이 16세 양식(p. 160)은 상급자를 위한 테크닉이라 할 수 있다.

이처럼 신고전 양식이라는 것은 다음에 소개할 앙피르 양식을 비롯하여 디자인의 폭이 상당히 넓기 때문에 다음과 같이 정리해서 머릿속에 넣어두는 것이 좋다.

- 정통주의 신고전 양식   흰색과 연한 파스텔 색상이 테마 색상으로 중성적인 스타일
- 루이 16세 양식   로코코 양식 성향의 신고전 양식으로 여성적인 스타일
- 앙피르 양식   오리엔탈리즘 성향의 신고전 양식으로 남성적인 스타일

👉 탄생 스토리

신고전 양식은 고대 그리스와 로마 붐의 재래이다. 고대 그리스와 로마 문화란 '미술 양식을 알기 전에'(p. 144)에서도 설명한 바와 같이 유럽 문화의 근간을 이루는 것으로 세번이나 복고되었다. 기독교의 가르침에 완전히 세뇌되어 있던 중세 시대에서 벗어나 고대 그리스와 로마의 복고를 이룬 것이 다빈치와 미켈란젤로로 친숙한 이탈리아의 미술 양식인 르네상스(부흥이라는 의미)이다. 이것이 첫 번째 복고이다. 시대가 흐르면서 바로크 시대 프랑스에서는 극적인 바로크 회화가 아니라 고대 그리스와 로마를 본받는 지적이고 단정한 회화 고전주의가 생겨났다. 이것이 두 번째 복고이다.

그리고 18세기 후반에 계몽사상(p. 231)과 폼페이 유적(p. 239)의 발굴로 고고학 대유행이 됐다. 때마침 영국에서 그랜드 투어(p. 235)가 인기였는데 관광객들이 이탈리아 그림을 대거 구입하여 영국으로 들여오면서 픽처레스크가 크게 유행(p. 236)했다. 이에 따라 픽처레스크의 모티프였던 고대 그리스와 로마의 건축물을 모티프로 지은 신고전 양식의 '애덤 스타일 건축'이 대유행하게 됐다. 이것이 세 번째 복고이자 두 번째 복고인 '고전주의'에서 비롯된 또 다른 복고라는 점에서 '신고전 양식'으로 분류한다.

시대적 배경은 이제 인류가 농업에 기반을 둔 중세 경제에서 산업혁명(p. 213)을 겪으며 중공업이 중심이 되는 근대적 경제로 바뀌고 있었다. 드디어 풍요로워진 부르주아층(p. 212)이 소비문화를 지탱하는 시대가 도래한 것이다. 이 사실은 매우 중요하기 때문에 확실히 기억하도록 하자.

👉 건축, 가구

신고전 양식을 대표하는 건축은 뭐니 뭐니 해도 '애덤 스타일 건축'이다. 애덤 스타일 건축은 웨지우드의 '재스퍼웨어'의 세계관이 그대로 담겨 있는 듯한 공간을 만들어내는 깔끔하고 밝고 차분한 분위기로 영국을 중심으로 열풍을 일으켰다. 또 러시아의 여제 예카테리나 2세도 신고전 양식을 사랑하여 웨지우드에 신고전 양식인 허스크 서비스를 주문했을 뿐 아니라 예카테리나 궁전 등에 신고전 양식의 방을 꾸미기도 했다.

가구에서는 영국의 가구 디자이너 헤플화이트의 가구가 유행하고 등받이가 방패 모양인 의자는 현재까지도 클래식 가구 중 가장 유명한 디자인이다.

반면 프랑스에서는 신고전 양식 시대에 루이 16세 양식(p. 160)과 앙피르 양식(p. 172)이 유행했다.

👉 미술

신고전 양식 시대에 프랑스 미술계에서 압도적인 영향력을 행사한 곳은 국립회화조각아카데미이다. 이 아카데미는 미술 행정과 교육을 독점적으로 지배하는 권위적 기관이었다. 근대 서양회화의 왕도이자 모범이면서 권위이기도 했던 것이 신고전 양식의 미술이다. 신화화, 역사화, 그리고 인체 데생화가 중시되고 사실적인 그림이 호평을 얻었다. 아카데미 미술교육으로 회화력이 향상되면서 사진과 다를 바 없는 사실적인 묘사를 할 수 있게 되었다.

음악

이 시대의 음악은 신고전 양식이라 하지 않고 '고전주의'라고 부른다(신고전주의 음악은 다른 시대). 고전주의의 3대 음악가는 하이든, 모차르트, 베토벤이다. 빈이 '음악의 도시'로 불리는 것은 이 시기에 이들 세 거장을 낳은 지역이기 때문이다.

하이든은 클래식 음악의 기본인 소나타 형식을 개발했고 모차르트는 귀족들의 오락이었던 가극(오페라)을 예술의 수준까지 높였다.

하지만 고전주의 최고의 음악가는 역시 베토벤이다. 그는 귀족들의 오락과 기독교 포교의 도구였던 음악 전반을 예술의 경지로 끌어올렸고 일반 시민을 위한 '시민음악' 분야를 개척하는 등 다양한 일을 이루어냈다. 산업혁명에 따른 철강기술의 향상으로 피아노(피아노의 현)의 기술혁신이 일어난 것도 이 무렵이다. 그는 피아노 제작 기술이 한층 향상되는 것을 전제로 미래지향적인 작곡을 시도하기도 했다.

신고전 양식 도자기

고전적이고 지적인 도자기

식기의 제왕은 신고전 양식, 웨지우드는 신고전 양식의 대표 브랜드

로코코 양식, 신고전 양식, 아르데코는 서양 식기의 3대 미술 양식으로 불리기 때문에 신고전 양식에 대해서는 꼭 기억해두도록 하자.

앞서 말했듯이 이 시대는 드디어 산업혁명의 물결이 도자기 분야까지 도달한 시대로 신고전 양식의 도자기는 당시부터 대량생산되었고 지금까지도 판매되는 스테디셀러가 많다. 클래식하고 지적인 디자인은 대부분이 신고전 양식이라고 해도 무방할 정도이다. 특히 웨지우드는 신고전 양식의 대표 주자이다.

주의할 것은 신고전 양식은 로코코 양식의 꽃무늬 등과 달리 어떤 양식인지 구별하기 까다롭기 때문에 '지적인 양식'이라고 불릴 정도이다. 신고전 양식의 모티프 자체를 이해하기 위해서는 그리스와 로마 신화 등에 대한 교양이 필요하다. 사용된 모티프나 그 의미를 알지 못하면 신고전 양식의 서양 식기임을 깨닫지 못하기 때문이다.

시대 배경은 계몽사상이 확산되면서 박물학 연구가 진행되었는데 그 영향이 도자기에도 직접적으로 나타났다. 식물학의 보태니컬 아트, 해양학의 패류 표본 등이 신고전 시대에 유행한 것도 그 때문이다.

루이 16세 양식과 앙피르 양식도 신고전 양식의 일부로 분류되는 만큼 매우 폭넓은 양식이기도 하다. 정통파 신고전 양식의 특징을 모티프와 함께 잘 파악해보자. 신고전 양식의 도자기를 접하다 보면 그리스 신화 등 교양의 필요성을 절감하게 될 것이다.

신고전 양식의 포인트

 **셰이프**
임페로 셰이프 등 직선적인 실루엣이 특징이다. 핸들도 선이 곧고 직각이 많다. 남성적인 취향의 셰이프가 특징이다.

 **패턴**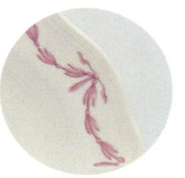
올리브, 월계수, 페스툰, 그리핀, 팔메트, 메달리온, 그로테스크, 그리스 신화

 **컬러**
재스퍼 컬러(파랑, 초록, 분홍, 흰색, 노랑, 회색 등 연한 파스텔 색상), 금은색, 컬러풀

 **이미지**
지적, 이성적, 박물학, 중성적

신고전 양식의 서양 식기

컬럼비아
(웨지우드)…p. 86

그림은 신고전 양식의 모티프인 그리핀(그리스 신화에 등장하는 사자의 몸과 독수리의 머리를 가진 상상의 동물) 두 마리가 마주보고 있다. 19세기 당시부터 있었던 스테디셀러로 사진은 세이지그린 컬러이다.

댄싱 아워
(웨지우드)…p. 86

웨지우드의 대명사 재스퍼웨어. 그리스 신화의 호라이(봄, 여름, 겨울 세 계절의 여신들)가 키톤(고대 그리스 옷)을 입고 춤을 추고 있다.

피렌체
(지노리1735)…p. 74

지노리1735를 대표하는 신고전 양식인 임페로 셰이프와 토스카나 지방의 풍경화를 동판화에 담았다.

허스크 서비스
(웨지우드)…p. 86

러시아의 여제 예카테리나 2세가 웨지우드에 주문한 제품. 허스크(곡물 겉껍질)가 페스툰으로 표현되어 있다.

신고전 양식은 웨지우드의 장기이자 대표 디자인이다

신고전 양식 시대에는
박물학의 유행에 따라
보태니컬 아트가 유행했다.

디자인

어트리뷰트로 읽는 그리스 신화가 담긴 도자기

어트리뷰트attribute란 서양 미술에서 전설 속, 역사 속 인물이나 신화 속 신을 특정하는 표식이 되는 물건이나 특징을 말한다. 예를 들어 복숭아 마크, 원숭이, 꿩, 개가 그려져 있다면 함께 그려진 소년은 '모모타로(일본 전래동화 속 인물)'라는 것을 쉽게 눈치챌 수 있다. 이 경우 '복숭아 마크, 원숭이, 꿩, 개'가 모모타로의 어트리뷰트라고 할 수 있다. 서양 도자기에는 신고전 양식의 영향으로 그리스 신화의 등장인물과 모티프가 종종 사용되기 때문에 그리스 신화의 어트리뷰트를 알아두면 누구를 그린 것인지 이해할 수 있게 된다.

예를 들어 웨지우드의 2021년 '이어 플레이트year plate'에는 여성 옆에 큐피드가 그려져 있다. 그러면 이 여성이 사랑의 여신인 '비너스'라는 것을 알 수 있다. 또한 2020년의 이어 플레이트에는 남자 옆에 독수리가 그려져 있기 때문에 '제우스'라는 것을 알 수 있다.

다음 표에 그리스 신화에서도 특히 유명한 올림포스 12신의 어트리뷰트를 정리하였다. 만약 그리스 신화의 모티프가 그려진 도자기를 가지고 있다면 어트리뷰트를 참고하여 도자기에 그려진 인물이 누구인지 알아보는 것도 즐거운 일일 것이다.

권능	권능	권능	권능	권능
전능의 신	주피테르	제우스	주피터	독수리와 번개
출산·결혼의 신	유노	헤라	주노	공작
바다의 신	넵투누스	포세이돈	넵튠	삼지창
사랑·미의 여신	비누스	아프로디테	비너스	붉은 장미와 에로스
군신(전쟁의 신)	마르스	아레스	마즈	갑옷과 무기
태양의 신	아폴로	아폴론	아폴로	하프와 월계수
사냥·달의 여신	디아나	아르테미스	다이애나	초승달 머리장식과 화살통
술의 신	바쿠스	디오니소스	바카스	과일로 만든 관
전령의 신	헤르크리우스	헤르메스	머큐리	전령의 지팡이
대지의 신	케레스	데메테르	세레스	보리수로 만든 관
대장장이의 신	불카누스	헤파이스토스	벌컨	망치와 파수견
지혜·전쟁의 신	미네르와	아테네	미네르바	방패, 갑옷, 승리의 여신 니케

> 더 깊이 보는
> **식기 × 디자인**

'그로테스크 문양'은 잔인이나 잔학과는 거리가 멀다

그로테스크라고 하면 잔인하거나 잔학한 장면이 연상된다.
그러나 '그로테스크 문양'은 전혀 다른 것이다

플로렌틴의 그로테스크 문양

웨지우드의 시리즈 중 특히 유명한 플로렌틴.

플로렌틴이 웨지우드 역사에 최초로 등장한 것은 1874년으로 당시에는 본차이나가 아니라 퀸즈웨어 패턴을 사용하였다. 본차이나의 도안으로 쓰이게 된 것은 1880년경이다. 이후 1935년 빅터 스켈런(p. 270)이 도안을 수정하여 현재의 플로렌틴 디자인이 되었다.

플로렌틴에 사용된 테두리보다 디자인은 그로테스크 문양이다. 그로테스크 문양이란 '인간, 동물, 식물을 변형하여 연속적으로 배치하는 패턴'을 말한다. 이탈리아어로 '동굴'을 '그로타grotta'라고 하는데 이것이 어원이다. 15세기 로마에서 땅속에 묻혔다가 동굴로 변한 궁전을 발견하였는데 궁전 내부의 프레스코 그림(벽화)에 사람, 동물, 식물 등이 기묘하게 그려져 있었다. '그로타(동굴)에서 발견된 고대미술'이라고 해서 그로테스크 장식이라고 부르게 된 것이다.

시간의 흐름에 따라 중후함이 더해지다

그로테스크 문양은 르네상스 3대 거장 중 하나인 라파엘로가 실내장식에 도입하면서 당시 큰 인기를 끌었다. 르네상스 이후 바로크 시대에는 잘 쓰이지 않았지만 신고전 시대에 다시 인기가 살아났다. 그 후 앙피르 양식(p. 172)과 빅토리아 시대를 거치며 점점 더 중후한 분위기를 갖추게 된다.

식기 디자인은 작고 환상적인 인간, 동물, 꽃 장식을 혼합한 아라베스크(당초 문양)적인 장식을 대칭으로 배치한 것이 특징이다. 플로렌틴은 수호신 그리핀(p. 39)이 모티프가 되었다. 신고전 양식을 특기로 하는 웨지우드만의 지적이고 기품 넘치는 디자인이라고 할 수 있다. 웨지우드로서도 특별한 패턴임을 증명하듯 디자인 발표 이후 약 100년 동안 다양한 컬러 베리에이션을 선보이고 있다.

그로테스크는 기괴한 무늬의 분위기에서 '기묘, 기괴, 섬뜩한 것'을 뜻하는 말로 변화해 갔다. 일본어에서는 '잔학적이고 징그러운'이나 '생리적 혐오감'이라는 뜻이 추가되고 있지만, 다른 나라에서는 그런 의미로는 사용되지 않는다. (카노)

1, 2: 오스트리아 로스도르프성에서 발견된 그로테스크 문양 / 3: 이탈리아 마욜리카 자기(p. 133)의 그로테스크 문양 / 4: 웨지우드의 플로렌틴 터쿠아이즈

미술 양식

앙피르 양식
나폴레옹의 권위와 오리엔탈리즘

 특징
- 모티프의 기본은 신고전 양식이다. 테마 색으로 원색을 많이 사용하는 강렬한 컬러이다.
- 나폴레옹이 스스로를 권위 있게 보이기 위해 선보인 디자인이다.
- 당시 유행했던 오리엔탈리즘과 융합하여 이집트 문양과 이슬람 문양도 선호되었다.

나폴레옹의 야망을 반영한 강력한 원색을 사용한 양식

앙피르empire란 프랑스어로 '제정帝政'을 의미한다. 그 때문에 흔히 제정 양식, 엠파이어(앙피르의 영어 발음) 스타일 등으로도 불린다. 나폴레옹 시대(1804~1815년)에 주로 유행한 양식으로 건축, 실내 장식, 회화, 패션, 도자기에도 많이 사용되었다.

특징은 신고전 양식을 기반으로 한다는 점이다. 따라서 모티프는 신고전 양식과 동일한 것들이 많다. 하지만 테마 색이 크게 달라졌다. 희거나 연한 파스텔 색상이 테마 색인 청초한 신고전 양식에 비해 앙피르 양식은 황금과 검정, 흰색, 빨강, 노랑, 초록, 파랑이라는 강렬한 원색이 테마 색으로 황제의 위엄을 상징한다. 또 19세기 전반은 오리엔탈리즘(p. 151) 시대와 겹치는 시기로 이집트와 이슬람의 색상과 모티프가 많이 사용되는 것도 앙피르 양식만의 특징이다.

앙피르 양식은 마이너한 양식이지만 도자기 분야에서는 상대적으로 뚜렷하게 신고전 양식과 구별된다. 또한 도자기는 나폴레옹 시대 이후에도 비더마이어 양식(p. 184)과 함께 앙피르 양식도 계속 사용되었다. 바로 이 점이 유의할 점이다. 의상과 가구 등은 이미 대유행이 종식됐는데도 도자기 분야에서만은 앙피르 양식이 나폴레옹 시대에서 빈 체제 시대(1800~1830년대)까지 오랫동안 유행했다. 다만 문헌에 따라 앙피르 양식을 명기하지 않은 경우도 있다. 앙피르 양식 도자기를 신고전 양식 혹은 비더마이어 양식 시대의 도자기로 분류하여 다루는 것 같다. 당시 시민 계급은 비더마이어 양식, 귀족들은 앙피르 양식을 선호했다.

👉 탄생 스토리

앙피르 양식은 프랑스를 예전의 로마 제국처럼 만들고 싶다는 나폴레옹의 바람이 직설적으로 반영되어 있다. 나폴레옹은 하급 귀족 출신이었지만 전쟁에서 전략과 전술에 뛰어나 이탈리아 원정이나 이집트 원정에서 두각을 나타내고 황제의 자리까지 오른 성공 스토리의 전형과 같은 인물이다.

앙피르 양식은 신고전 양식의 색조를 더욱 강렬하게 바꾸고 이집트의 모티프를 많이 사용하고 있다. 이는 왕족이라는 배경이 없었던 나폴레옹이 스스로를 권위 있는 인물로 보이기 위해 고대 로마의 황제나 고대 이집트의 파라오를 섬김으로써 구심력을 높이려는 의도였을 것으로 보인다. 모티프로는 독수리와 벌 등의 동물과 곤충, 검 등의 무기, 월계수와 올리브 등의 식물, 그리고 그리핀, 파피루스, 뱀, 연꽃 등의 이집트 문양을 선호했다.

또 이 시대의 패션으로는 슈미즈 드레스가 변형되어 고대 그리스인과 로마인의 복장을 모방한 엠파이어 스타일 드레스(p. 212)로 유행했다. 이 드레스는 매끈한 I 라인과 실루엣이 특징으로 심플하고 지적인 분위기를 풍겼는데 시민혁명의 상징이 되었다.

👉 건축과 실내장식

앙피르 양식 건축물로 가장 유명한 것은 나폴레옹의 전승 기념으로 건축된 파리의 에투알 개선문이다. 특징적인 모티프로는 월계수관을 수여받는 나폴레옹, 미앤더(meander, 뇌문), 에그 앤드 다트Egg & Dart 등이 있다. 또한 실내장식으로는 베르사유 궁전의 별채 '그랑 트리아농'에서 앙피르 양식의 특징이 잘 나타난다. 건물 자체는 바로크 시대 루이 14세의 것이지만 내장이 나폴레옹 시대에 리모델링되었다. 이집트 모티프도 많이 사용되었고 가구와 천 등에 강렬한 원색을 사용하여 앙피르 양식의 특징을 한눈에 파악할 수 있다. 프티 트리아농이 루이 16세 양식(로코코 양식 성향의 신고전 양식)이고 그랑 트리아농이 앙피르 양식(오리엔 탈리즘 성향의 신고전 양식)으로 분류되는 만큼 현지에 가게 되면 꼭 양쪽을 비교해보고 미술 양식의 차이를 즐겨볼 것을 권한다.

👉 미술

앙피르 양식의 대표 화가는 나폴레옹의 수석 화가인 다비드이다. 혈기 왕성한 그는 프랑스 혁명에도 직접 참여했는데 「생베르나르 고개를 넘는 나폴레옹」이 대표작이다. 나폴레옹을 영웅의 이미지로 멋지게 표현한 그림이다.

자크 루이 다비드 「생베르나르 고개를 넘는 나폴레옹」(1805년)
이탈리아 원정에서 나폴레옹이 알프스를 넘는 모습은 나폴레옹 전쟁 중에서 가장 중요한 장면이 되었다. 이 그림은 나폴레옹 황제를 영웅으로 만드는 데 프로파간다 역할을 톡톡히 했다.

앙피르 양식의 도자기

> 남성적이며 강렬한 디자인

서양 식기의 제왕 앙피르 양식
빈 체제하의 앙피르 양식도 함께 알아보자

앙피르 양식은 나폴레옹이 고대 제왕을 본 떠 만든 양식으로 권위를 과시하는 듯 남성적이고 강력한 모티프가 많다. 오리엔탈리즘이 도입되어 이집트 문양도 앙피르 양식 패턴으로 사용되었다. 루이 16세 양식, 신고전 양식, 앙피르 양식이라는 유럽의 주류 문화에서 애용된 이 '삼형제 양식'을 각각 구분할 수 있게 된다면 유럽 여행에서 무엇을 봐도 그 의미를 파악하기 쉽고 여행의 즐거움과 묘미가 한층 높아질 것이 틀림없다.

또한 앞서 설명한 바와 같이 도자기 분야에서는 빈 체제 시대까지 유행한 양식이다. 빈 체제 시대에는 금색 찬란한 화려한 꽃들의 '화훼화'가 유행했다. 꽃문양이 많다는 점 때문에 자칫 로코코 양식이라고 생각하기 쉽다. 하지만 색조가 로코코 양식보다 강렬한 점, 꽃들이 촘촘하게 나열되어 있는 점, 지나칠 정도로 금장식이 화려한 점, 셰이프는 신고전 양식이나 앙피르 양식이 많다는 점에서 그 차이를 알 수 있다. 이것들도 앙피르 양식의 일부로 간주하면 좋을 것이다.

앙피르 양식의 포인트

 셰이프  직선적인 실루엣, 핸들은 직선이거나 하이 핸들이 많다.

 패턴  올리브, 월계수, 독수리, 벌, 뱀, 로터스, 파피루스, 그리핀, 아칸서스, 팔메트, 메달리온, 그리스 신화 캐릭터, 그리스 신화의 어트리뷰트, 화훼화

 컬러  이집트 컬러(원색의 빨강, 노랑, 파랑, 초록, 검정), 금은색(찻잔 안이 모두 금으로 칠해진 것도 많다), 컬러풀

 이미지  오리엔탈리즘, 권위적, 호화찬란함, 남성적

앙피르 양식의 서양 식기

안테미온 블루
(웨지우드)…p. 86

웨지우드의 앙피르 양식 셰이프인 '1759 셰이프'와 콜로네이드(고대 건축의 기둥)를 모티프로 한 인기 있는 디자인이다.

콘스탄스
(베르나르도)…p. 67

'장수'를 상징하는 참나무 잎과 도토리, '성공'을 상징하는 월계수 잎 등이 격식 있게 그려져 있다.

콘슬라
(베르나르도)…p. 67

나폴레옹의 이집트 원정을 기념해 제작됐다. 강력한 이집트 컬러에 연꽃과 파피루스가 그려져 있다.

조세핀
(베르나르도)…p. 67

1804년 작품. 나폴레옹 황비의 초상, 하이 핸들, 짙은 색조, 금칠 등 모든 것에 앙피르 양식의 요소가 들어 있다.

쿠라제
(아우가르텐)…p. 102

진홍색 그리핀과 검은색과 금색의 대비가 권위적인 것이 특징이다.

마리 앙투아네트
(아우가르텐)…p. 102

오리지널은 1801년. 왕비가 사랑한 콘플라워 블루를 앙피르풍으로 각색. 루이 16세 양식과 차이가 있다.

> 더 깊이 보는
> 식기 × 디자인

루이 16세 양식이 타이태닉호에서 발견됐다

비극의 호화 여객선 타이태닉호의 최고급 레스토랑 '아 라 카르트'에서는
로얄 크라운 더비의 식기가 사용되었다.*

타이태닉호의 비극

영화 등으로 잘 알려진 타이태닉호의 비극은 인류의 진보에 대한 갈망에 파문을 일으키고 20세기 테크놀로지에 경종을 울린 큰 사건이다. 지금으로부터 100여 년 전인 1912년 꿈의 호화 여객선 타이태닉호가 영국에서 미국 뉴욕으로 향한 첫 대서양 항해 도중 빙산에 충돌하며 침몰하여 약 75%나 되는 승객이 목숨을 잃었다. 당시 사상 최대의 여객선 해난 사고였다.

19세기 후반에 전기를 손에 넣은 이후 서구 국가들의 과학기술은 비약적으로 발전했다. 지금까지 인류가 경험해본 적이 없는 빠른 속도로 전자제품을 비롯한 혁신적인 기술이 차례로 등장한 것이다. 타이태닉호는 그런 인간의 끝없는 욕망으로 태어난 거대한 배였다.

1등석 전용 식당 위에 만든 최고급 레스토랑

타이태닉호에는 각각 1등에서 3등 객실 전용 레스토랑이 있었다. 그런데 1등 객실에는 1등 객실 전용 레스토랑보다 고급스러운 특별한 레스토랑이 존재했다. 바로 일류 선상 레스토랑 '아 라 카르트à la carte'이다.

이곳은 요일별 메뉴가 정해진 1~3등 객실 레스토랑처럼 선박회사 화이트 스타 라인이 운영한 것이 아니라 프랜차이즈 레스토랑이었다. 말 그대로 '아 라 카르트(단품)' 메뉴를 특별한 식재료를 이용해 프랑스 태생의 셰프 피에르 루소가 실력을 발휘해 고객들에게 선보이는 호사스러운 레스토랑이었다.

정해진 시간에 식사를 하러 가야 하고 푸짐한 양의 풀코스 요리가 나오는 1등 객실 전용 레스토랑과 달리 원하는 시간(8~23시 영업)에 원하는 만큼 먹을 수 있는 '아 라 카르트'는 1등 객실 승객들에게 큰 인기를 끌었다. 자매선인 올림픽호보다 좌석을 대폭 늘렸음에도 불구하고 '아 라 카르트'에는 언제나 손님들로 가득 찼다. 매끼를 풀코스로 먹는 데 질려버린 승객들의 마음을 사로잡은 것이다.

'아 라 카르트'의 식기에 사용된 루이 16세 양식

이 레스토랑을 더욱 돋보이게 한 것은 영국의 로얄 크라운 더비의 식기였다. 실내 인테리어도 프랑스 월넛재 패널, 황갈색의 실크 커튼, 멋스러운 청동색의 둥근 기둥, 금장식을 한 크리스털 샹들리에, 장밋빛 카펫 등 루이 16세 양식으로 치장해 호사스러웠다. 식기도 실내공간도 모두 루이 16세 양식으로 통일된 레스토랑은 필시 압권이었을 것으로 상상된다.

당시 세계 최첨단을 달리던 영국은 '우리가 세계 최고'라는 자부심이 있었다. 그 때문에 기업인들은 쫓기듯이 무리하게 사업을 진행하는 그릇된 풍조가 만연했다. 아이러니컬하게도 이 초조함에 떠밀린 무리한 사업 확장과 과학기술에 대한 과신이 타이태닉호의 비극을 초래하고 만 것이다. (겐바)

금종 장식을 둘러싸듯 월계수가 갈런드로 배치되어 있다.
중심에 화이트 스타 라인사의 로고가 있다.

---

* 역자 주) 스포드에서 주문 제작한 금장과 코발트블루를 사용한 제품과 은식기도 사용되었다. 스포드에서만 4가지 이상의 라인이 타이태닉호를 위해 주문 제작되었다, 1등석에서 어느 라인을 사용하였는지는 불분명하다. 비극과 연루된 만큼 도자기 제조사에서도 분명한 입장을 밝히지 않고 있다.

영국 특유의 미술 양식인 리젠시 양식과 이마리 문양

영국 도자기가 어렵다고 하는 분들이 특히 헷갈리는 부분이 영국 특유의 시대 구분이다.
다음의 시대 구분을 대충 머릿속에 넣어두고 영국 특유의 리젠시 양식을 즐겨보자.

영국 특유의 미술 양식 명칭을 외우다

강의를 하다 보면 "영국 도자기는 어려워요."라고 말하는 분들이 의외로 많다. 초보자가 특히 어렵다고 생각하는 이유가 영국 특유의 미술 양식 구분이 있기 때문이다. 영국 도자기 분야에서는 이 책에서 소개하는 미술 양식 외에 '왕조 시대의 호칭'으로 미술 양식을 나타내는 경우가 많다. 즉 영국 왕실의 통치 시대마다 미술 양식의 이름이 붙어 있는 것이다. 우선 영국 도자기가 본격화되는 산업혁명 시대의 '미드(중기) 조지안'부터 '에드워디언'까지 대략적으로 주요 명칭과 특징을 도표로 파악해보자.

'농부 조지'라는 별명으로 국민들에게 친숙했던 조지 3세의 통치 시대인 '미드 조지안'은 신고전 양식의 시대로 164~167쪽을 읽으면 이해할 수 있다. 영국의 황금시대인 빅토리아 여왕의 통치 시대 '빅토리안'이나 20세기 초의 '에드워디언'도 각 페이지에서 상세하게 설명하고 있다. 따라서 여기서는 조지 4세의 섭정(리젠시) 시대를 다루었다.

조지 4세의 취향인 이마리 패턴

정직하고 소박한 조지 3세와 마음씨 착한 샬럿 왕비의 아들인 조지 4세는 부모와는 정반대로 도박과 스캔들을 반복하는 골칫거리로 부모와도 사이가 좋지 않았다. 그런데 부친인 조지 3세가 말년에 정신질환이 심해지면서 1811~1820년까지 왕세자(훗날 조지 4세)가 섭정을 하게 되었다. 사치스러운 낭비가로 알려진 조지 4세는 왕세자 시절에 위풍당당한 궁전을 짓기 위해 재정을 쏟아부었다. 1815년에는 로열 파빌리온 궁전의 개보수를 의뢰했다. 인도풍의 외관은 물론 내부 인테리어도 왕세자가 좋아한 시누아즈리 장식으로 치장되었다.

그는 일본의 이마리 자기의 금란수*를 각별히 사랑한 것으로 유명했다. 많은 영국 가마가 왕세자 취향의 이마리 자기를 본뜬 '이마리 패턴'을 제작했다.

듀스버리 시대의 더비 가마 초창기인 1770년에도 이마리 문양이 제작되었지만 결코 주력 제품은 아니었다. 그러나 리젠시 시대에 들어서면서 비약적으로 늘어나 더비 가마에서 최종적으로 3,000종류 이상의 이마리 패턴이 고안되었다. 낭비로 비판받은 왕세자였지만 한편으로 문화진흥에 공헌한 것이다.

*금란수: 도자기 페인팅 수법의 하나. 금박을 인화하거나 금니(금분을 아교물에 녹여 만든 물감)로 무늬를 그린 금채 색화자기.

👉 통치 시대와 미술 양식의 관계 통치 시대와 미묘하게 시기가 다른 점에 주의할 것

시대 명칭	영국 군주	미술 양식
미드 조지안 (1760~1800년)	조지 3세의 통치 시대 (1760~1820년)	신고전 양식 (p. 164) 고딕 복고 (p. 178)
리젠시 (1800~1840년)	조지 4세(황태자)의 섭정 시대 (1811~1820년)	앙피르 양식 (p. 172) 시누아즈리 (p. 150)
빅토리안 (1840~1900년)	빅토리아 여왕의 통치 시대 (1837~1901년)	로코코 복고 (p. 158) 아트 앤드 크래프트 (p. 182)
에드워디언 (1900~1920년)	에드워드 7세의 통치 시대 (1901~1910년)	아트 앤드 크래프트 (p. 182) 아르누보 (p. 200)

로얄 크라운 더비의 이마리 패턴

미술 양식

고딕 복고
중세 기독교 대유행의 재래

👉 **특징**
- 고딕 양식+폐허의 조합이 영국인의 픽처레스크 취미에 들어맞아 유행이 도래했다.
- 중세 기독교의 복고로 4엽(quatrefoil, 쿼터포일), 길쭉한 예첨창(뾰족한 창문lancet window), 레요낭rayonnant 등이 모티프이다.
- 수직으로 길게 돌출된 끝단은 뾰족하고 중후함이 있으며 근엄한 이미지를 띤다. 같은 시대에 유행했던 신고전 양식은 지적이고 단정한 이미지로 조금 다르다.
- 고딕 복고와 동시에 고딕 소설(괴기소설)이 유행했다.

영국의 픽처레스크 붐이 가져온 중세 미술의 예찬

원조 고딕 양식은 12~16세기 초에 유행한 미술 양식이다. 미술 양식 중에서 오래된 양식이라는 이미지를 우선 기억하자. 고딕 복고는 18세기 후반에 유행하다가 19세기 후반에 재유행한 미술 양식이다. 영국을 휩쓴 '픽처레스크 취미'에서 기인했으며 주로 영국에서 유행했던 양식이다. 빅토리아 시대(19세기)에 고딕 복고가 일어났다고 기술한 문헌도 있다. 이는 빅토리아 시대에 존 러스킨(p. 182)이 중세 미술을 재평가한 것이거나 세기말 미술(p. 196)이 발생하며 재유행한 '빅토리안 고딕'을 가리키는 것으로 보인다.

👉 **탄생 스토리**

픽처레스크(p. 236)에 푹 빠진 영국인들이 다음으로 취한 행동은 픽처레스크 투어였다. 영국 전체가 클로드 로랭과 살바토르 로사의 그림 속에 그려진 무너져 가는 로마 유적과 폐허로 변한 성 등에 대해 뭐라 말할 수 없는 매력을 느끼며 공전의 '폐허 붐'이 일어난 것이다. 그러나 서민들이 직접 이탈리아 여행을 가서 진짜 로마 유적을 구경하기는 쉽지 않았다.

그래서 영국인들은 국내에 있는 과거 고딕 양식으로 건축된 폐사(가톨릭 수도원 등)를 둘러보는 '성지순례'를 즐기게 되었다. 이것이 픽처레스크 투어(폐허 투어)이다.

영국에는 국왕 헨리 8세가 앤 불린과 '혼전 임신 결혼'을 위해 가톨릭을 폐지하고 영국국교회(개신교)로 개종했다는 역사가 있다. 헨리 8세의 수도원 해산령으로 폐쇄된 고딕 양식의 가톨릭교회가 오랜 세월 동안 폐허가 되어 흩어져 있었던 것이다.

당시에는 픽처레스크 투어 가이드북이 다수 발행되었고 '클로드 유리'라고 하는 유리를 통해 보면 경치가 마치 픽처레스크처럼 보이는 도구까지 개발되었다. 많은 영국인이 투어에 나섰다. 결국에는 틴턴 수도원 터(틴턴 애비)가 픽처레스크 투어의 메카로 자리잡았다. 그런데 너무나 많은 인기로 인해 주변이 북새통을 이루며 현지 주민에게 불편을 끼치는 관광 공해까지 발생했다.

이때 귀족의 아들이자 그랜드 투어 경험자인 호레이스 월폴이 1754년경에 픽처레스크에 잘 어울리는 고딕 양식의 성(스트로베리 힐하우스)을 친구들과 장난삼아 건축했다. 그는 흡사 살바토르 로사의 그림 같은 이 성에 젊은 여성들이 감금되고 수많은 오컬트 현상이 일어난다는 소설 『오트란트 성』(1764년)을 발표했다. 이 소설이 영국 고딕 소설의 시작으로 불린다. 월폴이 건축한 고딕 양식의 섬뜩한 성과 엔터테인먼트적인 재미가 넘치는 고딕 소설은 귀족들 사이에서 큰 화제가 되었고 이후 고딕 양식의 건축물과 고딕 소설이 큰 유행을 탔다. 이렇게 영국에서 고딕 복고의 유행이 일어난 것이다.

또한 영국에서는 이 시기에 신고전 양식도 유행했다. 그랜드 투어를 통해 사들인 카날레토의 그림과 클로드 로랭의 그림에 매료된 영국인들 사이에 고대 그리스와 로마 문명 붐이 일어났기 때문이다. 애덤 스타일 건축과 웨지우드 도자기가 대표적이다.

같은 픽처레스크 취미에서 탄생한 두 미술 양식의 복고이다. 고딕 복고가 중세 기독교의 재래라면 신고전 양식은 고대 그리스와 로마의 재래로 그 대상이 다르다고 기억해두자.

J. M. W. 터너
「틴턴 애비」(1794년)

👉 건축

영국에서는 국회의사당(웨스트민스터 궁전)과 타워브리지가 대표적인 고딕 복고 건축물로 곧게 뻗은 끝부분은 뾰족하고 중후하며 장엄한 느낌을 자아낸다.

영국 도자기 업체에서는 민턴이 중세 타일 장식인 상감 타일과 마졸리카 타일을 시행착오 끝에 복각하여 고딕 복고 건축 타일 장식에 사용되었다(p. 92).

고딕 양식의 모티프는 십자가를 형상화한 4엽, 랜싯 칼에서 유래한 길쭉한 예첨창, 첨탑에 장식하는 갈고리 모양의 크로켓, 장미창 등에 사용된 레요낭(방사상 무늬 p. 133)이 있다.

👉 문학

고딕 복고는 18세기 후반과 19세기 후반에 유행한 양식으로 당시 사람들이 가졌던 세기말 감각(p. 196)과도 무관하지 않은 것으로 보인다. 특히 미디어가 발달한 빅토리아 시대에는 '잭 더 리퍼'(1888년)와 같은 엽기 살인 사건이 연일 미디어를 떠들썩하게 했다.

고딕 복고는 미술 양식이면서 회화보다 미디어나 고딕 소설(문학)과 깊은 관계가 있었던 것이다.

고딕 소설은 영국이 발상지인 괴기 소설로 18세기 말에 탄생하여 19세기 말에 재유행되었다. 공포감을 느끼게 하는 스토리로 수많은 괴기 현상이 마지막에는 해결되고 증명되는 경우가 많은데 추리(미스터리) 소설의 원류라고도 한다.

18세기 후반의 초기 고딕 소설은 전형적인 서스펜스풍의 괴기 소설로 기사와 사로잡힌 공주, 괴물, 고성, 도적 등이 등장하는 오컬트 스토리이다. 같은 시기에 일어난 산업혁명으로 상위 중류계급의 숙녀(주부)가 증가한 점도 오락적인 고딕 소설이 유행한 이유 중 하나이기도 하다. 영국의 여류작가인 앤 래드클리프도 픽처레스크한 묘사가 가득한 고딕 소설『우돌포의 미스터리』(1794년)를 발표하여 고딕 소설의 살바토르 로사로 불렸다.

시대가 흘러 빅토리안 고딕 시대가 되면 고딕 소설도 진화한다. 복잡한 인물 묘사와 인간의 악을 추구하는 심리 등의 철학적인 소재가 활용되는 등 문학성이 훨씬 높아지게 된다. 대표적인 작품인 스티븐슨의『지킬 박사와 하이드』(1886년)는 비유와 표현에서『구약성경』을 많이 인용하는 한편 기독교의 근원적인 터부인 동성애를 주제로 한 매우 문학성 높은 이야기를 구성했다. 영국에서 유학한 나쓰메 소세키의 대표작인『마음』(1914년)은 고딕 소설 수법으로 쓰였다. 작품 구성뿐만 아니라 주제(동성애), 스토리 전개, 편지 쓰기 등 많은 면에서『지킬 박사와 하이드』를 모티프로 한 것으로 보인다.

노리다케의 이브닝 마제스티와 소설『지킬 박사와 하이드 씨』

고딕 복고 양식의 도자기

중세 기독교 디자인

도자기 중에서는 민턴의 '하돈홀'이 가장 유명하다

도자기 분야에서 고딕 복고는 주로 타일 장식 등에 많이 이용되었기 때문에 고딕 리바이벌 양식 식기는 다른 양식에 비해 그렇게 많지 않다. 가장 유명한 것이 민턴의 하돈홀인데 초보자라면 그것만 기억하고 있어도 좋다.

고딕 컬러의 블루와 그린은 다른 양식에 비해 진한 편이다. 이 색조가 다른 양식과 구별되는 포인트이다. 또 빅토리안 고딕은 동시대의 윌리엄 모리스(p. 182)에게 큰 영향을 미쳤다. 모리스 문양에는 중세 미술과 러스킨(p. 182) 사상이 반영되어 있다.

고딕 복고 양식의 서양 식기

하돈홀
(민턴)…p. 92

1948년 잉글랜드 고성 하돈홀의 태피스트리에서 고안된 디자인. 민턴의 대명사격인 물결치는 모양인 '파이프Fife 셰이프'가 사용됐다.

플레이트
(웨지우드)…p. 86

빅토리아 시대의 고딕 양식 플레이트. 길쭉한 예첨창과 고딕 컬러의 푸른색이 특징이다.

소네트
(로얄 덜튼)…p. 98

고딕 양식의 태피스트리 같은 무늬를 현대식으로 각색했다. 옅은 녹색의 섬세한 무늬가 고급스러움을 자아낸다.

아이리스
(니코)…p. 125

빅토리아 앨버트 미술관 컬렉션 시리즈. 기독교 모티프의 백합과 녹색과 푸른색 계열이 고딕스럽다.

> 더 깊이 보는
> **식기×디자인**

모리스의 아트 앤드 크래프트

일본에서도 인기 높은 윌리엄 모리스의 디자인과
빅토리안 고딕의 관계에 대해 알아보자.

아트 앤드 크래프트와의 관계

마치 중세 동화의 세계에서 빠져나온 듯한 윌리엄 모리스의 디자인. 일본의 백화점에는 오래전부터 모리스 제품이 판매되고 있어서 필자도 어렸을 때부터 친숙했고 향수가 느껴지는 디자인이다. 오래전부터 스포드(p. 88)와 로얄 우스터(p. 82)에서도 모리스 문양의 머그잔이 판매되었다. 최근에는 잡화점과 100엔 숍에까지 모리스 디자인의 식기가 등장했다. 예전보다 훨씬 친근해진 레트로풍의 매력적인 모리스 패턴은 모리스의 인기 비결을 엿볼 수 있게 하는 현상이다.

윌리엄 모리스와 그가 부흥시킨 아트 앤드 크래프트의 관계에 대해 설명할 때 아무래도 초보자를 현혹하는 용어가 많다 보니 헷갈린다는 의견이 있다.

강의에서는 영국 도자기를 다루는 시간에 아트 앤드 크래프트에 대해 속 시원하게 가르쳐달라는 이야기를 자주 듣는다. 빅토리안 고딕이나 고딕 복고와의 차이점은 무엇인지, 그것이 어떤 영향을 주고받았는지, 무엇보다 아무리 봐도 모리스 문양은 복고풍인데 "어떻게 모리스는 근대 디자인의 아버지가 됐는가?" 등의 질문이다.

근대 디자인의 아버지 모리스

'아트 앤드 크래프트' 운동은 산업혁명(p. 232)으로 양산된 공산품의 디자인 수준이 낮은 것을 한탄한 모리스가 동료들과 함께 창업한 모리스 마셜 포크너 상회(훗날의 모리스 상회)에서 추진한 미학 운동이다.

그의 제조 철학은 중세 시대 수공예품을 본보기로 하여 "장인의 수작업에 예술적 요소를 도입한 응용미술(실용적인 도구에 예술적 요소를 넣은 제품을 말한다)"인 점이 특징이다. 우수한 디자이너가 만들어낸 디자인을 장인이 공동으로 제조하는 '미술과 공예의 융합'을 이룬 공적이 매우 크다. 그 후의 세기말 예술(p. 196),

아르누보(p. 200), 민예운동(p. 256), 그리고 미드센추리(p. 122)나 스칸디나비아 디자인(p. 122)도 이 일련의 콘셉트를 계승한 것들이다. 이 책에서 설명하는 각각의 미술 양식은 디자인 자체는 전혀 다르지만 지향하는 방향성은 모두 응용미술이라는 점에서 일치한다는 것을 알게 될 것이다. 모리스의 디자인이 고풍스러운데도 근대 디자인의 아버지로 불리는 까닭이다.

빅토리안 고딕의 유행과 모리스

빅토리아 시대 중후기에 걸쳐 고딕 복고가 다시 인기를 끌었다. 이것을 빅토리안 고딕이라고 한다(다른 말로는 하이 빅토리안 고딕. 하이는 후기라는 의미이다). 모리스의 디자인은 이 영향을 크게 받고 있다.

빅토리안 고딕은 미술평론가이자 모리스의 친구 존 러스킨이 베네치아 고딕 양식을 예찬하면서 시작되었다. 그래서 일명 러스킨 고딕이라고도 한다. 다만 이 빅토리안 고딕을 고딕 복고와 하나로 묶고 있는 문헌도 있다.

러스킨이 평가한 베네치아의 산마르코 광장에 들어선 산마르코 사원과 두칼레 궁전은 화가 카날레토의 단골 모티프이기도 해 당시 영국 지식인들에게 꽤나 익숙한 것이었다고 보여진다. 초기 고딕 복고가 픽처레스크 취향의 폐허 투어 유행(p. 178)을 타고 영국에 남아 있던 중세 시대 가톨릭교회에서 영감을 얻은 반면, 빅토리안 고딕은 러스킨이 주창한 중세 시대 베네치아 고딕 양식을 도입한 데 차이가 있다.

러스킨은 중세 시대 베네치아 시민들이 로마 가톨

릭에서 추방된 역사와 아랍권과의 교역으로 순수 가톨릭 문화와 다른 이교도 문화가 접목된 독자적인 고딕 정신이 베네치아 고딕 장식에 반영됐다는 점을 높이 평가했다. 모리스도 이 고상한 철학에 동조하여 중세 시대의 장식이야말로 예술 본연의 모습이라고 확신 했다.

마침 빅토리아 시대는 낭만주의(p.188) 시대로 중세의 영웅과 전설 등에 대한 낭만적인 동경이 있었다. 종교적으로는 영국 국교회를 예전과 같은 가톨릭 요소가 들어간 개신교(p. 233)로 만들자는 운동(옥스퍼드 운동)도 일어나 중세 가톨릭의 디자인인 고딕 양식이 폭넓게 수용되는 기반이 마련되었다.

한편, 사람들의 신앙심은 점차 희미해져 갔다. 조사이아 웨지우드(p. 268)의 손자인 다윈이 진화론이라는 이름의 판도라의 상자를 열어버림으로써 기독교 세계관이 부정된 충격은 엄청났다. 급속한 도시화로 인한 생활양식의 현대화로 사람들이 교회를 찾는 습관에서 멀어져가게 됐다.

그 반동으로 인해 신앙 부흥 운동이 활발해지는 현상도 발생했다. 교회의 주일학교의 교육적 측면이 사회에서 좋은 반응을 얻으면서 빅토리아 시대에는 수천 개의 교회가 우후죽순 건립되었다.

여기에 세기말에 들어서면서 세기말증후군의 고딕 소설(p. 180)과 그 파생 장르인 미스터리 소설이 유행한다. 러스킨을 비롯한 저명한 전문가들의 고상한 철학에 바탕을 둔 고딕 예찬론, 교회 건축의 열기, 그리고 세기말증후군에 영향을 받은 오컬트한 고딕 소설의 유행, 이러한 유행에 뒤떨어지지 않고자 필사적이었던 서민들의 유치한 심리 등이 혼연일체가 되어 빅토리안 고딕이 고조되었다고 생각한다.

현대에 침투한 모리스의 이념

이렇게 생활에 미적 감각을 도입한 모리스 상회의 상품은 스테인드글라스, 벽지, 가구, 텍스타일(직물 장식) 등에서 폭넓게 전개되었고 자연 친화적인 소재를 사용하는 등 다양한 콘셉트를 담은 걸작들이 생겨났다. 아트 앤드 크래프트, 아르누보, 세기말 예술 등의 근대 디자인 작품은 공통으로 높은 이념을 가지고 고품질의 제품을 만든다는 브랜딩에는 성공했다. 하지만 안타깝게도 서민들의 생활도구로 폭넓게 보급할 수 있는 마케팅이 다소 미흡했던 탓에 모든 제품이 부유층 전용의 고급품이 되고 말았다.

하지만 그로부터 100년이 지난 현재 머그컵이나 100엔 숍 잡화에까지 모리스 디자인이 들어가 있는 것을 볼 수 있다. 어떤 의미에서는 그들의 진정한 이념이 현대에 이르러서야 드디어 서민들에게도 침투한 것이 아닌가 하는 생각이 든다. (겐바)

스포드 '딸기 도둑'
모리스를 대표하는 디자인이다 '새가 딸기를 쪼아 먹어버린 딸기 농가의 작은 고민을 표현했다 빅토리안 고딕을 모리스 식으로 재해석한 독자적인 세계관이 흘러넘친다.

- 183 -

미술 양식

비더마이어 양식
평온과 안식의 한때

☞ 특징
○ 빈 체제 시절 독일, 오스트리아, 덴마크 등을 중심으로 유행했다.
○ 빈에서는 메테르니히에 의해 정책으로 유행했다.
○ 따뜻한 가정적인 분위기가 특징으로 중류계급을 중심으로 확산했다.
○ 회화, 음악, 가구, 문학, 도자기 분야 등 폭넓게 확산된 미술 양식이다.

중류계급에서 유행한 가정적인 분위기가 특징

　비더마이어란 독일어로 극히 일반적인 성씨인 마이어에 '성실한'이라는 뜻의 형용사 '비더bieder'를 붙인 명칭이다. 빈 체제 시대(p. 240)에 독일, 오스트리아, 덴마크 등에서 유행하던 미술 양식으로 낭만주의보다 조금 늦게 등장했다.
　포근하고 가정적인 분위기가 특징이며 영국보다 뒤늦게 시작된 유럽 대륙의 산업혁명으로 급증한 중산계급을 중심으로 확산되었다.

☞ 탄생 스토리

　민주주의의 길이 열렸다고 생각되었던 프랑스 혁명과 나폴레옹 체제가 막을 내린 후 빈 체제하의 유럽은 다시 구체제인 전제 군주제로 회귀한 시대이다. 모처럼 열렸던 자유주의적 사상이 다시 닫히면서 빈 체제 시대는 '체념하는 분위기'가 확산되었다. 그리고 메테르니히 정책(p. 240)으로 소시민의 평온한 생활이 적극적으로 장려되면서 '일상생활의 평범한 날들에서 행복을 찾자'는 비더마이어의 사상으로 이어진 것이다.
　이는 집 밖에서는 계속 피어오르는 혁명의 불씨를 잠재우려고 애쓰는 비밀경찰과 검열제도의 탄압 속에서 어떻게든 가정에서 평화로운 시간을 보내려고 움츠리는 모습이라고도 할 수 있다.

음악과 가구

음악에서는 슈베르트가 비더마이어 양식을 대표하는 작곡가이며 부르주아 계급의 가정에서 사적인 연주회(슈베르티아데)를 가졌다. 이 사실을 알아두면 왜 아우가르텐의 비더마이어 양식의 셰이프를 '슈베르트 셰이프'라고 부르는지 납득할 수 있을 것이다.

소품 「들장미」 등에서 목가적이고 소박한 비더마이어의 분위기를 느낄 수 있다. 가구는 전 단계의 미술 양식인 신고전 양식에서 단순하게 진화한 꾸밈없고 소박한 형태가 특징으로 빈을 중심으로 확산하였다.

슈미트 「슈베르티아데」(1896년)

미술과 문학

그림의 주제는 여성과 어린이가 주인공인 가정적인 정경과 농촌 풍경을 그린 풍경화와 정물화가 많이 그려졌다. 이 시대 어린이의 묘사는 기본적으로 '순진무구하고 흠잡을 곳 없는 이상적인 어린이'이다. 슈피리의 『알프스의 소녀 하이디』(1880년)의 모델이라는 캄프의 소설 『알프스 소녀 아델라이데』(1828년)는 주인공 아델라이데가 청초하고 예의 바른 인물로 등장하는 목가적이고 건전한 작품으로 지극히 비더마이어다운 문학이다.

당시 유럽에서는 이러한 비더마이어적 '알프스 소녀 이야기'가 다수 발표되었다. 『알프스 소녀 하이디』에서는 로텐마이어 씨가 이런 소설류의 애독자로 알프스 소녀에게 이상적인 소녀의 환상을 품고 있는 장면이 등장한다. 그런데 분명히 '알프스 소녀'인 하이디는 프랑크푸르트에서는 실수를 거듭해서 주위를 발칵 뒤집는 문제아였다. 하이디는 보다 인간미 있고 복잡하고 갈등을 겪는 소녀였던 것이다. 19세기 말에 이르러 한층 업그레이드된 깊이 있는 문학이 선보이게 되었음을 알 수 있다.

비더마이어 양식의 도자기

온화하고 소박한 디자인

잔꽃 페인팅 등 작고 귀여운 비더마이어 양식
소시민적인 편안한 디자인을 감상하자

비더마이어 양식은 로코코 양식이나 신고전 양식에 비하면 마이너한 양식이지만 본거지인 오스트리아 빈과 독일에서는 많은 가마에서 비더마이어 양식의 작품을 만들었다.

따라서 '알고 보니' 비더마이어 양식의 식기를 사용하고 있었다는 분이 많다. 그런 분들 중에는 "로코코 양식인 줄 알았다."라고 말하는 경우가 많다. 로코코 양식은 더 임팩트가 있고 색감도 선명하며 화려한 것이 많다. 셰이프도 로코코는 곡선을 주로 사용하기 때문에 직선 라인이나 심플한 셰이프의 비더마이어 양식과는 차이가 있다. 비더마이어 양식은 시민들이 화목한 시간을 보내기 위해 만들어진 것이기 때문에 잔잔하고 소박한 분위기가 남아 있다. 실제 식기를 보면서 로코코 양식과의 차이점을 확인해보자.

비더마이어 양식의 포인트

셰이프 — 비더마이어 양식의 독자적인 직선 라인이나 심플한 셰이프. 로코코 양식이나 신고전 양식의 셰이프도 사용된다.

패턴 — 분산된 작은 꽃, 작은 갈런드, 잔꽃

컬러 — 파스텔 색상(로코코 양식보다 연한 색상)

이미지 — 가련함, 섬세함, 소박함

비더마이어 양식의 서양 식기

비더마이어
(아우가르텐)…p. 102

비더마이어 양식의 대표 디자인으로 슈베르트 셰이프를 채택했다. 연한 색조와 분산된 작은 꽃문양이 로코코 스타일과 구분되는 특징이다.

본조르노 플라워
(지노리1735)…p. 74

밀플뢰르
(헤렌드)…p. 106

비더마이어 양식의 대명사 같은 분산된 작은 꽃문양은 각 가마에서 만들어졌다. 연한 파스텔 색상으로 셰이프는 모두 로코코 양식이다.

비더마이어 갈런드
(아우가르텐)…p. 102

1812년경에 발표된 연한 파스텔 색상을 사용한 가련한 이미지의 비더마이어다운 작품. 모티프가 작고 색조가 연한 점 등이 특징이다.

파슬리
(헤렌드)…p. 106

합스부르크가의 황제 프란츠 요제프 1세가 사랑한 디자인. 연분홍색 파슬리와 작고 섬세한 갈런드가 그려져 있다.

아테나
(퓨어스텐버그)

그리스 신화의 여신 아테나를 이미지화했다. 1840~1850년에 고안된 그렉 셰이프가 특징이다. 앙피르 양식을 거친 이후의 비더마이어 양식은 더 이상 단순한 우아함만은 아니라는 것을 알 수 있다.

물망초
(후이스터)

독일 브랜드인 후이스터는 비더마이어 양식에 뛰어나다. 가련한 작은 꽃의 물망초와 앙피르 양식 핸들의 조합이 비더마이어 양식임을 알려준다.

> 미술 양식

낭만주의 양식
낭만이 넘치는 풍경화 식기

👉 특징

- 18세기 말~19세기 전반에 걸쳐 유행했다.
- 드라마틱하고 로맨틱한 것이 모티프로 개인적인 감정표현이 용인되면서 미의 수용 범위가 확대됐다.
- 감정적인 낭만주의는 동시대의 이성적인 신고전 양식과 대립하는 콘셉트이다.
- 회화, 음악, 문학, 연극에서 주로 사용되었고 건축과 가구에는 사용되지 않았다.

신고전 양식에 반발하여 생겨난 양식
민중이 주도한 열정과 꿈의 세계

낭만주의(로망주의, Romanticism)의 로망은 '로망스어(지식 계급이 사용하는 어려운 라틴어에 비해 서민들이 사용하는 알기 쉬운 구어)'에서 따온 말이며 18세기 말에서 19세기 전반에 걸쳐 유행한 미술 양식이다. 시대적으로는 비더마이어 양식과 거의 겹친다. 낭만주의는 프랑스, 독일, 영국, 덴마크 등을 중심으로 주로 회화, 음악, 문학, 연극 분야에서 사용되었으며 건축이나 가구 등에는 적용되지 않았다. 이 점이 같은 시기에 유행하던 비더마이어 양식이나 신고전 양식과 다르다. 도자기 분야에 관해서는 후술하는 바와 같이 낭만주의적인 풍경화 양식을 갖추고 있다.

낭만주의는 외젠 들라크루아와 같은 극적 연출의 드라마틱한 '시사 소재의 그림'에서 시작되었다. 하지만 드라마틱만이 낭만주의는 아니다. 음악과 문학 등 분야 전체를 살펴보면 이른바 가슴 뭉클하고 애틋하며 낭만적인 꿈과 공상, 영웅과 전설, 향수를 불러일으키는 풍경, 그리고 사랑과 죽음을 주제로 다룬 것들이 많다. 열정적인 사랑(에로스=삶과 성의 본능적 충동)과 죽음(타나토스=파괴, 파멸의 본능적 충동)은 낭만주의의 중요한 주제이며 회화, 문학, 음악 등에서도 반복적으로 사용되고 있다. 격렬하고 감정적인 '낭만주의'는 이성을 중시하는 '신고전 양식'과는 대립되는 콘셉트로 이 둘의 대비도 기억하자.

👉 탄생 스토리

낭만주의의 등장은 서양의 미적 수준 향상을 단적으로 보여준다. 이전까지 예술은 역사화,

종교화, 인물화, 풍경화 등 어느 장르든 아카데미가 요구하는 '이상적인 미'가 아름다운 것으로 여겨졌다. 기쁨이나 슬픔 등의 감정 표현도 어딘가 이상적이고 고지식하게 표현되었다.

그런데 인류가 현대화로 가는 긴 여정의 도중에 프랑스 혁명을 만나 자유롭고 평등한 자유주의에 눈을 떴다. 그리고 개인적인 기쁨이나 슬픔, 괴로움이나 그리움 등의 감정을 솔직하고 사실적으로 표현한 것도 아름답다고 느끼게 되었다. 즉 미의 수용 범위가 대폭 확대된 것이다. 그런 점에서 당시 근대 회화의 모범으로 추앙받던 신고전 양식에 반기를 들고 민중의 주도로 다양한 미를 낳은 낭만주의는 획기적인 미술 양식이라고 할 수 있다.

☞ 미술

낭만주의를 대표하는 화가는 들라크루아로 역사 교과서에 꼭 나오는 프랑스의 7월 혁명을 그린 「민중을 이끄는 자유의 여신」(1830년)이 대표작이다. 이 작품은 동시대의 사건을 사실적이고 드라마틱한 연출로 그린 것이다. 이러한 드라마틱한 시사 소재의 그림이 낭만주의의 특징이다. 같은 시사 소재 회화라도 신고전 양식에서는 신화처럼 신격화해서 그리기 때문에 화풍에 차이가 있다.

또 영국의 낭만주의 회화는 픽처레스크(p. 236)의 영향을 직접적으로 받았다는 점에서 다른 나라의 낭만주의와 차이가 있다. 영국 낭만주의를 대표하는 화가 터너는 그랜드 투어(p. 235)를 했는데 프랑스에서 험준한 알프스 산을 넘어 이탈리아를 여행했다. 클로드 로랭(p. 236)의 영향을 많이 받은 그의 작품은 픽처레스크가 독자적으로 진화한 듯한 로맨틱한 풍경화를 자랑한다. 낭만주의 회화는 드라마틱 회화와 로맨틱 회화 둘 다 포함한다.

외젠 들라크루아 「민중을 이끄는 자유의 여신」(1830년). 7월 혁명을 주제로 한 드라마틱한 낭만주의 회화

☞ 음악

낭만주의에서 일반적으로 가장 친숙한 것은 역시 음악일 것이다. 서양음악이 가장 번성했던 시대이며 유명한 클래식 음악가 대부분이 이 시대에 등장했기 때문이다.

음악 분야의 낭만주의 시기는 길어서 19세기 자체가 거의 낭만주의 시대로 분류된다. 대표적인 작곡가는 로맨틱 피아노곡의 대명사인 쇼팽이다. 빈 체제(p. 240) 붕괴 후인 19세기 후반이 되면 각 민족을 의식한 낭만주의 음악이 대두된다. 독일 민족을 고무하는 바그너의 오페라와 체코에 대한 애국심을 의식한 스메타나의 「몰다우(나의 조국)」 등을 들 수 있다. 시민의 생활이 풍부해지고 음악에 대한 수요가 높아지면서 다양한 장르의 음악이 생겨난 것도 이 시기이다.

문학

뮤지컬로 친숙한 빅토르 위고의 소설 『레미제라블』은 프랑스 7월 혁명 후 발발한 6월 폭동의 바리케이드 전투를 극적으로 그려냄으로써 드라마틱한 낭만주의 문학을 만들었다.

낭만주의 문학 중 사람들에게 친숙한 것은 덴마크 낭만주의의 세계적인 작가인 안데르센이다. 비더마이어 양식과 마찬가지로 순진무구한 어린이를 캐릭터로 사랑과 죽음을 주제로 하는 로맨틱한 스토리의 「성냥팔이 소녀」가 바로 낭만주의의 대표 문학이라는 것을 알게 되면 낭만주의 문학의 특징을 이해하기 쉽다.

낭만주의 도자기

추억의 풍경이 그려져 있다.

자연을 소묘하는 풍경화를 그린 식기, 여행의 향수와 동경의 로맨틱한 세계관

도자기 분야에서 낭만주의는 다른 양식과 달리 명확한 기준을 가지고 있지 않지만 다분히 낭만주의의 영향을 받은 도자기는 많이 존재한다. 낭만주의가 크게 유행했던 영국에서는 같은 시기에 동판전사(p. 27) 기술의 혁신으로 인해 19세기 내내 픽처레스크 유행의 물결을 타고 풍경화의 동판전사 자기가 많이 만들어졌다(일부는 '와일드 로즈'처럼 데지마(p. 224)로 수출됐다). 모두 낭만주의의 테마인 여행에 대한 향수와 동경을 이미지한 로맨틱한 세계관이 반영되어 있다. 신고전 양식의 수법으로 그려진 풍경화인 도자기 '프로그 서비스'가 학술적이고 이성적인 방식인 반면에 낭만주의 풍경화는 어딘가 환상적이거나 이국적인 분위기가 있으며 향수를 불러일으키는 묘사로 화풍에 차이가 있다.

비더마이어 양식의 포인트

 셰이프  로코코 양식이나 신고전 양식의 셰이프가 많다.

 패턴  픽처레스크풍의 풍경화, 이국적인 풍경화, 바다와 범선, 해안, 전원 풍경, 호수 지방

 컬러  동판전사 컬러(빨강, 핑크, 파랑, 보라색, 녹색), 컬러풀

 이미지  목가적, 정서적, 여행의 향수, 이국정서

낭만주의 양식의 서양 식기

부르겐란트
(빌레로이앤보흐)…p. 52

오스트리아의 부르겐란트주를 이미지화했다. 독일 낭만주의의 목가적이고 향수를 불러일으키는 풍조를 잘 나타내고 있다. 화창하고 목가적인 풍경이 특징이다.

에든버러
(앨프리드 미킨)

영국 낭만주의 화가 컨스터블의 걸작 「건초마차」를 그려 넣은 디자인. 화창하고 목가적인 풍경화, 낭만주의 화가 작품의 모방, 픽처레스크풍이 특징이다.

가죽 나무
(C&WK 하비)

1835~1852년 낭만주의 시대의 앤티크 제품으로 이국적인 풍경화가 그려져 있다. 동양적이고 로맨틱한 풍경화와 픽처레스크가 특징이다.

라인 풍경
(후이스터)

독일 브랜드 후이스터의 대표작으로 독일 낭만주의의 분위기가 전해지는 목가적인 풍경화가 일품이다. 묘사에 낭만이 흘러넘친다.

자포니즘
아르누보 탄생의 계기가 되다

👉 **특징**
- 19세기 후반에서 20세기 초에 프랑스를 중심으로 유럽 전역에서 유행했다.
- 중국 문양 등과 혼재된 시누아즈리에서 일본 양식이 처음으로 독립했다. 단순히 모티프의 모사뿐만 아니라 일본의 미의식까지 도입했다.
- 서양이 추구하던 미에 대한 수요와 메이지 정부의 일본 제품 공급의 정치적 의도가 기적적으로 맞아 떨어지며 탄생했다.

일본의 아름다운 자연, 우키요에 구도, 평면적인 윤곽선 묘사가 모티프

프랑스어로 '자포니슴Japonisme'이란 일본 양식을 의미한다(영어로는 자포니즘). 19세기 후반에서 20세기 초반까지 프랑스를 중심으로 유럽 전역에서 유행한 양식으로 주로 건축과 실내장식, 회화, 음악, 패션, 도자기에 사용되었다.

자포니즘의 특징은 서양에서 오랫동안 인기를 끌었던 중국, 인도 등의 디자인과 같은 것으로 취급되던 일본풍 디자인이 처음으로 확연히 구별되어 인식되었다는 것이다. 그리고 디자인 모방으로 시작된 '자포네즈리(일본 취향이라는 뜻. 단순히 일본 문양을 모사하거나 일본 소품을 그리는 것)'가 점차 일본인이 가진 미의식까지 받아들이는 자포니즘으로 승화한 것이 시누아즈리와 가장 큰 차이점이다.

자포니즘은 그동안 서양식 규범 속에서 생각을 하던 서양에 엄청난 충격을 주면서 아르누보 탄생의 계기가 된 양식이다. 자포니즘은 '일본인들의 와(和)*의 정신까지 받아들인 양식'으로 지금까지 나왔던 시누아즈리와의 차이점을 포함해 전체를 파악해두자.

물론 도자기 분야에서도 이 시기는 영국의 로얄 우스터를 비롯해 많은 가마가 자포니즘 도자기를 제작하고 있었던 만큼 중요한 미술 양식이다.

* 역자 주) 중국 또는 서양과 대비하여 일본 독자적인 문물과 문화를 이르는 용어이다.

👉 **탄생 스토리**

19세기 말은 세기말 예술(p. 196)이나 아르누보(p. 200)에서 보이는 것처럼 미술의 모든 규범이 깨진 시대였다.

미술계에서 가장 충격적인 사건은 사진의 등장이다. 1826년 세계 최초로 사진이 촬영되면서 미술계의 오랜 목표였던 '보이는 것을 그대로 그림으로 베끼는' 묘사기법이 다른 기술에 의해 달성되었다. 화가 폴 들라로슈는 사진을

보고 "오늘을 마지막으로 회화는 죽었다."라는 말을 남겼을 정도로 미술계는 큰 충격을 받았다.

하지만 이를 계기로 19세기 후반부터 미술계는 '예술만이 할 수 있는 것을 추구하는 시대'로 바뀌게 된다. 예술만이 할 수 있는 일, 지금까지의 서양 미술을 넘어설 수 있는 것을 모색하던 중 서양인의 눈에 문득 띈 것이 데지마(p. 224)에서 보낸 도자기의 포장에 사용된 우키요에였다. 거기에는 서양 미술의 규범을 완전히 무시한 놀라운 세계가 펼쳐져 있었던 것이다.

입체감 없는 평면도, 윤곽선으로 또렷하게 그린 묘사, 인물을 비스듬히 내려다보는 듯한 지금까지 본 적 없는 구도, 화조풍월(자연)을 사랑하는 묘사, 일상의 풍경을 아무런 의도 없이 어렴풋이 베낀 소재, 어느 것을 봐도 모두 신선했다. 당시 서양인들에게는 '예술만이 할 수 있는 일'의 대답이 바로 우키요에 있었다.

때마침 1867년 대정봉환(에도 막부가 일왕에게 통치권을 돌려준 사건)으로 에도 막부가 쓰러지고 쇄국이 풀린 일본에서 일본 제품의 수출이 본격적으로 시작됐던 때다. 일본은 아프리카와 아시아 국가들이 유럽의 식민지가 되어가는 것을 보았기에 서양을 위협적인 존재로 여겼다. 일본이 식민지가 되지 않으려면 유럽 국가들에게 일본의 문화적 기술력을 인정받는 것이 중요했다. 즉 일본의 독립성을 유지하려는 정치적 의도가 미술품의 유럽 수출에 숨어 있었던 것이다.

이처럼 자포니즘이란 서양이 미에서 찾고 있던 수요와 일본의 미술공예품 공급과 정치적 의도가 기적적으로 합쳐진 결과로 일어난 공전의 '일본 붐'이었다.

👉 미술

자포니즘은 인상파 화가들의 활동기와도 겹치며 많은 영향을 주었다. 모네와 고흐 등 인상파 화가들은 모두 일본 미술품을 수집하고 모티프로 삼았다. 인상파 회화에서 볼 수 있는 세로로 긴 도면, 평면적으로 포착한 형태, 비스듬히 위에서 내려다보는 부감적인 시점 등은 일본 미술의 영향을 받고 있다. 유명한 인상파 화가 르누아르는 인상파 그룹 중 유일한 노동자 계급 출신으로 과거 자기 채색 장인이었기 때문에 그가 그리는 꽃은 마치 자기 페인팅처럼 아름답다.

휘슬러의 「보라색과 장미색: 6글자 관지가 새겨진 자기의 롱 엘리자*」 (1864년)
영국에서 활약한 휘슬러는 자기 마니아였다.

* 역자 주) 롱 엘리자는 도자기 속 청나라 복식을 한 중국 여성을 의미한다.

👉 실내장식

휘슬러의 그림에 그려진 것 같은 실내는 영국 빅토리아 시대의 부르주아 계급에게 큰 인기를 끌었다. 당시 일본과 중국의 소품을 인테리어에 사용하는 것은 좋은 취향으로 여겨졌고, 자포니즘의 실내장식은 동시대에 유행하던 빅토리안 고딕(p. 182), 로코코 복고(p. 158)와 혼연일체가 돼 독특한 과잉 장식의 빅토리안 스타일을 형성했다.

프랑스에서도 자포니즘은 문화인이나 지식인 자택의 실내장식을 동양적인 분위기로 만드는 데 한몫을 했다. 우키요에와 도자기뿐만 아니라 병풍, 불상, 칼날, 네츠케(세공품의 일종), 향합 등도 그들의 생활 속에 자연스럽게 녹아들었다. 서양식 실내에 일본식 소품을 두는 경향은 지금도 프랑스의 모던 인테리어에 계승되고 있다.

자포니즘 도자기

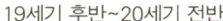
공전의 일본 문양 열풍

자포니즘 도자기는 연대로 시누아즈리와 구별한다

자포니즘은 도자기에도 당연히 큰 영향을 끼쳤다. 이 시기에는 각 가마가 모두 일본 양식의 모티프를 도입했다. 다만 초보자가 자포니즘과 시누아즈리의 차이를 한눈에 보고 구별하기는 상당히 어려울 것이다. 특히 마이센의 가키에몬 무늬는 '이건 아무리 봐도 100% 일본 문양이니까 자포니즘이겠지.'라고 생각하는 분도 있지만 사실은 시누아즈리로 분류된다. 이만큼 자포니즘이 까다로운데 마이센의 가키에몬 무늬는 기본적으로는 '시누아즈리 시대에 탄생한 일본 문양'이기 때문에 시누아즈리 카테고리에 들어가는 것이다.

자포니즘 디자인으로 분류되는 것은 19세기 후반에서 20세기 초반에 걸친 '자포니즘 유행기'에 발표된 것을 주로 가리킨다. 이 당시는 일본도 개국을 하고 해외용 자포니즘 제품을 다수 수출하던 시기이다. 어떤 것들이 탄생했는지 알아보자.

18세기

마이센의 가키에몬은 시누아즈리이다.

19세기 후반~20세기 전반

로얄 우스터의 사쓰마 자기 모작은 자포니즘이다.

자포니즘의 포인트

| 셰이프  | 대나무와 나뭇가지 등 식물의 모티프가 부착된 개성적인 핸들 |

패턴  소나무, 대나무, 매화, 국화, 모란, 곤충, 작은 새

컬러  크림색, 올드 이마리풍의 컬러, 구타니 자기풍의 색채

이미지  환상적, 서정적, 일본풍

자포니즘 서양 식기

데미타스 컵 앤드 소서
(하빌랜드)…p. 70

사쓰마 자기의 모작. 핸들을 등나무 세공의 형태로 만들었다. 자포니즘의 본거지인 프랑스다운 디자인이다.

금채 단풍 풍경도
(올드 사쓰마, 미야마)

메이지, 다이쇼 시대에 유럽으로 수출된 사쓰마 자기 미야마의 작품. 유노미(일본식 찻잔)에 핸들이 달린 일본 제품 특유의 독특한 셰이프이다.

데미타스 컵 앤드 소서
(웨지우드)…p. 86

웨지우드도 자포니즘 식기를 많이 만들었다. 이 제품은 백자에 크림색을 칠하고 사쓰마 자기풍으로 마무리했다.

플레이트
(웨지우드)…p. 86

1900년경 제품. 사쓰마 자기와 같은 크림색으로 칠한 소지에 일본의 화조풍월이 그려져 있다.

미술 양식

세기말 예술
퇴폐와 전위의 모던 디자인

세기말 예술fin de siècle art은 19세기 말부터 20세기 초(제1차 세계대전까지)에 프랑스, 영국, 오스트리아 빈 등을 중심으로 유행한 양식이다. 문헌에 따라서는 아르누보(p. 200)의 일종으로 포함하는 경우도 있다. 이 책에서 소개하는 것은 프랑스나 영국을 포함한 광의의 세기말 예술이 아니고 협의의 '빈 분리파'이다(일명 제체시온Secession, 분리파의 독일어 발음). 세기말 예술이라고 하면 빈 분리파를 나타내는 경우가 많이 있기 때문이다. 건축, 회화, 문학, 실내장식, 가구 등에 폭넓게 사용되었다.

세기말 예술의 특징은 환상적, 퇴폐적, 비관적, 탐미적인 미학과 혁신적이고 전위적인 미학이 동시에 일어났다는 데 있다. 전자의 미학은 주로 회화나 문학 등에 채택되고 후자의 미학은 가구 등에 디자인이 채택되었다. 문학에서는 전자의 퇴폐적이고 비관적인 미학이 적용되었다. 영국에서는 빅토리아 시대에 고딕 소설(p. 180)이 다시 유행했다.

세기말 예술은 마이너한 양식이기 때문에 동시대 아르누보의 그늘에 가려지기 쉽다. 하지만 빈을 방문하거나 아우가르텐, 로브마이어(빈의 전통 깊은 유리 메이커)의 제품을 감상할 때는 알아두면 즐거움이 배가 되는 양식이다.

👉 탄생 스토리

신고전 양식 시대에 이르면 인류의 길고 긴 미술 역사에서 비로소 '사진처럼 본 것을 그대로 베낀다'는 극사실주의 묘사 기술이 완성된다. 피부의 질감이나 옷의 주름 등도 더할 나위 없이 사실적으로 그릴 수 있는 기법을 획득한 것이다. 그런데 이처럼 사물을 똑같이 그릴 수 있는 기술이 확립되자 이번에는 그것을 넘어서려는 모색의 결과로 파리에서는 인상주의가 탄생했고 빈에서는 분리주의가 탄생했다.

'분리주의'라는 이름은 아카데미아(빈에서는 퀸틀러 하우스(예술의 집)라는 예술 조직)에서 '분리'되면서 붙여졌다. 동시에 파리 대개조와 빈 대개조(p. 242)라는 도시계획에 따라 아름답게 변모한 대도시에 다양한 인종과 민족성을 반영한 새로운 자극을 요구하며 집결했다. 그러한 다양한 가치관이 이 시기에 시작된 카페 문화에서 활발히 교류되면서 세기말 예술이라는 새로운 문화가 싹튼 것이다.

👉 건축, 미술

빈에서 가장 유명한 세기말 예술의 건축물은 왕궁의 대각선에 위치한 아돌프 로스의 '로

스 하우스'이다. 매우 단순한 건물이지만 당시에는 '장식이 없는' 것이 매우 획기적이었다. 당시는 혹평을 받았지만 현대를 사는 우리들에게는 '지극히 당연한 빌딩'이 되어 있는 것에서 그 위대함이 증명되고 있다.

세기말 예술을 대표하는 가장 유명한 화가는 클림트이다. 그의 화풍은 그림 배경에 금박을 입힌 자포니즘의 영향을 받았는데 현대에도 많은 팬을 보유하고 있다. 그의 세계관은 에로스(성애의 본능)와 타나토스(죽음의 본능)가 융합된 퇴폐적이고 탐미적인 미학 그 자체이다. 에로스와 타나토스는 낭만주의(p. 188)의 모티프이기도 하니 여기서 복습해보자. 클림트는 세기말에 감도는 인간의 불안과 고뇌와 동시에 환희와 도취의 감정들을 장식적인 화면 속에 집어넣었다. 애인이자 디자이너인 에밀리에를 모델로 한 그림이 유명하다. 그녀는 자신이 디자인한 답답한 코르셋을 뺀 참신한 패션을 입었다. 아르누보 패션의 꽉 조인 코르셋에서 한발 앞서가는 개량복 운동이 빈에서 이미 시작된 것이다.

구스타프 클림트의 「키스」(1907~1908년)
배경의 금박은 자포니즘의 영향이다. 남녀의 옷에 그려진 무늬에서 검은 직사각형은 남자의 성기를 상징하고 둥근 무늬는 여자의 성기를 상징한다. 성애와 절벽과 같은 불안이 그려져 있다.

세기말 예술의 도자기

전위적인 디자인

오리지널 시대에는 없었던 도자기
지금은 세기말 예술의 서양 식기를 즐길 수 있다

안타깝게도 세기말 예술의 시대는 발상의 본거지였던 빈의 '빈 가마'가 폐업의 아픔을 겪은 탓에 도자기 분야에서 공백기로 남았다. 20세기에 들어서 아우가르텐(p. 102)이 빈 가마의 디자인을 계승하게 된다. 여기에 기여한 디자이너 요제프 호프만은 클림트와 쌍벽을 이루는 세기말 예술의 거두이다.

그는 클림트가 결성한 빈 분리주의 멤버로 1903년 빈 공방을 설립했다. 이곳은 종합예술공방으로 금속, 피혁, 금은세공, 가구, 표지 등 5개 부문으로 나누어 제품을 제작하였다. 옆에는 전통 깊은 유리 메이커 '로브마이어' 전시실이 있다. 호프만은 아르데코를 예감하는 선구적인 디자인 '호프만 블랙' 디자인을 제공했다.

현재는 모리스 디자인의 서양 식기가 있듯이 오리지널 시대에는 없었던 클림트 회화 등을 전사한 서양 식기가 판매되고 있다. 부담 없이 세기말 예술의 서양 식기를 즐길 수 있게 되었다.

프리모 비앙코의
아트 컬렉션인
클림트의 「키스」

로브마이어의 호프만 블랙(좌)과
아우가르텐의 멜론(우)
모두 빈 분리파의 요제프 호프만 작품

미술 양식

아르누보
식물의 흐르는 듯한 곡선미

👉 특징

○ 19세기 말~20세기 전반에 유행했다. 세기말 예술이나 벨 에포크와 같은 시기에 대두했다.
○ 우아하고 청순한 모티프에 테마 색은 어두운 톤의 잔잔하고 연한 색채이다.
○ 식물의 흐르는 듯한 곡선미가 특징이며 곤충도 모티프로 많이 사용했다.
○ 미술로는 무하가 대표적이며 유리 세공품은 갈레, 돔 형제, 랄리크가 있다.

파리의 황금시대에 유행했던 우아하고 여성스러운 '새로운 예술'

아르누보art nouveau는 프랑스어로 새로운 예술이라는 뜻이다. 영어로는 '뉴 아트'라고 한다. 19세기 말부터 20세기 전반(제1차 세계대전 전까지)에 걸쳐 파리를 중심으로 유행했던 미술 양식으로 시대적으로는 세기말 예술과 거의 겹친다. 아르누보는 도자기 디자인으로 매우 많은 양식이다. 여전히 미술관의 특별전이나 유럽 거리에서 볼 수 있는 인기 양식이므로 이번 기회에 미술이나 공예품과 함께 배워두자.

아르누보의 특징은 우아함, 여성스러움, 청순함, 신비스러움 등을 주제로 한다. 19세기 후반 파리 만국박람회에서 시작된 자포니즘 붐에도 영향을 받아 일본에서 선호하는 식물, 곤충, 자연 풍경을 주요 모티프로 하고 있다.

아르누보는 파리의 황금시대인 '벨 에포크' 시기에 유행했다. 벨 에포크belle epoque는 프랑스어로 '아름다운 시대'라는 뜻이다. 같은 시기에 영국의 황금시대를 가리키는 '굿올드데이즈(good old days, 좋았던 옛시절)'와 동의어로 파리의 황금시대인 19세기 말에서 20세기 초에 번영한 화려한 문화를 말한다. 많은 사람이 떠올리는 '문화와 예술이 꽃피는 도시 파리'의 시대이기도 하다.

Q&A
벨 에포크과 아르누보는 어떻게 구별하나요?

벨 에포크와 아르누보는 사용된 분야가 다릅니다. 아르누보는 건축, 가구, 인테리어, 공예품(물론 도자기 포함), 회화라는 예술 영역의 명칭인 반면에 벨 에포크는 오락, 스포츠, 전자제품 등에 의해 생겨난 라이프스타일, 사회규범, 문학과 예술 등의 문화 영역까지 포함해 넓은 분야에 걸친 디자인이죠. 벨 에포크 문화의 하나로 아르누보가 있다고 생각하면 이해하기 쉽습니다.

👉 탄생 스토리

19세기 말은 세기말 예술(p. 196)에서 말했듯이 미술의 모든 규범이 깨진 시대였다. 사진의 등장으로 더 이상 보이는 것 자체를 그림으로 베낄 필요가 없게 됐다. 미술계는 큰 충격에 빠졌다. 오랜 세월 미술계가 힘들게 지향해온 목표가 혜성처럼 나타난 사진으로 인해 달성되자 각국 아카데미가 제시했던 미술 규범을 깨고 '미술밖에 할 수 없는 표현을 만들자'는 움직임이 생겨났다. 그것이 프랑스에서는 '인상파', 빈에서는 '분리파', 영국에서는 '라파엘 전파(영국의 로열 아카데미가 본보기로 제시하는 라파엘로의 기법을 타파한 그룹)'이다. 예를 들면 신화 속 인물만 누드화를 그릴 수 있었다. 그런데 나체의 창녀를 그리거나 음모를 그리는 등 차례차례 금기를 깨나간 것이다. 아르누보는 그러한 미술계의 분위기 속에서 탄생한 새로운 미술 양식이다.

👉 미술

아르누보에서 가장 인기 있는 화가는 알폰스 무하이다. 여성은 부드러운 곡선미가 아름답고 식물은 완만한 커브가 돋보이게 장식적으로 그려졌다. 인간과 동등한 애정을 가지고 식물을 그리는 것이나 윤곽을 마치 만화의 선처럼 뚜렷하게 그리는 것도 자포니즘의 영향을 받고 있다. 아르누보 전기 작품의 메인은 대중을 향해 발표하는 광고용 포스터이다. 이 역시 지금까지 왕후와 귀족들이 이끌어온 예술이 민중의 주도로 대체되었다는 증거이기도 하다.

👉 유리 세공 공예품

꼭 기억했으면 하는 것이 아르누보 시기의 신소재였던 유리로 만든 공예품이다. 이와 관련해서 에밀 갈레, 르네 랄리크, 돔 형제 4명의 제작자를 꼭 기억해두자. 그들의 아르누보 시기 작품의 특징은 유백색의 반투명한 유리 소재에 식물, 곤충, 해변 등을 본뜬 것이다. 흐르는 듯한 아름다운 곡선미, 은은한 경치는 그야말로 아르누보 개념을 그대로 구현한 작품들이다.

갈레는 원예로 유명한 아르누보의 거리인 낭시 출신이다. 프로이센-프랑스 전쟁(p. 246)으로 알자스-로렌 지방 북부가 독일에 넘어가자 프랑스령으로 남은 낭시로 많은 기업과 예술인이 이주하면서 아르누보 문화가 번성했다. 메이지 정부의 삼림 관료인 다카시마 홋카이는 낭시로 유학을 떠나 갈레와 교류를 했다. 프로이센-프랑스 전쟁과 일본과 프랑스의 교류가 아르누보에 영향을 끼쳤다고 볼 수 있는 에피소드이다.

에밀 갈레의 꽃병 「수중식물」(1890년)
(사진 제공: 이무라미술관)

아르누보 도자기

환상적인 식물과 곤충

자포니즘을 서양식으로 승화한 아르누보의 정취 넘치는
세계관과 다채로운 디자인을 알아보자

아르누보 도자기는 여러 종류가 있다. 다른 미술공예품과 마찬가지로 흐르는 듯한 곡선미가 강조된 식물, 식물이나 곤충의 모티프, 신비롭고 정취 넘치는 세계관, 테마 색상이 담탁색(어두운 파스텔 색상)이라는 특징이 있는 것이 많다. 그 외의 특징으로는 로얄코펜하겐이 이 시기에 개발한 <mark>유하채</mark>(유약 밑에 채색하는 방법=<mark>언더글레이즈</mark>) <mark>방식이 크게</mark> 유행했다는 점이다. 우윳빛의 녹아내리는 듯한 어두운 파스텔 색상의 동물 피겨린 아르누보 도자기의 대명사라고 할 수 있다. 자포니즘의 세계관을 서양식으로 승화한 것도 많다.

아르누보의 포인트

나비, 잠자리, 꽃, 대나무, 나뭇가지 등을 본뜬 개성 있는 핸들을 종종 볼 수 있다.

장미 등의 서양 식물, 곤충, 작은 새, 나무 열매

코발트블루, 담탁색

유려함, 신비로움, 환상적, 서정적, 청순함

아르누보 서양 식기

한여름밤의 꿈
(로얄코펜하겐)…p. 112

아르누보 원년인 1900년 파리 만국박람회에 출품된 아르놀크로그(p. 112)의 걸작품을 재연한 복각품으로 원작명은 마가렛. 유하채가 특징이다.

플레이트
(로얄 덜튼 (버슬렘 시대))…p. 98

자포니즘의 영향을 받은 금가루를 흩뿌리고 식물은 흐르는 듯한 곡선을 강조한 것이 특징이다. 꽃은 서양의 꽃을 그렸다.

블루 로즈
(오쿠라도엔)…p. 128

우아한 장미가 그려져 있다. 그림이 마치 물감이 번진 듯한 환상적인 분위기가 로코코 양식과 다른 점이다.

그림 접시
(올드 노리다케)

장미와 나무 열매가 그려져 있다. 흐르는 듯한 곡선미, 담탁색, 환상적인 무늬가 특징이다.

버터플라이 핸들 티컵 앤드 소서
(일본제)

아르누보 시대에서 아르데코 시대에 걸쳐 제조된 일본제 나비 핸들. 식물 그림이 페인팅되어 있다.

앵페라트리스 외제니
(하빌랜드)…p. 70

전 프랑스 황비였던 외제니가 영국에 망명한 1901년에 발표된 작품. 빅토리아 시대였던 당시에 유행하던 제비꽃이 모티프이다.

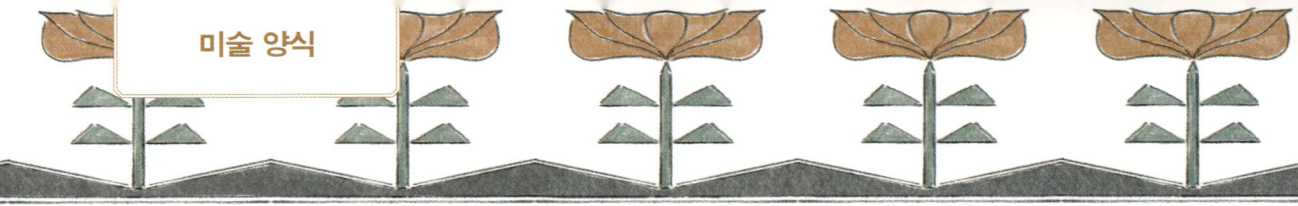

미술 양식

아르데코
모던한 직선과 곡선의 기하학 문양

👉 특징

- 1920~1940년 미국을 중심으로 전 세계적으로 유행했다. 이 시기는 두 세계대전 사이의 전쟁이 없던 기간이다.
- 모티프는 직선과 기하학 문양이며 테마 색은 검은빛이 도는 색상이다.
- 아르데코는 인류가 추구해온 미술 양식의 종착점으로 모던 디자인의 기반이 되었다.
- 미술에서는 렘피카가 유명했는데 쿨한 여성이 인기를 얻는 시대에 돌입했다.

처음으로 문화 거점이 유럽에서 미국으로 이동 미국의 황금시대의 쿨하고 멋진 양식

아르데코art déco는 프랑스어로 장식의 예술이라는 뜻이다. 데코는 영어로 말하면 데코레이션을 의미한다. 1920년부터 1940년경에 걸쳐 주로 미국을 중심으로 전 세계에서 유행한 미술 양식이다. 정확히는 제1차 세계대전과 제2차 세계대전 사이, 이른바 전간기에 해당한다. 당시 서구 선진국에서 폭발적으로 유행했기 때문에 일본에서는 마침 다이쇼 모던 문화(p. 254)가 그대로 아르데코 시대가 된다. 아르데코의 특징은 미술 양식의 중심지가 처음으로 유럽에서 미국으로 옮겨간 것이다. 모던한 직선과 곡선의 기하학 무늬가 모티프를 이루고 있다.

👉 탄생 스토리

아르데코가 유행하던 시대상을 보자. 1920년대는 이른바 미국의 황금시대로 '재즈 에이지'라고 부른다.

제1차 세계대전(p. 252)으로 피폐해진 유럽을 제치고 미국이 비약적인 경제 발전을 이루며 고층 빌딩이 맨해튼을 뒤덮던 때이다. 당시 무기질 같은 고층빌딩 숲과 기하학 모양의 아르데코가 잘 매치되었다. 장인의 명품 같은 고품질과 고가격의 아르누보와는 달리 아르데코는 저렴한 디자인이었기 때문이다.

또 패션 분야에서는 20세기 초부터 점차 코르셋이 없어졌는데 1920년대에 이르러서 완전히 소멸되었다. 아르누보 시대는 여성적인 곡선미가 인기가 많았기 때문에 코르셋을 입어 허리를 잘록하게 강조한 봉요(벌처럼 잘록한 허리) 실루엣을 아르누보 스타일에 매치했다. 이에 비해서 아르데코의 콘셉트는 직선이다. 여성의 드레스 라인도 직선이 유행하며 길고

긴 서구의 여성 패션사에서 처음으로 로 웨이스트 실루엣의 시대가 도래한다. 지금까지 서구의 패션은 기본적으로 '저스트 웨이스트'나 '하이 웨이스트'였기 때문에 로 웨이스트의 실루엣은 획기적이고 매우 참신했다. 이처럼 아르데코 양식은 서양이 오래도록 지켜온 세심하고 손이 많이 간 장식미, 코르셋, 음악과 미술의 전통적인 규범을 모두 타파하고 현대로 통하는 새로운 가치관을 만들어나갔다.

또 아르데코는 현재도 사용되는 모던한 무늬의 기반으로 어떤 장식이나 미술 양식을 보고 '모던'하다고 느낀다면 아르데코 이후의 것이다. 아르데코보다 먼저 나타난 양식의 장식은 어느 것을 봐도 모던하다고 느껴지지 않기 때문이다. 이전 양식들은 아무래도 고전적인 이미지가 따라다니게 마련이다.

신구 가치관이 충돌하며 새로운 길을 개척하는 모습은 18세기부터 문화 전반에서 서서히 나타났다. 1920년대 탄생한 아르데코로 인해 비로소 길고 길었던 예술양식의 종착점에 다다른 것이다.

아르데코 시대의 장식, 건축, 예술, 음악, 문학, 패션을 100여 년이 지난 현대의 우리가 봐도 고리타분하게 여겨지지 않는 것은 그 때문이다. 그런 의미에서도 굉장히 중요한 예술양식이라 할 수 있을 것이다.

영국 드라마 「다운튼 애비」에 등장하는 드레스. 아르데코 시대의 패션이다. 이것으로 패션의 역사는 하나의 완성형을 보여준다.

👉 미술

아르데코를 대표하는 화가로는 렘피카가 유명하다. 그녀의 자화상은 아르데코를 단적으로 표현하고 있다. 화가 본인도 '쿨 뷰티'의 여성으로 여성의 쿨한 멋스러움이 사회에서 받아들여지게 된 것이 바로 이 시대이다. 당시 자동차는 최신 유행 아이템이었다. 그런데 렘피카는 남성에게 운전을 맡기는 것이 아니라 스스로 운전하는 여성을 그렸다. 이러한 렘피카의 방식은 마치 "자신의 인생은 시대의 흐름을 타고 (남성에게 의지하지 않고) 스스로의 힘으로 살아간다."라고 외치는 듯한 강인함이 느껴진다.

그도 그럴 것이 러시아 제국 태생의 렘피카는 러시아 혁명의 여파로 수많은 백인계 러시아인들의 망명처였던 파리를 비롯해 스위스, 뉴욕, 멕시코 등지에서 스스로의 힘으로 살아갔다. 직접 자동차를 운전하는 여성을 그린 이 그림은 현대를 사는 우리가 봐도 조금도 고리

타마라 드 렘피카의 「자화상」(1925년)

타분함이 느껴지지 않는다.

이 그림의 특징은 모두 '무지'로 마감했다는 점이다. 그림에서 레이스와 문양 등 세세한 장식을 일체 배제하는 것에서 시크함이 드러난다. 또 하나는 색조가 검은빛을 띠는 탁색이라는 점이다. 이러한 장치 덕분에 아르데코의 대표 이미지인 '남성적, 도시적, 모던, 세련됨'의 이미지가 그림에서 직접적으로 전해진다.

아르데코 도자기

도시적인 디자인

모던하고 쿨한 아르데코.
셰이프와 테마 색으로 구분해보자.

아르데코는 지금까지의 미술 양식과는 전혀 다른 유형의 양식이었다. 고전적인 요소가 거의 없고, 이른바 도시적인 '세련된' 디자인이 많았다. 따라서 기본 요령만 알면 비교적 구분이 쉽다.

현재 널리 보급된 모던한 서양 식기는 기본적으로 아르데코 기반이다. 로코코 양식, 신고전 양식, 아르데코 양식의 3대 미술 양식을 구분하면 서양 식기를 보는 재미가 쏠쏠할 것이다.

또한 아르데코 유행기는 일본의 다이쇼 시대, 즉 제2차 세계대전 이전의 모던 문화의 시대이기도 하다. 이 시기부터 노리다케 등 일본의 서양 식기 메이커 제품이 쏟아져 나온다.

한 가지 주의해야 할 것은 영국 아르데코의 독자성이다. 영국의 아르데코 식기에는 나비 문양 핸들이나 꽃문양 핸들처럼 '밝은 파스텔 색상'이 테마 색상인 작품들이 상대적으로 많다. 다른 나라에서 아르데코의 테마 색상인 탁색을 식기에도 충실하게 반영하는 것과는 조금 다른 경향이므로 다음 장에서 확인해보자.

아르데코의 포인트

직선적인 실루엣으로 각진 셰이프가 많다.

직선, 곡선(자로 대고 그린 듯 반듯한 선), 기하학 문양, 폴카 도트(물방울 무늬)

검은색, 탁색, 러스터 기법(진주광택), 영국 제품은 파스텔 색상이 비교적 많다.

모던, 세련미, 도회적, 남성적

아르데코 서양 식기

비비 플레이트
(올드 노리다케)

1918년(다이쇼 7년) 작품. 아르데코적인 요소로 가득한 전형적인 예이다. 러스터 기법, 검은색, 탁색으로 정리한 그림이 특징이다.

티컵 앤드 소서
(올드 노리다케)

1918년(다이쇼 7년) 작품으로 아르데코의 셰이프를 잘 보여준다. 아르데코다운 직선적인 셰이프와 검은색과 하늘색의 모던한 맛.

라브린토
(지노리1735)…p. 74

지노리의 아트 디렉터이자 이탈리아 모던 디자인의 선구자 지오 폰티의 1926년 작품. 신고전 양식을 경애하여 미앤더(뇌문)를 각색했다.

멜론
(아우가르텐)…p. 102

1930년대 작품. 일명 '호프만 멜론'. 빈을 대표하는 디자이너 호프만은 시대에 맞춰 세기말 예술, 아르누보, 아르데코 디자인을 내놓았다.

프루츠 보더 패턴
(셸리)

아르데코 붐을 달군 영국의 명품 가마 셸리의 1930년대 작품. 지금도 인기 있는 퀸 앤 셰이프를 사용하고 있다. 셸리는 1966년에 폐업했다.

플라워 핸들 티컵 앤드 소서
(앤슬리)

밝은 파스텔 색상은 영국 아르데코의 특징이다. 소서의 셰이프는 옆의 셸리 작품과 마찬가지로 (위에서 볼 때) 사각으로 되어 있다.

Q&A

아르누보와 아르데코는 어떻게 구별하나요?

가장 다른 점은 이미지예요. 아르누보가 부드럽고 여성적이면서 어딘가 고전적인 이미지라면 아르데코는 직선적, 남성적, 모던한 양식입니다.

아르누보		아르데코
유럽(파리)	발상지	미국
직선, 곡선, 비대칭	모티프	직선, 기하학 문양, 대칭
담탁색	테마 컬러	탁색
여성적, 고전적, 우아함, 신비로움	이미지	남성적, 도회적, 모던, 세련됨

디자인 — 모던 디자인 식기

모더니즘(근대주의)이란 전통적인 가치관이나 사상을 부정하고 근대적이고 개인주의적인 문명을 중시하는 사상을 말한다. 아트 앤드 크래프트를 발단으로 모던 디자인 제품이 만들어지기 시작했다. 모리스에 대해 설명한 182쪽과 스칸디나비아 디자인(p. 122)에서 소개한 바와 같다.

모던 디자인이란 좁은 의미로는 20세기 초반부터 중반에 걸친 '다이쇼 모던' '북유럽 모던' '미드센추리' 등을 가리키며 넓게는 21세기의 오늘날에 이르기까지 혁신적인 디자인을 가리킨다. 서양 식기의 경우 매장이나 설명문에서는 후자의 현대적인 디자인의 식기를 가리키는 것이 일반적이다. 심플하고 기능적이며 세련되고 스타일리시한 디자인이 특징이다. 현대의 주거환경에 잘 어울리는 심플한 식기는 현재 많은 메이커에서 생산하고 있다.

로얄 덜튼의 퍼시픽

> 더 깊이 보는
> **식기 × 문학**

안데르센의 『그림 없는 그림책』에서 찾아보는 미술 양식

지금까지 이 책에서 배운 지식으로 『그림 없는 그림책』을 다시 읽어보면
미처 몰랐던 것이 새롭게 눈에 들어오는 놀라움을 경험할 수 있다.

『그림 없는 그림책』으로 총 복습이 가능하다

필자가 강좌에서 '지금까지 배운 지식을 활용할 수 있는 도서를 추천해달라'는 질문을 받을 때 추천하는 책이 한스 크리스티안 안데르센의 『그림 없는 그림책』이다.

이 작품은 이 책에서 배운 문화 교양이 곳곳에 표현되어 있다. 따라서 이 책을 읽은 후에 다시 한번 이 소설을 읽으면 이야기의 세계관이 크게 변하는 듯한 놀라운 독후감을 맛볼 수 있다.

『그림 없는 그림책』은 주인공 달이 다락방에 사는 가난한 화가에게 매일 밤 찾아가 지금까지 보아온 수많은 아름다운 정경들을 들려줄 테니 그림으로 그려보라는 이야기를 건넨다는 줄거리의 소설이다. 달이 말하는 여러 이야기가 아름답고 서정적이므로 낭만적인 세계관이 마음에 드는 독자가 있는가 하면, 난해한 세계관으로 인해 무슨 말인지 전혀 모르겠다는 독자도 있다. 그러나 여러분이 이 책을 읽는다면 이 시대가 빈 체제 시대(p. 240)로 달이 이야기하는 그림이 단순한 그림이 아니라 당시 유행하던 미술에 입각한 그림이며 그것을 문학으로 표현한 획기적인 작품임을 알게 될 것이다.

문학 작품에서 미술 양식을 찾아보다

(『그림 없는 그림책』에서 묘사되는) 폼페이 유적 등의 이탈리아 풍경은 신고전 양식(p. 164)이다. 신고전 양식 조각에 능숙했던 안데르센의 지인 토르발센의 에피소드도 신고전 양식임을 알게 될 것이다. 인도와 아프리카의 페잔(당시 오스만 제국 영토)과 중국은 오리엔탈리즘(p. 151) 그림이다. 신분이 다른 중국인 남녀의 비극적인 사랑은 동화 『새빨간 거짓말』로 설명한 윌로 패턴(p. 96)에서 이미 다룬 바 있다. 어린이의 정경을 그린 삽화는 비더마이어 양식(p. 184)이다. 순수하고 더럽혀지지 않은 천진난만한 아이들의 모습은 전형적인 비더마이어답다. 극적인 혁명에 목숨을 잃은 소년의 이야기, 드라마틱한 남녀의 사랑과 죽음 이야기는 낭만주의(p. 188) 그림이다.

'미술 양식'이라는 관점에서 보면 비극부터 훈훈한 이야기까지 취지가 전혀 다른 이야기들이 나열된 이유를 분명히 알 수 있을 것이다. 각 미술 양식이 마치 윤무곡(론도)과 같이 리듬감 있게 돌아가는 듯한 느낌이 압권으로 안데르센의 위대함이 여지없이 발휘되고 있다.

그밖에도 카날레토가 그린 산마르코 광장의 알록달록한 곤돌라와 예수가 승천하는 모습(p. 238)과 코메디아 델라르테(p. 51) 등 수많은 장면을 읽을 수 있다. 이렇게 독서를 하다 보면 안데르센이 정성스럽게 묘사한 당시의 일상을 사는 유럽인들의 숨결이 전해지는 문장과 아름다운 여행의 정경을 제대로 이해하기 위해서 문화 교양이 얼마나 필요한지 절감할 것이다. (겐바)

로얄코펜하겐의
이어 플레이트 한스 크리스티안 안데르센

4장

서양 식기와 역사

사실 서양 식기는 세계사와 깊이 연동되어 탄생했다.
역사적으로 큰 사건이 일어나면 새로운 서양 식기와 디자인이 생겨났다.
연도나 사건을 그저 암기하는 것이 아니라 역사의 흐름으로 파악해보자.

역사 용어

연도나 자잘한 사건보다 흐름을 파악하는 것이 중요하다
[서양 식기 탄생의 역사적 배경]

> 역사가 움직일 때마다 새로운 디자인이
> 탄생했다는 것을 배우자

전제가 되는 기초지식부터 소개

이 장에서는 서양 식기가 세계사와 연동되어 탄생했음을 설명하려고 한다. '역사'라고 하면 어렵다고 생각하는 분도 있을 것이다. 초보자가 서양 식기의 역사를 배우면서 익혀 두어야 할 세계사는 연도 등의 세세한 암기보다도 '애초에 ○○는 왜 일어났는가?'라는 역사의 흐름이다. 그리고 현대에 살고 있는 우리의 가치관으로 역사를 바라보는 것이 아니라 당시 사람들의 가치관으로 바라보는 것이 중요하다. 불평등하고 불편하고 끊임없는 전쟁과 정치적 혼란 속에 살았던 사람들의 시선으로 역사를 살펴볼 필요가 있다.

그럼 이제 역사 용어를 배우는 데 전제가 되는 기초지식을 먼저 익혀보자.

계급제도

당시 유럽 사회에는 엄격한 계급제도가 있었다. 계급은 서양 식기의 탄생과 발전 과정과 관계가 깊다. 여기에서는 가장 까다롭다고 하는 영국의 계급제도를 소개하고자 한다(수입은 현재의 대략적인 가격으로 환산하였다).

① 상류계급

왕족, 귀족, 지주 계급(젠트리 계급) 등 불로소득으로 사는 사람들이다. 일하지 않고 살 만한 자산이 있고 수입은 주로 부동산 수입, 이자 수입, 배당 수입 등의 자산 운용으로 얻는다. 귀족 의원이나 시장 등 명예직을 갖고 있는 경우가 많고 일반적인 연봉은 대략 10억 원에서 50억 원 정도이다.

영국 소설 『오만과 편견』의 엘리자베스와 다아시.
엘리자베스는 엠파이어 스타일의 드레스를 착용하였다.

② 상위 중류계급

다른 명칭은 부르주아 계급, 중산층, 중류층, 시민 계급 등이다. 성직자, 의사, 변호사, 고위 관료, 사업가 등의 직업을 가진 부유층 사람들이다. '중류'나 '시민' 같은 말에서부터 서민을 연상하지 않도록 주의하자. 사업주인 경우가 많고 연봉은 1억 원에서 수백억 원으로 폭이 컸다. ①과의 차이는 수입의 차이가 아니라 노동 수입으로 생활하고 있는지 아닌지이다.

그들은 산업혁명으로 인해 18세기 후반부터 급증한 계층으로 ①은 부부 모두 무직이고 ③은 부부가 맞벌이인 반면 ②는 남편은 일하고 아내가 전업주부인 것이 일반적이다. 도자기 산업을 폭넓게 발전시킨 것은 ②의 계급에 해당되는 주부의 급증이 큰 기여를 했다. 귀족의 차남이 하는 직업을 얻어 ②가 되기 때문에 귀족과 친척 관계인 사람도 많고 ①과 교류도 활발해 ①과 결혼이 허락된 경우가 많다.

토머스 벤틀리

웨지우드의 공동 경영자였던 벤틀리(p. 86)가 이 계급에 속한다. 그가 가진 높은 교양과 넓은 인맥 덕분에 웨지우드는 상류층을 위한 디자인을 많이 제작하여 발전할 수 있었다.

③ **중위 중류계급**
　하위 중류계급
　노동자계급

중류계급은 의사, 변호사, 공무원 등으로 연봉은 약 3,000만 원에서 8,000만 원이다. 하위 중류계급은 사무원, 학교 교장, 점주 등으로 연봉은 약 3,000만 원이다. 노동자계급은 장인이나 점원, 하인, 농민, 봉제사 등으로 연봉은 200만 원에서 1,000만 원 정도이다.

그들은 ①②에 의해 고용되는 임금 노동자인데, 특히 노동자계급의 임금 노동자는 무산계급이라고도 한다. 인구의 대다수를 차지했고 ①②와의 결혼은 있을 수 없었다. 하위 중류계급은 가난하면서도 소소한 문화생활을 즐길 수 있었다. 하지만 저임금의 노동자계급은 열악한 노동환경에서 장시간 노동에 시달리며 살아가기에 급급한 가정이 대부분이었다. 노동자 계급도 여가나 오락을 즐길 수 있게 된 것은 19세기 말경부터이다. 두 명의 영국 가마 창업자인 웨지우드 가마의 조사이아 웨지우드, 스포드의 조사이아 스포드는 노동자계급 출신이다. 유년기에 아버지를 잃으면서 웨지우드는 9세, 스포드는 6세 때부터 도공(장인)의 길을 걷기 시작했다.

이 밖에 그 아래로는 빈민계급(노숙인 등)이 있었다.

산업혁명

산업혁명은 서양 식기 역사에 중요한 사건이다. 18세기 후반 영국에서 시작되어 약 1세기 동안 유럽과 미국 등지로 확산된 공업생산기술의 대혁신과 그에 따른 사회조직의 변혁이 산업혁명이다. 사업을 경영하는 부르주아 계급이 고용주가 되어 지방에서 대량으로 이주해온 농민을 공장 인부로 고용함으로써 현재의 자본주의에 의한 근대 도시 사회가 형성되었다. 이로 인해 도자기 산업도 발전하게 된다. 반면 기존의 지주(귀족) 계급과 농민의 관계는 산업혁명으로 붕괴되었다.

소설 『크리스마스 캐롤』로 유명한 찰스 디킨스도 가난해서 유년 시절에 구두약 공장에서 일해야 했다. 당시 영국은 어린이 노동이 당연시되던 시절이다. 그는 공장에서 로얄 덜튼에서 생산한 구두약 병에 라벨 붙이는 작업을 했다.

👉 **산업혁명과 식기 산업**

18세기 후반 1차 산업혁명	석탄 에너지	식기의 양산화
9세기 후반 2차 산업혁명	석유 에너지, 전기	만국박람회 개최, 식기의 대량생산, 대량소비

서양 식기의 역사 연표

4장에서는 서양 식기의 배경에 있는 역사를 소개한다. 각각의 연대별로 열쇠가 되는 역사용어를 선택하여 설명하였다. 우선 서양 식기 디자인의 변천과 미술 양식의 변화(3장 참조)가 세계사와 어떻게 연관이 되는지 부감적으로 살펴보자.

※프=프랑스, 네=네덜란드, 영=영국, 일=일본, 독=독일, 오=오스트리아, 스=스웨덴, 이=이탈리아, 덴=덴마크, 헝=헝가리, 핀=핀란드

시대	미술 양식	서양 식기 디자인의 변천과 세계사의 사건	
15세기	르네상스 양식		1469 르네상스 전성기 1492 콜럼버스 미 대륙 발견, 대항해 시대
16세기		1590 **팔리시웨어**(16세기경/프)…p. 260 → 베르나르 팔리시 (프)(1510-1590)…p. 260 19세기경의 팔리시웨어 (출처: 위키미디어커먼즈)	1517 종교개혁
17세기	바로크 양식 (16세기 후반~ 18세기 전반) …p. 146	1653 **델프트 도기**(네)…p. 29 포르셀레이너 플러스 창업(네)…p. 138	1602 동인도회사 설립(네)… p. 222 1639 [쇄국 체제](~1853)(일) …p. 223 1649 영국 혁명(~1651) …p. 232 1672 대서양 삼각무역(영) …p. 234
18세기	시누아즈리(17~18세기)…p. 150 로코코 양식 (18세기) …p. 154	1707 **마이센 '뵈트거 석기'** (독)…p. 46 1708 마이센에서 뵈트거가 서양 최초로 경질자기 제작에 성공 (독) → 요한 프리드리히 뵈트거(독)(1682-1719)…p. 262 1710 마이센 창업(독)…p. 46 훙거가 마이센에 참여(독) → 크리스토퍼 콘라트 훙거(독)…p. 267 1718 빈 가마 창업 (~1864 / 오)…p. 102 1720 **빈 가마**(아우가르텐) '프린츠 오이겐'…p. 102 마이센에서 페인터 헤롤트가 빈 가마로 이적(독) 1721 퐁파두르 부인(프)(1721~1764)…p. 265 1726 로스트란드 창업(스)…p. 114	

- 214 -

18세기	—시누아즈리—	1730	**마이센 '드래곤'** (1730년경)…p. 152	
		1731	마이센에 조형사 켄들러 참가(독)	
		1735	**도치아 가마 창업 준비 '베키오 지노리 화이트'** (18세기 초)…p. 149 → 합스부르크가…p. 264	
		1737	루아얄 리모주 창업(프)…p. 66 도치아 가마 창업(이)	
		1739	**마이센 '블루 어니언'**…p. 46	
		1740	**마이센 '스완 서비스'**…p. 46 뱅센 가마 창업 (여러 설이 있음)(프)…p. 64	1740 마리아 테레지아 즉위(오), 오스트리아 계승 전쟁 (~1748)…p. 228
			마이센 '와토 그린' (1730년대 후반~1740년대 중반) …p. 157	
			지노리1735 '그란두카' (1750년경)…p. 264 ※사진은 복각품	
				1745 퐁파두르 부인과 루이 15세의 만남(프)
	신고전 양식 (18세기 중반기경~19세기)…p. 164	1747	님펜부르크 창업(독)…p. 50	
		1748	빌레로이앤보흐 창업(독)…p. 52	1748 폼페이 유적 발굴 개시, 폼페이 유적(이)…p. 239 몽테스키외 『법의 정신』 (프), 계몽사상…p. 231

18세기					
			1750 로얄 크라운 더비 창업(영)…p. 80 ※창업연도는 여러 설이 있음		1750 영국 산업혁명 (~1840)…p. 213
			1751 로얄 우스터 창업(영)…p. 82		
			1753 님펜부르크 최초로 경질자기 소성에 성공(독)		
					1754 로버트 애덤의 그랜드 투어(~1758)…p. 235 호레이스 월폴의 '스트로베리 힐' 건축(영)…p. 179 그랜드 투어…p. 235 픽처레스크…p. 236
					1755 마리 앙투아네트 탄생(오)…p. 266
			1756 세브르 창업(프)…p. 64		1756 페티코트 동맹과 7년 전쟁(~1763)…p. 228
			1759 웨지우드 창업(영)…p. 86 → 조사이아 웨지우드(영)…p. 268		
			1760 **지노리 1735** **'이탈리안 푸르트'** (1760년경)…p. 74		
			1760 세브르에 '왕립 세브르 자기제작소' 명칭을 수여(프)		
			1761 님펜부르크 막스밀리안 3세 요제프가 가마를 궁전 정원으로 이전(독)		
			1763 카페엠 베를린 창업(영)…p. 54		
			1764 호레이스 월폴이 고딕 소설『오트란트 성』 발표(영)…p. 179		
	고딕 부고(영) (18세기 후반~20세기 초)…p. 178		1770 스포드 창업(영)…p. 88 → 조사이아 스포드(영)…p. 269		1770 마리 앙투아네트와 루이 16세 결혼(프)
		루이 16세 양식 (18세기 후반)…p. 160	1774 웨지우드: **'재스퍼웨어' 완성**		1774 루이 16세 통치시대 (~1792)
			1775 로얄코펜하겐 창업(덴)…p. 112		
			1775 **로얄코펜하겐** **'블루 플루티드'**…p. 112		

18세기		1776 미국 독립
	1779 스포드, 본차이나 제품화에 성공 (연도에는 여러 설이 있음)	
	1782 **로얄 리모주** **'마리 앙투아네트'** ※당시는 세브르가 제작	
	1783 **'윌로 패턴'** (1780년경~)…p. 96	
	1784 스포드 동판전사기술을 확립(영) 빈 가마, 조르겐탈 시대로 황금기를 맞이함	
	1788 **로얄 우스터** **'로열 릴리'**	
		1789 프랑스 혁명(~1799) …p. 232
	1790 **로얄코펜하겐** **'플로라 다니카'**	
	1793 민턴 창립(영)…p. 92	
19세기	1804 세브르가 '제립 가마'가 됨(프)	1804 나폴레옹 즉위(~1814) (프)
		1811 조지 3세 황태자가 섭정을 시작(~1820)(영)
	1813 영국에서 이마리 패턴이 유행 (18세기 초)…p. 177	
	1814 후첸로이터 창업(독)…p. 56	1814 빈 회의(~1815)

루이 16세 양식

고딕 복고(영)

나폴레옹 양식
(18세기 말~19세기 전반)…p. 188

앙피르 양식(1804~1815)

리젠시 양식
(1811~1820)…p. 177

19세기	고딕 복고(양)	엠파이어 양식	리젠시 양식	비더마이어 양식 (19세기 전반~중반기경)…p. 184	

1815 로얄 덜튼 창업(영)…p. 98
빈 회의 기간 중 각국의 왕후와 귀족이
빈 가마를 방문(오)

1815 빈 체제(~1848)
…p. 240

1816 **스포드**
'블루 이탈리안'(영)

1821 지앙 창업(프)…p. 136

1822 후첸로이터, 독일 최초의
민간 자기공방으로 인가(독)

빈 가마(아우가르텐)
'비더마이어'(18세기 초)
'물망초'(18세기 초)

1826 헤렌드 창업(헝)…p. 106

1839 안데르센의 『그림 없는
그림책』 초판 발행
…p. 210

1842 하빌랜드 창업(프)…p. 70

1844 임페리얼 포슬린 창업(러)…p. 101

**사실
주의**

1848 2월 혁명 프랑스
제2공화정 성립

1849 민턴이 '마졸리카유(채색 석유도기)'를 개발(영)
…p. 133
통칭 민턴 마졸리카, 빅토리안 마졸리카로
불리며 영국과 미국 등에서 크게 히트함
※사진은 1880~1890년대의 빅토리안 마졸리카

인상파
…p. 193

1851 헤렌드
'빅토리아 부케'(헝)
…p. 106

1851 제1회 런던 만국박람회
…p. 245

1852 프랑스 제2제정(~1870)

1853 파리 대개조(~1870)
…p. 242
뉴욕 만국박람회,
페리 함대의 일본 도착

19세기	고딕 부흥(영)			1854	미일 화친조약(일), 황제 프란츠 요제프가 엘리자베트와 결혼
		1855	**민턴 '스트로베리 엠보스'**(영)	1855	제1회 파리 만국박람회
				1861	미국 남북전쟁(~1865), 러시아 농노해방론, 이탈리아 왕국 설립
				1862	비스마르크가 철혈 정책을 제창(독), 제2회 런던 만국박람회
		1863	민턴 '애시드 골드 기법' 개발(영) 베르나르도 창업(프)…p. 67		
		1864	빈 가마 폐업(오)	1864	슐레스비히-홀슈타인 전쟁 …p. 248
	자포니즘 (19세기 후반~20세기 초)…p. 192	1867	**헤렌드 '인디안 플라워'**(헝)	1867	제2회 파리 만국박람회 오스트리아=헝가리 이중 제국 성립
		1870	민턴 '파트 쉬르 파트 기법' 도입(영)	1870	프로이센-프랑스 전쟁 (~1871)…p. 249 프랑스 제3공화정, 영국 웨스트민스터 궁전 재건
				1871	독일 제국 성립, 독일 통일…p. 248
		1873	**로얄 우스터 '사쓰마 자기 모작'**(19세기 후반)		
		1873	아라비아 창업(핀)…p. 118		

19세기	고딕 부고(영)	후기 인상파	1876 하빌랜드, 에르네스트 샤플레가 '바르보틴' 개발(프)…p. 71 **사르그민 '바르보틴'** …p. 133	1876 필라델피아 만국박람회 1878 제3회 파리 만국박람회
			1879 로젠탈 창업(독)…p. 57	
			1881 이딸라 창업(핀)…p. 120	
	빅토리안 고딕(영) (19세기 후반~20세기 초)…p. 182		1886 로얄코펜하겐, 아르놀 크로그가 언더글레이즈 (유하채 p. 202) 연구를 시작(덴)	
		세기말 예술 (19세기말~20세기 초)…p. 196	1888 **로얄코펜하겐 '블루 플루티드'** 부활 (언더글레이즈 기법 사용)	1888 바르셀로나 만국박람회
			1889 로얄코펜하겐, 크리스털 글레이즈(수정유)를 완성	1889 제4회 파리 만국박람회, 파리에서 물랭루즈가 개업(프) 1890 유럽 세기말 …p. 196
			1900 **로얄코펜하겐 '마가렛'** ※사진은 복각판 '한여름밤의 꿈'	1900 제5회 파리 만국박람회 (아르누보전)
20세기		아르누보 (19세기말~20세기 전반)…p. 200	1904 일본도기합명회사 창립(일)…p. 126 ※노리다케의 전신 1908 일본경질도기 주식회사 창립(일)…p. 125 ※니코의 전신	1904 미국 세인트루이스 만국박람회 1910 브뤼셀 만국박람회
		현대	1913 **올드 노리다케**…p. 207 (20세기 초)	1914 제1차 세계대전(~1918)…p. 252 다이쇼 모던과 시라가바파 (일)…p. 254

20세기	아르데코 (1910년대 중반~1930년대)···p. 202			
		1925 **베르나르도 '보스턴'** ···p. 67		1925 파리에서 현대 장식미술 및 산업미술 국제박람회 (아르누보전) 개최
				1926 일본 민예운동···p. 256
		1928 **오쿠라도엔 '블루 로즈'** ···p. 128		
		1930년경 **아우가르텐 '멜론'** ···p. 102		1929 세계 공황, 바르셀로나 만국박람회
		1934 **셸리 '프루츠 보더 패턴'** ···p. 207		
		올드 노리다케 (1920년대~1945년경)···p. 207		
				1937 파리 만국박람회
				1939 제2차 세계대전(~1945)
		1946 나루미 제도 주식회사(나루미) 창업···p. 125		
				1949 독일연방공화국(서독), 독일민주공화국(동독) 성립
	스칸디나비아 디자인 (1950년대 북유럽)···p. 122	1952 **로스트란드 '몬아미'** ···p. 114		
		1953 **아라비아 '킬타'** ···p. 119 ※사진은 현재 생산품인 이딸라의 '띠마'		
			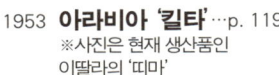	
		1960 **로스트란드 '에덴'** ···p. 114		
		1965 **웨지우드 '와일드 스트로베리'** ···p. 270		
		1969 **아라비아 '파라티시'** ···p. 118		

> 역사 용어

일본의 올드 이마리를 서양으로 유입한
[네덜란드 동인도회사]

> 아시아 지역의 물산을 유럽에 직접
> 수입하기 위한 국책회사

유럽 각국이 설립

　동인도회사는 17~19세기에 유럽 국가들이 아시아 지역의 물산을 직접 수입하기 위해 설립한 국책 기업을 말한다. '인도'라고 하면 아무래도 인도만의 무역회사라고 생각하기 쉽지만, 당시 서양인에게 '인도'는 아시아 전 지역을 가리키는 말이었다. '동인도회사=정부가 설립한 동아시아 무역회사'라고 생각하는 것이 좋다.

　유럽 각국이 동인도회사를 설립했다. 홍차를 좋아하는 사람이라면 영국 동인도회사가 인도에서 대량의 홍차를 수입한 것을 알고 있을 것이다. 유럽 각국의 동인도회사 중 최고로 군림한 것이 네덜란드 동인도회사(VOC, Vereinigde Oost-Indische Compagnie)였다.

설립 배경

　우선 동인도회사 설립 배경을 살펴보자.
　콜럼버스의 신대륙 발견에서 비롯된 대항해 시대 이후 유럽 각국은 세계 무역에 나서게 된다. 선두를 끊은 곳은 콜럼버스의 후원국이었던 스페인이다. 아메리카 신대륙에서 가져온 금, 은 등의 부와 다수의 식민지로 인해 '해가 지지 않는 나라'로서 번영을 이룩하며 황금시대를 맞이했다.

　반면 포르투갈은 세계 최초로 아시아에 진출하여 인도와 마카오에 거점을 두고 향신료 무역을 독점했다. 당시 유럽에서는 식문화가 다양해지면서 향신료 수요가 커지고 있었다.

하지만 향신료는 육로를 이용해 이슬람 상인으로부터 비싼 값에 살 수밖에 없었다.

중세 시대 향신료는 매우 비쌌다. 후추는 금과 같은 가격으로 약으로도 사용되었다.

세계 무역의 주도권은 네덜란드가 장악

　당시 인도와 유럽 사이 육로는 오스만 제국 등 이슬람 국가들이 지배하고 향신료 등에 높은 세금을 부과하고 있었다. 그 때문에 유럽 국가들은 이슬람 국가를 경유하지 않고 향신료를 수입하는 것이 오랜 꿈이었다. 그래서 주목한 것이 대서양을 이용한 바닷길 개척이었다. 선두는 포르투갈로 1498년 바스쿠 다가마는 바닷길을 타고 인도 캘리컷(현 코지코드)에 도착해 향신료를 유럽으로 가져오는 데 성공했다. 이후 유럽 각국이 세계 무역에 나섰는데 포르투갈 다음으로 세계 무역의 주도권을 잡은 것이 네덜란드 동인도회사였다.

　왜 네덜란드였을까? 그것은 네덜란드인이

칼뱅파 개신교였던 것과 큰 관련이 있다. 이 부분은 종교개혁(p. 226)이 영향을 미치는 부분이기 때문에 꼭 병행하여 읽어보길 권한다. 네덜란드는 원래 현재의 네덜란드와 벨기에가 합쳐진 나라였다. 네덜란드는 가톨릭 국가인 스페인이 지배하고 있었는데 네덜란드의 게르만계 시민들 사이에는 칼뱅파 개신교의 신앙이 퍼지게 된다. 칼뱅파의 사고방식은 근면하고 금욕주의적이고 엄격한 신앙생활을 하며 모은 재산을 투자로 돌리는 것이었다. 현재의 자본주의의 근간을 이루는 사고방식이라고도 할 수 있다. 부유한 상공업자들 사이에 칼뱅파 신앙이 전파되어 갔다.

그러다가 16세기 후반 스페인 왕 펠리페 2세가 중세를 부과하면서 가톨릭 신앙을 강요하는 바람에 독립전쟁이 발발하게 된다. 스페인과 같은 라틴 민족으로 가톨릭교인 플랑드르(벨기에)는 도중에 전쟁을 중지했지만 네덜란드는 1581년 독립을 선언하고 스페인군을 물리쳤다. 이렇게 해서 개신교를 국교로 한 공화정의 나라 네덜란드가 탄생하게 된 것이다.

데지마를 통해 일본과도 무역

스페인의 오랜 지배로부터 독립을 쟁취한 네덜란드는 "세상은 신이 만들었지만 네덜란드는 네덜란드인이 만들었다."라고 할 정도로 자국에 대한 강한 자부심을 갖고 있었다. 신앙을 지키고 저습지를 개척하여 국토를 넓혔다는 자부심이 상당했던 것이다.

독립한 네덜란드는 즉시 1602년에 '네덜란드 연합 동인도회사'를 설립했다. 이 회사는 세계 최초의 주식회사로 불린다. 아시아 무역에 참여하여 17세기 전반에는 포르투갈을 대신하여 향신료 무역을 독점했다. 나아가 나가사키의 데지마에서 쇄국 중이던 일본과 무역을 하여 한때 세계 무역의 선두를 차지했다. 이 시기가 네덜란드의 황금시대이다. 참고로 '해가 지지 않는 나라' 스페인이 급속히 쇠퇴하고 신흥국 네덜란드가 갑자기 번영한 배경에는 스페인의 추방령에 따라 네덜란드로 도망쳐 온 유대인의 금융자산도 있다.

이렇게 네덜란드 동인도회사를 통해 데지마에서 올드 이마리 등의 도자기가 서양으로 대량 운반되었다.

네덜란드 동인도회사 부용수 플레이트의 복제품

정리

- 동인도회사는 유럽 국가들이 아시아의 물산을 수입하기 위한 국책기업이었다. 인도=아시아 전역이란 뜻이다.
- 원래 아시아 무역은 향신료 수입에서 출발했다. 17세기 세계 정상에 군림한 네덜란드 동인도회사는 칼뱅파 개신교로 장사에 능숙하였고 쇄국 중이던 일본과도 무역을 개시했다.
- 네덜란드 동인도회사에 의해 데지마에서 네덜란드, 나아가 유럽 국가들로 도자기가 유입됐다.

역사 용어

에도 시대 '남만 무역'의 거점
[데지마]

> 남만 무역의 거점에서 네덜란드와 중국의
> 무역 창구가 되다

에도 시대의 대외무역을 거의 독점

데지마出島는 에도 막부가 해외와 무역 거점으로 유일하게 인정한 나가사키의 인공 섬이다. 이 작은 섬에서 기독교의 확산을 막으면서 해외 교섭과 무역을 양립하는 어려운 교역 컨트롤을 실현했다. 3대 쇼군 도쿠가와 이에미쓰의 큰 업적 중 하나라고 해도 좋을 것이다. '남만(남쪽의 오랑캐) 무역'이라 불리던 포르투갈, 스페인과의 무역은 총포가 전래된 1543년부터 시작되었다. 하지만 가톨릭 국가였던 양국은 교역과 포교를 병행하였고 에도 막부에 의해 내항이 금지되었다.

대신 대두된 것이 칼뱅파 개신교의 나라 네덜란드였다. 선교 활동보다 장사를 중시한 네덜란드인과 막부의 의중이 일치하며 일본이 유일하게 교역한 유럽의 나라가 되었다. 네덜란드 동인도회사는 1602년 창립 후 불과 7년 만인 1609년에 나가사키현 히라도에 네덜란드 상관을 설립했다. 그리고 1641년에 네덜란드 상관을 히라도에서 데지마로 옮겼다.

조선인 도공에 의해 태어난 일본 자기

원래 네덜란드 동인도회사의 주요 구입처는 명나라(중국)였으나 17세기 중반에 명나라가 쇠퇴하자 상품을 구할 수 없게 되었다. 그때 네덜란드가 대체지로 주목한 곳이 바로 옆 나라 일본이었다. 1650년 네덜란드 동인도회사에 의해 최초로 올드 이마리가 유럽으로 수출되었다. 사실 일본도 자력으로 자기를 개발한 것이 아니라 조선인 도공의 도움을 빌렸다. 일본에 귀화한 조선인 도공 이삼평이 아리타에서 카올린(p. 20)을 발견해 1616년에 처음으로 백자를 완성했던 것이다.*

올드 이마리는 긴 시간이 걸리는 장거리 수송에 견딜 수 있도록 포장을 전문으로 하는 밧줄 장인이 밧줄로 단단히 묶은 후 선적되었다. 대형 항아리는 한 개씩, 대접은 수십 개를 겹쳐서 쌀가마니 모양으로 포장되었다. 이렇게 네덜란드 동인도회사에 의해 아시아와 유럽 각국의 왕후와 귀족의 품으로 올드 이마리가 옮겨졌다.

* 역자 주) 정유재란(1597) 때 이삼평을 비롯한 150여 명의 도공들이 계획적으로 납치되어 아리타 지역에 유폐된 채 일본 도자기 문화의 지평을 열었다. 비록 창씨개명이기는 하나 일본에서 무사 계급에게만 주어진 성姓을 부여하고 가문 대대로 녹봉을 지급하는 등 일부 도공을 극진히 대한 것은 사실이다. 훗날 조선에서 이삼평에게 귀국할 것을 회유하였으나 거절하였다는 데에서 도공의 기술과 국가에 기여 가능한 잠재력을 천시했던 조선에서 천민으로서 도공들이 처했던 삶의 한을 짐작할 수 있다.
300여 년 후 일본에서는 이삼평을 도자기의 조상으로 모시는 신사를 세우고 1917년부터 도조제를 지내고 있다. 1990년 충남 공주시에 한일공동으로 '도조 이삼평비'가 세워졌다. 또한 드레스덴 도자 박물관 입구에 '일본 도자는 조선 도공 이삼평으로부터 시작됐다.'라고 쓰여 있다고 한다.

17~18세기의 올드 이마리 수출품. 주문 시에는 유럽인의 취향과 용도에 관한 세세한 요구사항이 달려 있었다. (나가사키 하우스텐보스 내 포르셀레이너 뮤지엄에서 촬영)

한편 올드 이마리는 '오래된 아리타 자기'를 지칭한다. 이는 아리타 자기가 이마리항으로 운반되어 거기에서 바닷길을 통해 데지마로 운반되었기 때문이다. 당시 자기 제조기술은 극비 중의 극비로 어디서 만들었는지도 밝히지 않았기 때문에 아리타라는 이름을 쓸 수 없었다. 현재도 '이마리'라고 하면 유럽에서는 일본 자기의 대명사로 알려져 있다.

'오란다 자기'로 수입된 도자기

흥미롭게도 데지마에서 최초로 올드 이마리를 수출한 이후 약 200년 뒤인 19세기에 지층에서 영국과 네덜란드에서 생산된 동판전사(p. 27) 도기가 대량으로 출토되었다.

이 도기들은 당시 네덜란드에서 전파된 서구 문명에 빠져 있던 일부 일본인이 '오란다(네덜란드의 일본식 명칭) 자기'라고 불리며 인기를 모았기 때문이다. 출토된 도자기를 보면 윌로 패턴(p. 96)이나 와일드 로즈 디자인이 특히 인기가 있었던 듯하다.

현재 데지마에 남아 있는 네덜란드 상회의 캡틴 룸(최고 책임자의 방)의 테이블웨어로 윌로 패턴이 재현되어 있다. 출토된 도자기 제조사는 대븐포트, 스포드, W. 애덤스 앤드 샌즈, 도슨 등 영국의 명품 가마와 네덜란드의 페트뤼스 레하웃 등이다. 에도 시대에서 메이지 시대까지 데지마에서 도자기가 수출되었을 뿐만 아니라 수입도 되었다는 것은 잘 알려져 있지 않지만 식기를 통한 은밀한 국제 교류가 있었던 것이다.

영국 도슨 가마의 와일드 로즈
테두리에 꽃무늬가 있고 중앙에 픽처레스크가 있는 조합은 영국인들이 좋아했던 패턴이다.

네덜란드의 페트뤼스 레하웃 가마의 '혼크' 번지기 기술을 발휘한 시누아즈리 문양

요약

- 나가사키현 데지마는 에도 막부가 유일하게 인정한 외국 무역의 거점이었다.
- 1616년에 최초로 일본 아리타에서 자기가 만들어졌고 1650년에 네덜란드 동인도회사가 처음으로 올드 이마리를 수출했다(유럽 수출은 1657년).
- 에도 시대에는 영국과 네덜란드의 동판전사 도자기가 데지마로 수입되었다. 윌로 패턴과 와일드 로즈 등의 디자인이 인기가 있었다.

역사 용어

바로크 양식 탄생의 계기가 된
[종교개혁]

유럽 역사의 일대 사건인
종교개혁을 알면 유럽이 보인다

개신교와 가톨릭의 차이

종교개혁은 세계사의 분기점이 된다. 단순히 종교적 사건을 넘어 유럽의 근대화로 이어지는 획기적인 사건이다. 유럽 문화를 이해하기 위한 기초지식이므로 꼭 파악해두자.

기독교는 주로 가톨릭과 개신교라는 종파로 크게 나뉜다. 종교개혁을 간단히 말하면 원래 주류였던 가톨릭에 반발하여 새로운 종파인 개신교가 탄생한 종교운동이라 할 수 있다. 가톨릭의 교의에 대항하여 태어났기 때문에 '항의하는 자'라는 뜻의 '프로테스탄트(개신교)'라는 이름이 붙었다.

가톨릭과 개신교가 근본적으로 다른 점은 '하느님과 일반 신도의 연결 방식'이다. 원래 가톨릭은 하느님과 일반 신도가 직접 연결되지 못했다. 일반 신도가 하느님과 연결되기 위해서는 반드시 사제(교회)의 중개가 필요했다. 과거 『성경』은 고대 유럽에서 사용했던 라틴어로 기록되어 있어 교양 있는 사제나 지식인만이 읽을 수 있었다. 일반 서민들은 라틴어로 쓰인 『성경』은 읽을 수 없었고, 교회에서 배운 것 외에는 알 수 없었다. 그렇게 함으로써 교회는 지식의 격차 구도를 만드는 데 성공했고 모든 권력을 손아귀에 넣을 수 있었다.

이는 중세 시대의 지식의 가치, 즉 '지식의 최고 클래스'가 기독교(신학)였기 때문에 생긴 일이다. 고대 그리스와 로마 시대에는 지식의 최고 클래스가 철학(이 시대 철학과 과학은 같은 범주였으므로 과학을 포함한다)이었다. 하지만 교회가 세력을 확장함과 동시에 이 위상이 뒤바뀌게 된 것이다. 현대에 지식의 최고 클래스가 다시 철학과 과학으로 돌아간 것은 로코코 시대의 계몽사상(p. 231) 덕분이다.

루터가 그려진 컵
(코부르크성, p. 60)

권능	가톨릭	개신교
역사	11세기경~	16세기~
교파	로마 가톨릭	루터파, 칼뱅파 등
교회 조직	로마 교황을 정점으로 한 피라미드 구조	교파별로 독립된 구조
우상숭배	인정	부정

루터가 『성경』을 독일어로 번역하다

가톨릭 사제들은 엄격한 계급제도를 가지고 있었는데 정점이 바티칸 시국의 교황(법왕)이었다. 16세기 화려한 것을 좋아하는 교황 레오 10세는 대부호이자 귀족인 메디치 가문 출신이었다. 그는 로마의 성베드로 대성당의 건축 자금을 마련하기 위해 '이것을 사면 죗값을 치르고 죽은 뒤에 천국으로 갈 수 있다'는 지폐 '면죄부'를 판매했다. 부패한 교회의 지배하에 있던 당시 시대상이 고스란히 드러나는 일화이다.

1517년 신성로마제국의 성직자이자 대학 교수였던 마르틴 루터가 이 면죄부에 반대하는 「95개조의 반박문」을 발표한다. 그는 죄를 용서해주는 것은 교회가 아니라 하느님뿐이라고 주장했다. 동시에 백성들이 면죄부를 믿어버린 것은 『성경』의 내용을 모르기 때문이라며 '『성경』을 민중의 손에'를 구호로 교회의 지배 구도를 무너뜨리려고 시도했다. 그것은 바로 『성경』을 독일어로 번역하는 것이었다.

가톨릭에서 파문된 루터는 신성로마제국인 작센의 선제후의 비호를 받으며 독일 백성들이 읽을 수 있도록 『성경』을 라틴어에서 독일어로 번역하는 데 힘썼다. 마찬가지로 작센의 선제후의 궁정 화가이자 루터의 절친인 루카스 크리나흐 역시 글을 읽지 못하는 백성들도 알 수 있도록 삽화를 그렸다. 에로틱한 그림을 잘 그리는 당시 인기 화가의 삽화가 들어간 독일어역 『성경』은 대히트를 치면서 "면죄부는 『성경』에 나오지도 않는다"며 부패한 가톨릭에 대한 세간의 비난으로 이어졌다.

"사람은 교회가 아니라 믿음으로만 구원을 받는다"는 루터의 가르침은 교황과 대립하는 일부 독일 제후, 시민, 농민에게 순식간에 확산되었다. 이것이 바로 종교개혁이다.

루터의 종교개혁은 음악개혁이기도 했다. 이는 잘 알려져 있지 않지만 중요한 일이었다. 음악가이기도 했던 루터는 찬송가도 독일어로 작사해 일반 신도들이 부를 수 있도록 했다. 원래 가톨릭 전례(교회 의식)에서는 엘리트 프로 집단인 성가대만이 라틴어로 찬송가를 부를 수 있었다. 따라서 독일어 찬송가는 현대의 찬송가의 원조이자 진면목이라고 할 수 있다.

개신교는 주로 루터파와 칼뱅파로 나뉜다. 칼뱅파는 프랑스에서는 '위그노', 영국에서는 '청교도'라고 불린다. 네덜란드는 칼뱅파로 이 책에서는 앞으로 칼뱅파 신도들이 도자사에 큰 영향을 끼쳤다는 이야기를 종종 하려고 한다. 그러니 칼뱅파=위그노=청교도=네덜란드 동인도회사와 연결하여 기억하자.

마르틴 루터

요약

- 기독교에는 가톨릭과 개신교 양대 종파가 있다. 개신교는 주로 루터파와 칼뱅파로 나뉜다. 칼뱅파는 '위그노' '청교도'라고도 한다.
- 루터는 교회가 민중을 통제하는 것에 반발하여 『성경』을 독일어로 번역했다. 찬송가도 독일어로 작사하여 일반 신도가 신과 직접 연결될 수 있었다.
- 유럽에서 '지식의 최고 클래스'가 고대 그리스와 로마 시대에는 철학과 과학이었다. 하지만 중세에 오면서 교회의 세력이 강해져 신학이 역전한다. 로코코 시대에 계몽사상이 확산되면서 다시 철학과 과학으로 회귀하여 오늘날에 이른다.

역사 용어

여제 마리아 테레지아가 경험한
[페티코트 동맹과 7년 전쟁]

두 번의 전쟁이 도자기와 마리 앙투아네트의
운명을 결정짓다

여제 마리아 테레지아의 통치 시대

합스부르크 가문 최고의 호걸로 손꼽히는 여제 마리아 테레지아는 1717년 신성로마제국의 황제 카를 6세의 장녀로 빈에서 태어났다. 1718년 빈 가마(p. 102)가 창업했으니 마리아 테레지아가 태어난 이듬해에 빈 가마가 창업했다고 연상하면서 그 출생연도 1717을 기억하자.

빈 가마는 유럽에서 마이센에 이어 두 번째로 창업한 자기 가마이다. 당시는 아직 '자기=하얀 금'이라 불리며 유럽 각지가 모두 자기 제조법을 알아내려고 혈안이 되어 있던 시기였다. 즉 마리아 테레지아의 시대는 유럽이 자기 제조에 성공하고 국력과 재력을 과시했던 시대다.

테레지아는 부친의 사후에 합스부르크가의 영토와 가문의 수장 자리를 계승하여 현재의 오스트리아, 헝가리, 보헤미아 등을 통치하는 실질적인 여제가 되었다. 그녀는 사망하기까지 약 40년의 재위 기간 중 두 번의 전쟁을 치렀다. 오스트리아 왕위 계승 전쟁과 7년 전쟁이다. 두 전쟁을 겪으면서 마리 앙투아네트가 정략결혼을 통해 프랑스에 시집을 갔고, 독일에 카페엠 베를린(p. 54)이 탄생했다. 또한 7년 전쟁에서 오스트리아는 패전국이 되었지만 이 역경을 발판으로 계몽사상(p. 231)이 확산되면서 빈은 비약적으로 발전했다.

빈 가마의 백스탬프는 합스부르크가의 방패형 문장이었으나 폐업한 후에 아우가르텐이 계승했다.

오스트리아 왕위 계승 전쟁 (1740~1748년)

간단히 말하자면 오스트리아 왕위 계승 전쟁은 아들을 얻지 못한 테레지아의 부친 카를 6세가 자신의 후계자로 장녀인 테레지아를 선택하면서 벌어진 전쟁이다. 이 전쟁의 계기는 분명 계승자 문제로 시작되었지만, 그보다 중요한 것은 오스트리아-프로이센의 영토 쟁탈이다. 주요 등장인물은 두 명으로 프로이센의 프리드리히 대왕과 테레지아이다. 최종적으로 프로이센에 슐레지엔(영토 중 가장 부유한 지역)을 넘겨주었지만, 그 외의 땅을 지키고 주변국들이 테레지아의 왕위와 합스부르크가의 영토 계승권을 인정하게 하는 결과를 얻어냈다. 이때 테레지아는 아직 20대 초반의 젊은 나이였다.

세 여성의 동맹

이후 테레지아는 슐레지엔을 되찾기 위해 움직였고 7년 전쟁으로 이어졌다. 테레지아는 전례 없는 외교 혁명을 일으켰다. 그동안 숙적이었던 프랑스의 부르봉 가문(정확히는 루이 15세의 공식 정부였던 퐁파두르 부인)과 손을 잡고, 러시아의 엘리자베타 여제를 설득해 프리드리히 대왕을 궁지에 몰아붙였다. 이에 프리드리히 대왕은 세 여성의 동맹을 '세 장의 페티코트(여성 속옷) 동맹'이라며 야유했다. 어찌됐든 여성들에 의해서 동, 서, 남으로부터 프로이센

7년 전쟁에 의해 카페엠 베를린이 탄생했다. (님펜부르크 도자기 박물관에서 촬영)

포위망이 완성된다.

한편 이를 계기로 손을 잡게 된 오랜 라이벌 관계인 오스트리아와 프랑스는 그 우호의 증거로 테레지아의 막내딸 마리 앙투아네트를 프랑스 루이 16세의 품으로 시집보내게 되었다.

7년 전쟁 (1756~1763년)

1756년 프리드리히 대왕이 갑자기 작센 선제후령으로 쳐들어온다. 페티코트 동맹에 초조함을 느낀 프리드리히 대왕이 방어책으로 선수를 친 것이다. 작센 하면 마이센이 탄생한 땅. 이때 프로이센군은 마이센의 장인을 데려왔고 그 후 탄생한 것이 카페엠 베를린(p. 54)이다.

당초 전쟁은 프로이센이 밀리는 경향이 있었지만 상황이 급 전개된다. 1762년 페티코트 동맹의 중요한 일원이었던 러시아의 여제 엘리자베타가 급서했고 그녀의 뒤를 이어 표트르 3세가 즉위했다. 그는 프리드리히 대왕의 숭배자였다.

이로 인해 러시아가 전선을 이탈하면서 형세가 역전된다. 프로이센은 승리했고 오스트리아는 소중한 슐레지엔을 탈환하지 못하고 전쟁이 끝나버렸다. 테레지아는 전쟁의 패배를 계기로 오스트리아가 낙후된 나라임을 절감했다. 그리고 계몽사상을 확산하기 위한 정책 등 다양한 개혁을 추진했다.

한편 프랑스는 전쟁에 정신이 팔린 사이 캐나다를 비롯한 식민지를 영국에게 빼앗기는 안타까운 결과가 초래되었다. 소설 『빨간 머리 앤』에서는 캐나다인 앤이 스코틀랜드계 영국 이민자로 등장하는데 일가족이 프랑스인을 하인으로 쓰는 것은 이 때문이다.

그리고 프랑스가 재정 파탄 상태에 빠진 것이 마리 앙투아네트의 낭비 때문이라고 알려져 있는데 실제로는 식민지를 빼앗긴 것과 7년 전쟁에 막대한 전쟁 비용이 들어간 것이 첫 번째 원인이었다. 재정난으로 인한 민중의 불만이 훗날 프랑스 혁명으로 이어졌다.

아우가르텐의 '마리아 테레지아'

요약

○ 두 전쟁으로 마리 앙투아네트가 프랑스로 시집을 갔다.
○ 프로이센군이 마이센 장인을 데려와 카페엠 베를린(p. 54)이 탄생했다.
○ 마이센 가마에서 비법인 자기 제조법이 알려져 유럽 각지에 자기 가마가 탄생했다.
○ 오스트리아가 근대 국가로서 제도를 정비하고 그 후 발전의 초석을 마련했다.

> 역사 용어

'신에게만 의지해서는 안 돼!'라는 과학적인 사고방식
[계몽사상]

> 과학적 근거에 기초한 정치로
> 근대화로 진입하다

유럽의 근대화와 진보의 원천

계몽사상이란 쉽게 말해 '이론적, 과학적으로 옳다고 생각하는 것을 따르는 사상'으로 '신이나 왕이 절대자가 아니다.'라는 생각이기도 하다.

앞에서 설명한 대로 유럽의 암흑시대라 불리는 중세는 '지식의 최고 클래스'가 신학이었다. 그래서 '천재지변이나 역병 등은 악마나 마녀나 드래곤의 짓'이라는 근거 없는 미신이 횡행했으며 '그림은 종교화, 노래는 성가여야 한다'는 기독교 식의 가르침이 만연했다.

하지만 18세기에 이르러서 '좀 더 과학적인 근거에 기초한 이론적인 사고로 일을 해결하자'는 생각이 점차 확산되면서 계몽사상이 생겨났다. '지식의 최고 클래스'가 고대 그리스와 로마 시대처럼 철학과 과학으로 다시 돌아간 것이다.

계몽사상이 미친 영향은 강렬했다. 프랑스에서는 계몽사상의 고조로 절대 왕정이 무너졌고 프랑스 혁명의 계기가 되기도 했다. 유럽이 세계 최초로 근대화와 과학의 눈부신 진보를 이룬 것도 계몽사상 덕분이다. 여기서는 계몽사상의 구체적인 예로 마리아 테레지아의 개혁을 설명하겠다.

마리아 테레지아의 문화혁명

마리아 테레지아는 재위 중에 오스트리아 왕위 계승 전쟁과 7년 전쟁(p. 228)을 겪었다. 그녀는 전쟁의 패배로 빈이 주변 국가에 비해 문화적, 과학적으로 뒤처졌음을 절감했다.

16세기 이후 빈에서는 모든 문화적 영역이 가톨릭(예수회)에 의해 장악되었다. 따라서 가톨릭에 저촉되는 사상이나 인물이 모두 검열로 제한되면서 근대적 학문의 유입과 전파가 사실상 차단된 상태가 되고 있었다. 전문서 『해부학』이 '음란한 책'으로 발행이 금지될 정도였다.

테레지아는 독실한 가톨릭 신자이긴 했지만 '이대로 가다가는 빈이 근대화된 주변국들에 휩쓸리고 말 것'이라는 위기감을 느꼈다. 이 상황을 타개하기 위해 계몽사상을 확산한다는 정치적 판단을 내리게 됐다. 그녀는 빈을 근대화하기 위해 예수회와 거리를 두는 정책을 차례로 내놓았다. 이러한 검열제도의 개혁으로 전문서 『해부학』도 비로소 '학술서'로 다루게 되었다.

계몽사상이 널리 퍼진 빈에는 지식인들이 많이 모이게 됐고 문화적으로나 경제적으로 발전하게 됐다.

계몽사상으로 박물학이 발전했다.

> 역사 용어

사회적으로도 도자사적으로도 중요한 전기가 된
[프랑스 혁명과 영국 혁명]

프랑스에서는 미술 양식의 변화가 일어나고
영국에서는 산업혁명하에 민간 가마들이 출현하다

현대로 이어지는 문화와 가치관의 기반

도자기 문화의 융성을 자랑하던 18세기에서 20세기 초의 200년간은 인류가 문명사회를 시작한 수천 년 역사에서 가장 격동적인 시대였다. 도대체 어떤 시대였을까? 그것이 왜 도자기 문화의 융성과 겹치는 것일까?

각 분야가 현대인이 당연하게 가진 감각과 가치관에 도달한 것은 20세기 초였다. 미술에서는 아르데코, 음악에서는 재즈, 패션에서는 샤넬 슈트 등이다.

약 200년간 사람들은 때때로 헤매고 때때로 멈춰서면서 각 시대의 문화를 만들어냈다. 신구 가치관의 충돌로 고민하고 고통받고 몸부림쳤기 때문에 다양한 문화가 탄생한 것이다. 문학, 음악, 미술, 도자기 분야에도 당시 사람들의 다양한 모색을 표현한 많은 걸작이 탄생했다.

과거 중세는 악마나 드래곤 등 근거 없는 미신이 만연했고 견고한 계급제도에 지배되는 시대였다. 18세기에 이르러 계몽사상(p. 231)이 보급되면서 과학적 근거에 기초한 정책이 시행되고 산업도 합리적인 기계화가 진행되었고 사업에서 성공한 일부 시민들은 재력을 갖게 되었다.

프랑스 혁명은 이런 배경하에서 민중의 봉기로 일어났다. 당시 인구의 겨우 2%에 불과한 제1신분의 성직자와 제2신분의 왕후와 귀족이 국토의 절반을 소유하고 있었다. 그런데다 그들은 세금도 면제를 받았다. 반면 나머지 98%인 제3신분의 시민과 농민들은 무거운 세금으로 피폐해 있었다. 이러한 불평등을 뒤집고자 1789년 파리 시민들의 바스티유 감옥 습격을 계기로 프랑스 혁명이 발발한다. 숫자가 7, 8, 9로 이어서 기억하기 쉽기 때문에 연도를 꼭 기억하기 바란다. 18세기 말에 일어난 프랑스 혁명을 하나의 좌표로 삼아 사물을 생각하면 아주 쉽게 이해할 수 있다.

이후 혁명으로 왕정이 폐지되고 프랑스 국왕 루이 16세와 왕비 마리 앙투아네트는 1793년에 처형되었다. 18세기 말 프랑스 혁명을 계기로 확산된 '모든 인간의 자유와 평등'이라는 생각은 현대까지 이어지는 인권에 대한 기본적인 가치관이라고 할 수 있다.

프랑스 혁명은 미술 양식에서도 중요한 전기가 되었다. 왕정이 끝나면서 로코코 양식(p. 154)이 막을 내렸고 신고전 양식(p. 164)은 앙피르 양식(p. 172)으로 발전했다.

프랑스 혁명 후 앙피르 양식의 식기가 탄생했다.

마리아 테레지아의 문화혁명

영국에서는 프랑스 혁명보다 약 140년 정도 앞서 시민혁명이 일어났다. 1649년의 영국 혁명, 일명 '청교도 혁명'이다. 청교도란 칼뱅파 개신교(p. 226)를 말한다. 그들은 개신교의 한 파로 가톨릭 의식 그대로를 지켜온 영국 국교회에서 가톨릭의 성격을 배제하고 순결한 교회로 개혁하는 것을 목적으로 했다.

네덜란드에서 칼뱅파 상인들이 네덜란드 동인도회사(p. 222)를 일으켰듯이 가톨릭하에서는 경제 활동이 억제된 상공인들 사이로 칼뱅파 교리가 침투했다. 직업은 하느님께 부여받은 귀중한 것으로 여겨져 축재와 투자가 인정되었기 때문이다.

이처럼 영국에서도 상인들을 중심으로 증가한 청교도들이 의회를 지배하게 되자 의회파 리더인 크롬웰이 국왕 찰스 1세를 처형하고 공화정을 세웠다. 이것이 영국 혁명이다.

프랑스보다 한발 앞서 시민혁명을 경험한 영국은 도자기 분야에서도 그 영향이 두드러졌다. 18세기 산업혁명으로 도자기 산업이 달아오를 무렵 영국은 이미 절대 왕정이 아니라 왕은 군림하되 통치하지 않는 입헌군주제로 바뀌었다. 그래서 영국에서는 민간 도자기 제조사들이 업계를 이끌게 됐던 것이다.

역사를 흐름으로 파악해보면 시민혁명이 끼친 영향이 문화 분야에까지 파급된 모습을 볼 수 있다.

요약

- 18세기에서 20세기 초에 생겨난 문화가 도자기 문화를 뜨겁게 달궜다.
- 현대화의 전환점 중 하나가 1789년 프랑스 혁명이다. 왕정이 막을 내리면서 로코코 양식이 끝나고 신고전 양식에서 진화한 앙피르 양식으로 문화가 발전한다.
- 1649년 영국 혁명을 거쳐 18세기 산업혁명으로 도자기 산업이 번창할 당시 이미 왕족들은 실권을 잃었다. 영국에서는 민간 도자기 제조사들이 주류로 떠오른다.

역사 용어

영국을 세계 최강으로 만든 비인도적 노예무역
[대서양 삼각무역]

웨지우드와도 인연이 깊은 항구 도시 리버풀이
삼각무역으로 크게 발전하다

악명 높은 노예무역

리버풀은 웨지우드 창업자인 조사이아 웨지우드와 공동 경영자이자 친구였던 토머스 벤틀리가 만난 항구도시이다. 웨지우드 식기의 상당수가 리버풀 항구를 통해 수출되었다. 리버풀은 17세기경까지 작은 항구도시에 불과했지만 노예무역이 시작되며 17세기 말부터 갑자기 거대한 도시로 발전했다. 리버풀에서는 아프리카의 노예를 사들여 서인도제도와 신대륙에 파는 사업이 행해지고 있었다.

대서양 삼각무역(일명 노예무역)은 대항해 시대 이후 대서양을 사이에 두고 이루어진 유럽과 아프리카 대륙, 신대륙 간 무역이다. 영국은 삼각무역으로 막대한 이익을 거둠으로써 세계 최초로 산업혁명을 이룰 수 있었다.

영국인 상인들은 서아프리카에서 흑인 노예를 사서 노예선에 태워 신대륙으로 수송했다. 노예선은 비인도적이고 열악한 환경으로 악명이 높았다. 수많은 흑인 노예들이 영양실조, 전염병, 자살, 반란 등으로 신대륙에 도착하기도 전에 목숨을 잃었을 정도였다.

영국의 산업혁명을 뒷받침

대서양 삼각무역의 흐름은 이렇다. 먼저 직물 등 제조 가공품과 무기를 실은 배가 영국 항구에서 출발해 서아프리카 항구에 도착한다. 그곳에서 제품을 내리고 그 교환으로 얻은 흑인 노예들을 배에 태운다. 배는 거친 대서양을 건너 신대륙과 서인도제도로 향한다. 그곳에서 노예와 교환한 설탕, 커피, 담배, 면화 등을 배에 싣고 다시 영국으로 돌아온다.

삼각무역으로 가장 막대한 이익을 본 것은 영국이었다. 신대륙에서 노예노동으로 대규모로 면화를 생산하면 영국에서 면직물을 대량으로 만들어 저렴한 가격에 전 세계에 판매했다. 그리고 그 이익을 기계 설비에 투자하여 점점 생산량을 늘리는 사이클을 만들어냈다. 노예무역을 통해 쌓은 부가 산업혁명을 위한 새로운 기술과 사업에 투자되었던 것이다.*

아프리카에서 신대륙으로 노예, 신대륙에서 영국으로 원자재, 영국에서 아프리카로 제조 가공품과 무기를 운반하였다.

* 역자 주) 조선 도공들이 생산한 아리타 도기가 유럽에 판매되며 백자 생산 후에 아리타 지역 세수입이 35배 급증했던 사실과 이후 구매력을 키운 일본이 유럽에서 수입한 화약 무기를 조선 침략에 사용한 역사적 사실이 연상된다.

상류계급 자녀들의 화려한 수학여행
[그랜드 투어]

프랑스 상류계급의 매너를 익히고
이탈리아에서 미술과 고고학을 배우다

영국 문화를 푸는 키워드

여러분이 영국을 여행하거나 소설을 읽었을 때 다른 유럽 대륙에는 없는 영국만의 독특한 문화를 느낄 수 있을 것이다. 영국이 독자적으로 걸었던 문화를 푸는 키워드는 '그랜드 투어' '픽처레스크' '고딕 복고'이다. 이 세 가지를 알면 영국 특유의 문화를 이해하기 쉬워진다.

그랜드 투어란 상류층 자녀를 문화 선진국인 프랑스, 이탈리아 등에 유학시켜 고전적인 교양을 갖추게 하는, 이른바 화려한 수학여행이었다. 독일인 괴테 등 유럽 국가의 부유한 청년들도 그랜드 투어를 경험했다. 주로 영국에서 확립된 풍습이라고 할 수 있다. 그랜드 투어의 성수기인 18세기의 영국은 노예무역과 식민지배를 통해 거둔 부로 다른 유럽 국가들을 압도하는 경제력을 자랑했기 때문이다.

기념품으로 서적이나 미술품을 구입하다

그랜드 투어는 먼저 프랑스에서 상류층의 예절을 익히고 다음으로 이탈리아에서 미술이나 고대 유적을 접하는 것이 기본이었다. 당초 그랜드 투어란 외국어 습득, 예절, 각국의 정치 체제 등을 배우는 것이 목적이었지만 점차 이탈리아에서의 미적 교육에 주안점을 두게 된다. 그랜드 투어에 참여한 젊은이들은 마치 여행지의 그림엽서를 사 모으는 기세로 이탈리아 회화 등의 미술품을 대량으로 구입했다.

그중 열광적인 인기를 자랑한 화가가 카날레토(p. 238)(본명은 지오반니 안토니오 카날)이다. 영국인들의 집착심은 대단해서 현재 베네치아에는 카날레토의 작품이 얼마 남지 않게 되었을 정도였다.

그랜드 투어는 영국 문화에 헤아릴 수 없을 만큼 큰 영향을 미쳤다. 가장 중요한 것은 로버트 애덤(p. 165)의 건축물과 웨지우드 도자기이다. 로버트 애덤은 4년간의 그랜드 투어 경험자이다. 조사이아 웨지우드는 그랜드 투어를 경험하지 않았지만 비즈니스 파트너이자 절친한 친구인 벤틀리가 그랜드 투어를 경험했다. 같은 세대인 애덤과 웨지우드는 지적이고 세련된 신고전 양식(p. 164)이라는 새로운 디자인을 18세기 영국에 가져왔다.

18세기 초 경제 선진국이었지만 문화 후진국이라는 야유를 받았던 영국은 그랜드 투어 덕분에 유럽을 대표하는 미술 컬렉션을 모을 수 있었고 18세기 말에 이르면 세계에 자랑할 수 있는 문화를 형성하게 됐다.

스포드 '헤리티지 시리즈 로마'
스포드 창업 250주년 기념 컬렉션 헤리티지. 스포드의 아카이브 (패턴 북)에서 영감을 얻어 발표됐다. 조지안 시리즈 '로마'의 오리지널은 1811년. 여기에도 그랜드 투어의 영향이 엿보인다.

역사 용어

영국 도자기에 놀라울 정도의 영향을 끼친
[픽처레스크]

그랜드 투어로 미적 센스가 레벨 업,
영국 특유의 미의식이 탄생하다

픽처레스크는 영국 문화의 미학 (철학)

픽처레스크는 18세기 후반경부터 시작된 영국 문화의 근원이 되는 미학이다. 다분히 철학적이며 심오한 세계관이다. 하지만 18세기 이후 영국 문화 곳곳에서 픽처레스크의 영향을 볼 수 있기 때문에 꼭 기억했으면 하는 개념이다.

픽처레스크는 '그림 같은'이라는 뜻 그대로 '자연 풍경을 예술작품으로 감상하는 태도'를 나타낸다. 예술작품으로서 미의 기준이 종래의 미의 기준이 아니라 새로운 미의 기준인 것이 특징이다.

지금까지 영국의 미의 기준은 '부드러움'을 기준으로 하는 '미'와 '장대함'을 기준으로 하는 '숭고' 두 종류였다. 즉 매끈한 피부의 부드러움과 거대하고 힘찬 씩씩함이 미의 진면목이었다.

그런데 그랜드 투어(p. 235)의 경험으로 영국인의 미적 수준이 한껏 높아졌다. 그들은 그랜드 투어로 방문한 이탈리아에서 당대 인기 화가였던 카날레토(p. 238) 등의 그림엽서 같은 회화와 함께 17세기의 오래된 풍경화를 닥치는 대로 사들였다. 특히 인기가 많았던 것이 클로드 로랭과 살바토르 로사의 풍경화였다. 이 두 사람의 이름은 꼭 기억해두자.

클로드 로랭이 그리는 황금색의 부드러운 빛에 휩싸인 고대 유적은 말할 수 없는 향수를 불러일으켰다. 살바토르 로사가 그린 깎아지른 듯한 바위산에 우뚝 솟은 무시무시한 폐허가 된 성과 폭풍의 기운을 머금은 듯한 음울한 나무들은 그랜드 투어 도중 목숨을 걸고 알프스산을 넘었던 영국인들이 피부로 느꼈던 경외감 그 자체였다.

두 인물이 즐겨 그리는 모티프, 즉 허름한 폐허의 성, 무너진 로마 유적, 요염함, 은둔자나 산적 등의 등장인물은 기존 미학의 기준인 '미'와 '숭고' 어느 쪽에도 해당되지 않았다. 미와 숭고 그 중간에 위치한 듯한 '거침'을 기준으로 하는 새롭고 신기한 미적 감각이었다. 영국인들은 이것을 '픽처레스크'라고 명명하고 새로운 미학으로 여겼다.

영국 도자기 디자인을 바꾼 픽처레스크

픽처레스크의 사조는 영국 문화에 혁명을 일으켰다. 클로드 로랭이 그리는 로마 유적, 인물, 시골길, 숲과 강변 등 고전적이고 목가적인 이탈리아의 정경은 '미 성향의 픽처레스크'로서 영국의 풍경식 정원(랜드스케이프 가든)의 유행으로 이어졌다. 현재 우리가 잉글리시 가든이라고 부르는 것의 원점은 클로드 로랭에게서 온 것이다.

반면 살바토르 로사가 그리는 폐허의 성, 험준한 바위산, 신비로운 숲, 거친 산적 같은 야성미가 넘치면서도 요염한 정경은 '숭고' 성향의 픽처레스크로 고딕 복고와 고딕 소설의 유행으로 이어졌다.

픽처레스크는 이후 영국 도자기 디자인에 혁명적인 영향을 미쳤다. 클로드 로랭의 세계관 자체와 같은 스포드의 '블루 이탈리안'(p. 88)을 비롯해 19세기 동판전사로 그려진 풍경화 대부분은 픽처레스크를 구현한 것이라고 해도 과언이 아니다. 그런 의미에서 이 어렵고 심오한 개념인 픽처레스크를 가장 가깝게 느낄 수 있는 것이 바로 영국 도자기라고 할 수 있다.

살바토르 로사의 「무너진 다리」(1640년)

카날레토의 「예수 승천일, 부두의 부친토로」(1732년경) 『그림 없는 그림책』(p. 210)에는 이 광경을 추억하는 안데르센의 묘사가 있다.

클로드 로랭의 「이탈리아의 풍경」(1642년)
현재 베를린 미술관이 소장한 이 그림은 18세기부터 1818년까지 영국에 있었다. '블루 이탈리안'과 비슷한 구도라는 점에 주목하자.

"옛날 이탈리아 화가 살바토르 로사는 도둑을 연구해보고 싶은 마음에서 위험을 무릅쓰고 산적떼에 들어갔다고 들은 적이 있다."(나쓰메 소세키, 『풀베개』, 신초문고)

스포드의 블루 이탈리안
(1816년)

원화는 네덜란드 화가의 작품이지만 픽처레스크의 영향을 직접적으로 볼 수 있다. 테두리는 리젠시 양식의 이마리 패턴(p. 177)이 채용되었다.

더 깊이 보는
식기×역사

폼페이 유적

조사이아 웨지우드도 매료된 고대 유적.
무엇이 이토록 사람들을 끌어당겼을까?

당시 사람들의 생생한 숨결

이탈리아 남부에 있는 폼페이 유적은 많은 고대 유적 중에서 특별히 사람들의 주목을 받고 있다. 서기 79년 어느 날의 모습을 그대로 간직한 채 발견되어 폼페이 거리에 살았던 고대인들의 숨결을 생생하게 느낄 수 있다는 점 때문이다.

서기 79년 8월 24일 이후의 어느 날 정오 무렵의 이탈리아 나폴리 근교에 있는 베수비오산이 대폭발을 일으켰다. 빠르게 밀려오는 화쇄류로 당시 시민들은 도망칠 틈도 없이 생매장됐고 화산재는 밤낮으로 계속 분출되며 폼페이 거리를 뒤덮었다. 그리고 폼페이는 역사의 뒤안길로 완전히 자취를 감췄다. 하지만 화산재가 거리를 메우면서 아이러니컬하게도 벽화와 미술품의 열화가 최소화되었고 결과적으로 매우 좋은 상태로 유지되었다. 1748년에 폼페이 유적이 발견되자 엄청난 붐을 일으키며 많은 청년 남성 귀족들이 그랜드 투어(p. 235)에 나서는 계기가 되었다.

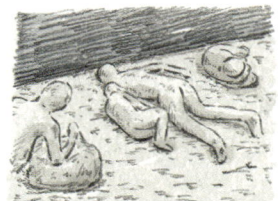
대폭발 희생자들의 석고상
시신이 묻혀 있던 구덩이에 석고를 넣어서 만들었다.

고대 유적과 신고전 양식의 식기

일반적으로 고대 유적들은 풍화되거나 무너진 상태이다. 그리고 사망자는 대부분 정성스럽게 매장되어 있기 때문에 고대 유적에서 생활감은 거의 찾아볼 수 없다. 하지만 폼페이에는 빵집에 빵이 재의 형태로 남아 있고 죽은 사람도 침대에서 자고 있는 상태나 무릎을 안은 상태, 아기를 안고 있는 상태 등 조금 전까지 살아 있었던 것 같은 모습 그대로 발견되었다. 당시의 사람들과 현대의 우리들이 대면할 수 있는 것이다.

게다가 그 사람들은 일반 시민들이었다. 이 점이 이집트 유적에 잠든 왕족의 미라와 크게 달랐다. 폼페이는 상업과 함께 와인이나 조미료 등의 제조업이 발달한 거리로 투기장, 공중목욕탕, 풍속점 등의 위락 시설도 있는 평범한 거리였다. 사람들의 건강 상태도 좋았고 노예도 시민과 같은 건강한 식생활을 한 것으로 조사됐다. 보통 사람의 평범한 일상이 남아 있다는 점이 폼페이 유적의 가장 큰 매력이다.

발굴품인 도자기는 대부분 그리스제였지만 그것들을 대량으로 구입하던 에트루리아인의 이름을 따서 '에트루리아 항아리'라고 불렀다. 에트루리아인은 이탈리아 중부 토스카나 지방을 중심으로 살았던 고대인으로 개성적이고 독특한 문명을 가진 민족이었다. 신고전 양식의 시대를 살았던 18세기 사람들은 이 일용품들의 문화적, 예술적 아름다움에 매료되어 모방 작품들을 잇달아 만들어냈다.

조사이아 웨지우드가 자신의 공장을 에트루리아 공장이라고 이름 붙인 것도 이에 대한 열광이 엿보이는 대목이다. 그는 그리스 도자기의 새카만 그릇(흑상식)을 사랑하여 그 재현을 목표로 다양한 신소재 개발에 임했다. 모티프와 색조도 폼페이 등 고대 유적에서 영감을 받았다. 신고전 양식과 식기와 폼페이 유적의 관계는 떼려야 뗄 수 없는 관계이다.

역사 용어

비더마이어 양식을 낳은
[빈 체제]

> 나폴레옹 실각 후에 찾아온 폭풍 전야의 고요함
> 온화하고 빈궁한 소시민적 문화가 탄생하다

춤추는 빈 회의

빈 체제 시대(1815~1848년)는 세계사에서 그다지 주목받는 시대는 아니다. 하지만 비더마이어 양식을 만들어냈기 때문에 도자기 분야에서는 중요한 시대이니 꼭 기억하자.

나폴레옹 실각 후의 국제 질서를 정하는 회의를 열기 위해 유럽 각국의 대표가 오스트리아 빈에 모였다. 흔히 말하는 빈 회의(1814~1815년)이다. 회의의 리더를 맡은 사람이 오스트리아 외무장관 클레멘스 폰 메테르니히였기 때문에 일명 '메테르니히 체제'라고도 한다.

하지만 빈 회의에서 각국의 의견이 대립되어 좀처럼 정리되지 않았다. 그래서 각국의 우호를 위해서 무도회와 음악회가 성대하게 진행되었다. 두 명의 황제, 네 명의 국왕을 비롯해 700명의 외교관, 수천 명의 경호요원, 이 소동을 보기 위해 모여든 구경꾼들을 포함해 10만 명의 인파가 한꺼번에 집결했다고 한다.

덩달아 빈 가마(p. 102)의 도자기들이 불티나게 팔렸다. 당시 유행하던 비엔나 왈츠를 추면서 밤을 지새우고 연일 가십거리로 사람들이 들끓는 빈 회의는 "회의는 춤춘다. 그러나 진행되지 않는다."라는 비아냥을 들을 정도였다.

아우가르텐의 비더마이어

정치적으로 이용된 평온한 생활

1815년 나폴레옹이 엘바섬을 탈출하여 다시 황제가 되자 당황한 참석자들은 서둘러 빈 의정서를 마무리했다. 그리고 영국군을 중심으로 한 유럽연합군이 워털루 전투에서 나폴레옹을 꺾고 각국이 시민혁명을 막기로 약속하면서 빈 체제가 완성됐다.

유럽은 시민혁명을 거쳐 나폴레옹의 프랑스 제1제정과 대륙 지배가 끝난 뒤 빈 체제에 의해 반동기를 맞게 되면서 다시 왕정 체제로 돌아갔다. 모처럼 움직이던 현대로의 톱니바퀴가 멈추고 시대를 거슬러 올라가버린 것이다.

수완이 좋았던 메테르니히는 더 이상 혁명의 기운이 일어나지 않도록 경찰국가로서 엄격한 검열을 실시함과 동시에 온화하고 평화로운 소시민 생활을 장려함으로써 시민들이 정치에 관심을 갖지 않도록 유도했다. 이 풍조가 비더마이어 양식을 낳은 것이다.

흥미롭게도 이 체제의 역회전 현상은 패션에까지 나타났다. 혁명의 상징이었던 고대 그리스와 로마풍의 엠파이어 스타일 드레스(p. 212)에서 다시 왕후와 귀족의 상징인 치마가 부풀어오른 A라인 실루엣의 로맨틱 스타일 드레스로 유행이 바뀐 것이다.

빈 체제 시대상은 안데르센의 단편집 『그림 없는 그림책』(p. 210)에서 느낄 수 있다. 이 책에는 베네치아가 '도시의 유령'이라고 표현되어 있으며 관광 명소인 산마르코 광장의 원기둥에 서 있는 사자는 "죽고 있는 것입니다. 왜냐하면 바다의 왕이 죽었기 때문입니다."(야자키 겐구로 옮김, 『그림 없는 그림책』, 신초문고에서 발췌)라고 묘사되어 있다. 왜 안데르센은 이렇게 우울하고 어두운 비유와 표현을 사용했을까? 그것은 빈 체제에 의해 베네치아가 자유롭게 열려 있던 과거의 공화국에서 경찰국가가 된 오스트리아의 통치 아래에 놓이게 되었기 때문이다. 시대 배경을 알면 문학의 수수께끼 같은 비유와 표현도 이해할 수 있다는 좋은 예일 것이다.

A라인 실루엣의 로맨틱 스타일 드레스

요약

○ 나폴레옹 실각 후 국제 회의 '빈 회의'에서 비더마이어 식기가 인기를 얻었다.
○ 빈 체제로 온화한 소시민적 생활이 장려되어 비더마이어 양식이 유행하는 사회 풍조가 형성되었다.
○ 빈 체제 시대의 분위기는 안데르센의 단편집 『그림 없는 그림책』에 잘 표현되어 있다.

> 역사 용어

문화와 예술의 도시 파리를 완성하고 인상파를 낳은
[파리 대개조]

급속한 도시화로 피폐해진 거리의 인프라를 정비하여
새로운 문화를 낳을 기반을 구축하다

나폴레옹 3세와 오스만의 파리 대수술

우리가 '파리'라고 하면 '문화와 예술의 도시'라는 이미지를 떠올리게 된 것은 파리 대개조 덕분이다. 르누아르와 모네 등 인상주의 화가들이 탄생한 계기가 되기도 했다.

파리 대개조는 1850년대 나폴레옹 3세(루이 나폴레옹)의 통치하에 파리 센 주의 지사였던 오스만 남작의 지휘로 시작되었다. 나폴레옹 3세는 위대한 숙부인 나폴레옹 1세(나폴레옹 보나파르트)의 그늘에 가려 인상이 희미하다. 게다가 결국 프로이센-프랑스 전쟁(p. 249)에 패해 포로가 되고 마는 말년의 사건들 때문에 그다지 좋은 인상을 갖지 못한 사람도 있을 수 있다. 하지만 그는 사실 프랑스의 문화와 산업의 향상에 큰 공헌을 한 '산업 황제'로 활약했다. 파리 대개조는 그의 대표적인 성과 중 하나였다.

이전까지 파리는 급격한 도시화로 인구가 과밀해지는 바람에 쓰레기 처리도 제대로 되지 않았고 하수도도 정비되지 않았다. 파리의 길거리는 창문에서 던지는 배설물과 음식물 쓰레기로 가득하여 악취를 풍겼고 귀족들은 길을

베르나르도는 1867년 나폴레옹 3세의 왕실납품 업체가 된다.

걷지 못하고 항상 마차로 이동할 정도였다.

'비위생적인 환경으로 질병(콜레라)에 걸려서 일하지 못하고 빈곤에 처한 시민들이 범죄를 일으킨다'는 악순환에 빠져 있었다. 그런 파리의 거리를 '청결하고 밝으며 치안이 좋다'는 선순환으로 만들기 위해 오스만은 파리 시내를 대대적으로 바꾸어나갔다. 파리시 연간 예산의 40배라는 거액의 비용을 들여 2만 채의 건물을 철거하고 4만 채를 신축했고, 1만 5,000개의 가로등을 설치했고, 녹지 면적을 10배로 넓혔고, 하수도 6만 개를 부설했다. 이 대공사를 17년에 걸쳐 단행한 것이다.

파리 대개조가 새로운 문화를 낳다

이렇게 해서 밝고 깨끗해진 근대 도시 파리는 인상주의 화가들을 아틀리에 밖으로 나오게 했다. 파리 대개조가 없었다면 그 직후에 열린 파리 만국박람회(p. 244)나 벨 에포크(p. 200)의 번영, 자포니즘(p.192)이나 아르누보(p. 200)의 유행은 없었을지도 모른다. 전 세계에서 관광객이 찾아오는 오늘날 파리의 매력도 아름다운 도시 외관 덕분이다. 파리 대개조가 얼마나 큰 업적이었는지 알 수 있다.

또한 같은 시기에 빈도 대대적으로 개조되었다. 1860년부터 1890년까지 진행된 빈의 도시 개조는 '낡은 성벽을 부수고 그 터에 환상 도로(링슈트라세)를 만든다'는 것이었다. 링슈트라세 찻길을 따라 새롭게 건설된 것은 오페라 극장과 극장, 미술관, 대학, 국회의사당 등으로 도시의 기본 인프라가 될 만한 문화시설이었다. 파리와 빈의 대개조는 19세기 말에 새로운 문화를 꽃피울 토양을 조성했다.

카유보트의 「파리의 거리, 비오는 날」(1877년)
방사상으로 뻗은 넓은 도로와 안쪽에 우뚝 솟은 크림색의 일률적인 건물 등이 파리 대개조로 만들어졌다.

요약

- ○ '산업 황제' 나폴레옹 3세와 오스만 지사의 진두지휘 아래 비위생적인 파리를 개조했다.
- ○ 밝고 깨끗해진 파리에서 파리 만국박람회와 벨 에포크의 번영이 찾아왔다.
- ○ 같은 시기에 빈도 대개조를 추진하여 19세기 말에 세기말 예술을 꽃피웠다.

> 역사 용어

화려한 미와 산업의 경연
[만국박람회]

> 도자기도 출품
> 유럽 열강들의 예술과 산업의 경쟁장이 되다

도자기 산업에 중요한 역할을 함

19세기 중반에서 20세기 초는 만국박람회의 시대라고 할 수 있다. 만국박람회는 이른바 유럽 열강국들의 예술과 산업의 경쟁장이었다. 제국주의 시대에 시작된 이 행사는 유럽 열강국의 경제력, 기술력, 식민지를 과시하는 것이기도 했다.

동시에 도자기 분야에서는 식민지에서 가져온 이국적인 작품의 전시에서 새로운 영감을 받는 자리이자 콩쿠르에서 수상하기 위한 자리이기도 했다. 또한 왕후와 귀족이나 유명인사의 눈에 띄어 팔리게 되면 일약 유명해질 수 있는 천재일우의 기회이기도 했다.

이전까지는 무명이었던 메이커라도 만국박람회에서 주목받게 되면 일약 시대의 총아가 된다. 모든 산업 분야의 메이커가 경쟁적으로 상품 개발에 임했다. 만국박람회는 급속하게 진향 중이던 산업 개발의 원동력이 되었다.

1867년 파리 만국박람회 주최자인 황비 외제니는 엘리제궁에서 차기 개최지 빈의 황제 프란츠 요제프 1세를 헤렌드의 '인디안 플라워'로 대접했다. 상대국 식기를 사용하는 것은 그녀 나름의 대접이었다.
(사가현의 살롱 티 앤 테이블 카케투와르TEA & TABLE Caquetoire에서 촬영, 2017년)

사진작가 알퐁스 리에베르가 촬영한
1889년 파리 만국박람회의 모습(위키미디어 커먼즈)

유력자에게 팔리면 약진의 기회가 됐다

세계 최초의 만국박람회는 대영제국의 번영을 과시하기 위한 목적으로 개최된 1851년 런던 만국 산업제품 박람회이다. 헤렌드의 작품 '빅토리아'가 빅토리아 여왕에게 팔리면서 헤렌드의 대약진으로 이어졌다(p. 106). 반면 덜튼(p. 98)의 출품작은 대부분 아직 산업용품이었다. 빅토리아 여왕의 남편 앨버트 공이 진두지휘한 만국박람회는 대성공을 거두었고 그 수익으로 '빅토리아 앨버트 미술관'이 세워졌다.

만국박람회에서는 각국의 왕후와 귀족 등의 권력자, 유명 미술연구가, 미술관 관계자 등 높은 심미안을 가진 사람들이 작품을 구입했다. 그들에게 팔리는 영광을 얻은 브랜드는 셀럽들에게 보증을 받았다는 엄청난 홍보 효과를 누렸다. 도자기 분야는 유럽 대륙에서 왕후와 귀족들의 비호를 받을 수 있었던 국영이나 왕립 가마가 많았던 데 반해 영국은 그 비호를 받지 못하는 민간 가마뿐이었다. 그 때문에 당시 영국의 로열패밀리는 자신들의 물품 선택이 유행으로 이어진다는 점을 인식하고 국내 산업을 적극적으로 장려하는 의미를 담아 만국박람회 등의 기회를 이용해 제품을 구입했다는 이야기도 있다.

다양한 미술 양식에 영향을 주었다

산업 황제라고도 불리던 나폴레옹 3세가 심혈을 기울인 1855년 파리 만국박람회는 심사 위원과 심사 방법을 엄격화하고 정확도를 높였으며 모든 출품작에 가격표를 붙였다. 이로써 만국박람회는 일대 쇼룸이 되었다.

1851년 런던 만국박람회의 '크리스털 팰리스'와 1889년의 파리 만국박람회의 '에펠탑'은 회장으로 사용된 건물 자체가 철골이나 유리 등으로 만들어져 최신 기술을 구사한 것이었다. 에펠탑은 설계와 건축을 한 귀스타브 에펠의 이름을 딴 것이다. 만국박람회를 위한 경쟁에서는 드라마와 같은 반전 끝에 '철탑'이 최우수 작품으로 선정되었다. 경이로운 속도와 기술로 건설되어 나폴레옹 3세가 제창한 '철의 시대'의 독창적인 아름다움을 지닌 새로운 파리의 상징물이 생겨난 것이다.

만국박람회는 미술 양식에도 영향을 주었다. 일본은 막부 말기와 메이지 초기에 전통적인 공예품 등을 적극적으로 출품했다. 일본 가옥과 정원을 만들고 거기에 게이샤를 살게 해서 일본의 생활상을 재현해 전시했다. 이것이 공전의 자포니즘 붐을 낳는 계기가 되었다.

아르누보나 아르데코 등의 운동과 미술 양식도 만국박람회 때문에 생겨났다.

만국박람회와 서양 식기의 역사

연도	세계사	만국박람회와 명품 가마의 주요 출품작	
1851	• 나폴레옹 3세가 의회에 대항하여 쿠데타를 일으켜 독재 권력을 장악(프랑스)	제1회 런던 만국박람회 • 헤렌드: '빅토리아' 출품 • 웨지우드: 신고전 양식 작품 출품 • 스포드: 작품 출품 • 민턴: 마졸리카의 작품을 출품해 동상 수상 2대 경영자 하버드가 빅토리아 여왕의 에스코트 역을 맡음 • 로얄 덜튼: 조경용 테라코타 작품을 산업 부문에 출품 • 세브르: 로코코 양식의 작품 출품	
1862	• 비스마르크가 철혈 정책을 제창(독일)	제2회 런던 만국박람회 • 헤렌드: 출품, 1등 수상 • 마이센 출품, 네오 로코코 작품이 주목받음 • 로얄 우스터: 투각 작품 출품 • 민턴: 마졸리카 작품 출품	
1867	• 오스트리아-헝가리 이중제국 성립	제2회 파리 만국박람회 ※일본은 막부 중 사가번과 사쓰마번이 참가 • 헤렌드: '인디안 플라워' 출품. 입상.(p. 106) • 마이센: 네오 로코코의 작품 출품하여 호평받음 • 로얄 우스터: 만국박람회 출전을 계기로 자포니즘 작품에 주력하기 시작함 • 로얄 덜튼: 산업용 도자기와 '램버스웨어' 출품 (p. 98)	헤렌드의 인디안 플라워
1873	• 아와쿠라 사절단이 귀국 (일본)	빈 만국박람회 • 헤렌드: 입선. 황제 프란츠 요제프 1세가 각국 국왕에게 주는 선물로서 다수 구입 • 마이센: 네오 로코코 작품 출품(호평) • 로얄 우스터: 자포니즘 작품 출품으로 호평을 받음(p. 82) • 로얄 덜튼: 출품	로얄 우스터의 사쓰마 자기 모작
1878	• 토머스 에디슨이 축음기 특허를 취득(미국)	제3회 파리 만국박람회 • 로얄 우스터: 출품, 금상 수상 • 하빌랜드: 출품, 금상 수상	
1889	• 파리에서 물랭루즈가 개업 (프랑스)	제4회 파리 만국박람회 • 로얄코펜하겐: 아르놀 크로그의 작품 출품, 그랑프리 수상 • 로얄 덜튼: 출품	
1900	• 최초 전기버스가 뉴욕시에서 개통(미국) • 파리 올림픽 개최(프랑스)	제5회 파리 만국박람회(아르누보전) • 로얄코펜하겐: 마가렛 출품, 그랑프리 수상 (p. 112) • 헤렌드: 출품, 은상 수상	로얄코펜하겐의 한여름밤의 꿈 마가렛 복각판
1925	• 베니토 무솔리니가 독재 선언(이탈리아) • 나치 친위대 설립(독일)	파리 현대 장식미술 및 산업미술 국제박람회 (아르테코전) 개최 • 베르나르도: '보스턴' 출품, 금상 수상(p. 68)	베르나르도의 보스턴

베르나르도의 보스턴

역사 용어

퇴폐적인 세기말 예술 탄생의 계기 중 하나가 된
[독일 통일]

독일 통일을 위한 두 번의 전쟁이
예술과 도자기 분야에 큰 영향을 끼치다

비스마르크의 철혈 정책

19세기 후반 유럽 도자기 문화를 이해하는 데 독일 통일은 중요한 사건이다. 빈에서 세기말 예술(p. 196)이 유행하고 영국에서 프랑스 세브르풍(p. 70) 도자기가 유행한 이유 중 하나이기 때문이다.

당시 40여 개 군소국을 모아 놓은 것에 불과했던 독일 연방은 영국, 프랑스, 러시아 등 강대국 사이에 끼여서 언제 주위의 열강국가에 휩쓸려 사라져도 이상하지 않은 상태였다. 그 때문에 이 영방들을 하나로 묶는 '독일 통일'은 예로부터 비원으로 여겨졌다.

하지만 아무리 논의를 거듭해봤자 결말이 나지 않았다. 그런데 1862년 독일 통일의 주역이 된 프로이센의 철혈 재상 오토 폰 비스마르크가 주위의 반대를 무릅쓰고 철혈 정책에 나선다. 철은 군비를 가리키고 혈은 전쟁을 의미한다. 철혈 정책에 의한 부국강병은 엄청난 기세로 진행되어 주변국들과 충분히 싸울 수 있는 토대가 마련되었다.

세 번의 승리로 이루어낸 독일 통일

비스마르크는 다음 작전에 나선다. 독일 통일의 리더가 되고 싶은 프로이센 왕국에게 전통 깊은 합스부르크가가 이끄는 오스트리아는 눈엣가시였다. 그래서 오스트리아를 떼어버리고 가톨릭 국가였던 남독일 국가들을 합쳐 독일 통일을 꾀하려는 작전을 세웠다. '그런 걸 과연 누가 할 수 있을까?'라는 실현 불가능에 가까운 작전이었다. 하지만 비스마르크는 세 번의 전쟁에서 모두 승리함으로써 기적적으로 가능하게 했다.

첫 번째 전쟁은 덴마크와의 슐레스비히-홀슈타인 전쟁이다. 1864년 오스트리아 전쟁을 앞두고 비스마르크는 먼저 덴마크 전쟁에 도전했다. 이때 오스트리아를 전쟁에 끌어들여 함께 싸울 것을 제안했고 프로이센과 오스트리아는 협력하여 승리를 거두었다. 동맹을 맺고 함께 전쟁에 임하면서 오스트리아의 전력을 알아내겠다는 것이 비스마르크의 진짜 노림수였지만 불행히도 오스트리아는 이를 깨닫지 못했다. 오스트리아의 전력을 파악한 비스마르크는 드디어 대오스트리아 전쟁에 도전했다.

세브르풍 루이 16세 양식의 민턴 플레이트(1891~1910년산)
프로이센-프랑스 전쟁의 영향으로 민턴은 세브르의 장인을 초청하여 프랑스식 디자인을 완성한다.

프로이센-오스트리아 전쟁과 프로이센-프랑스 전쟁

두 번째 전쟁이 바로 1866년 프로이센-오스트리아 전쟁이다. 이 전쟁은 상대의 군사력을 숙지하고 부국강병으로 최신예 무기를 갖춘 프로이센이 간단히 승리를 거머쥐었다. 뼈아픈 참패는 전통 있는 합스부르크 가문과 오스트리아에 너무나 굴욕적인 일이었다. 패전의 충격은 절망적이었다. 이 엄청난 충격 이후 빈에서 퇴폐적인 세기말 예술이 탄생하는 계기가 되기도 했다.

세 번째 전쟁은 1870~1871년 대프랑스 전쟁인 프로이센-프랑스 전쟁이다. 마지막 전쟁의 목적은 남독일을 하나로 묶는 작전이었다. 말하자면 남독일 통일의 빌미가 바로 프로이센-프랑스 전쟁인 셈이었다. 비스마르크는 프랑스를 부추겨 전쟁을 벌였다. 그것은 프로이센과 남독일 공통의 적인 프랑스를 가상의 적으로 만들어 남독일과 결속을 다지겠다는 오월동주 작전이었다.

비밀리에 철도망을 정비하고 있던 프로이센은 프로이센-프랑스 전쟁에서도 압승을 거두었다. 감쪽같이 나폴레옹 3세를 생포하는 데 성공했고 프로이센 왕 빌헬름 1세가 독일 제국 황제로 취임했다. 이로써 비원의 독일 통일이 이루어지면서 독일 제국이 탄생하게 됐던 것이다.

프로이센-프랑스 전쟁은 문화 분야에도 큰 영향을 미쳤다. 인상파 화가 중 유일한 노동자 계급이었던 피에르 오귀스트 르누아르는 프로이센-프랑스 전쟁에 참여했다가 겨우 목숨만 건져서 파리로 돌아갔다. 같은 인상파인 클로드 모네는 중산층 출신으로 영국으로 도망가 그곳에서 윌리엄 터너의 그림을 만나 인상파 회화에 눈을 뜨게 됐다.

프랑스로서도 패전의 타격이 컸고 퇴폐적이라는 뜻의 데카당décadent 문화를 낳는 계기가 되기도 했다.

합스부르크가의 약화로 1864년 빈 가마는 폐업했고 같은 영지였던 헝가리의 헤렌드가 디자인을 계승했다. 사진 왼쪽부터 아우가르텐의 올드 비엔나 로즈, 아우가르텐의 비엔나 로즈, 헤렌드의 빈의 장미

요약

- 프로이센의 철혈 재상 비스마르크는 철혈 정책으로 부국강병을 꾀했다.
- 군사력을 강화한 프로이센은 세 번의 전쟁에서 승리를 거두어 비원의 독일 통일을 이루었다.
    ① 대덴마크 전쟁은 오스트리아의 군사력을 알기 위한 전투였다.
    ② 대오스트리아 전쟁은 독일 연방에서 합스부르크 가문과 오스트리아를 분리했다.
    ③ 대프랑스 전쟁은 가톨릭 국가인 남독일을 개신교인 북독일과 통일하기 위해 프랑스를 가상의 적으로 만들어 결속을 다졌다.
- 프로이센이 오스트리아와 프랑스와 벌인 전쟁은 예술과 도자기 분야에 큰 영향을 미쳤다.

> 역사 용어

세기말 예술과 아르누보를 낳은 시대상
[유럽의 세기말 예술]

새로운 시대에 대한 불안으로 탄생한 세기말 예술과
기대로 탄생한 아르누보

전쟁이 없었던 화려한 시대

"어쩐지 묘한 얼굴이군. 참으로 생활에 지친 듯한 얼굴이야. 세기말 얼굴이다."(나쓰메 소세키,『산시로』, 신초문고에서 발췌)

독일 통일 이후, 제1차 세계대전과 제2차 세계대전 사이인 19세기 말에서 20세기 초까지 40년 정도는 유럽에서 큰 전쟁이 없는 평화로운 시기로 파리는 벨 에포크 시대였고 영국은 빅토리아 시대이자 황금시대였다.

벨 에포크belle époque는 프랑스어로 아름다운 시대라는 뜻으로 같은 시기 영국의 황금시대를 가리키는 말 '굿올드데이즈'와 같은 의미이다. 즉 파리의 황금시대인 19세기 말에서 20세기 초에 번영한 화려한 문화를 말한다. 그런데 우리가 상상하는 '문화와 예술의 도시 파리' 시대의 화려한 이미지 한편에서는 염세적이고 퇴폐적인 '세기말' 풍조가 동시대의 유럽을 물들이고 있었다.

이 세상이 끝나는 종말관

세기말이란 '지금까지 지탱되어 온 신앙(기독교)과 권위(계급사회)가 깨져 사람들이 마음의 터전을 잃고 회의와 향락 등의 퇴폐적 경향을 보이던 시기'를 가리킨다. 프랑스 파리에서 시작하여 오스트리아 빈 등 유럽 전체로 확산되었다고 알려져 있다.

왜 파리와 빈이었을까? 그것은 역시 프로이센-프랑스 전쟁(p. 249)에서 대패한 허무감이 바탕에 깔려 있었다고 한다. 프로이센-프랑스 전쟁의 충격은 너무도 컸다. 마찬가지로 프로이센-오스트리아 전쟁(p. 249)에서 프로이센에게 어이없이 패한 오스트리아 빈에서 세기말 예술이 일어난 것도 무리가 아니다. 두 도시는 각각 파리 대개조(p. 242), 빈 대개조(p. 243)라는 대규모 도시개발을 통해 인구가 밀집하였고, 도시에 문화적인 생활의 기반이 마련되어 있었던 점도 컸을 것이다.

그렇다 치더라도 단지 세기의 전환점일 뿐인데 마치 이 세상의 종말이라도 다가온 듯한 분위기가 조성된 것은 무엇 때문이었을까? 사실 많은 독자가 '노스트라다무스의 예언' 등에서 20세기 말의 종말관을 맛보았을 것이다. '바로

세기말을 거쳐 탄생한 아르누보

그때와 같은 기분이었을 것'이라고 설명한다면 다들 수긍이 가지 않을까?

19세기 말도 인터넷 시대가 본격 개막하기 직전인 20세기 말과 마찬가지로 역사의 대전환기였다. 2차 산업혁명으로 전기, 수송기술, 정보 등 문명이 전례 없는 속도로 발전했고, 동시에 시대의 물결에 휩쓸려버리는 것이 아닌가 하는 초조감과 기계가 인간을 대체하지 않을까 하는 두려움이 생겨났다. 새로운 문명이 인간을 풍요롭게 할 것인가, 아니면 파멸의 길로 이끌 것인가? 지금까지와는 전혀 다른 세상이 되어가는 것에 대한 불안감 등이 단번에 분출한 것이다.

전기와 전화 등이 속속 등장하면서 전염병은 악마의 소행이 아니라 세균이 원인이라는 것을 알게 됐다. 지금까지의 관습 등 대대로 믿어온 것들이 모조리 무너지고 선인들의 가르침이 통용되지 않게 되었다. 새로운 세기를 앞두고 사람들은 스스로 새로운 가치 기준을 만들어가야 했다.

앞으로의 시대에 대한 두려움과 불안

철학자 프리드리히 니체가 신의 세계와 결별한 것도 이 시기이다. '신을 의지할 것이 아니라 나 자신을 거점으로 삼아 다른 것에 의지하지 않고 살아야 한다. 그러기 위해 용기를 가지고 현재의 망설임 속에 있는 자기 자신을 극복해나간다(초인이 된다)'는 것이 니체의 사상이다. 이것은 현대를 살아가는 우리들의 사상의 모형이라고도 할 수 있다.

세기말 예술이 단순히 무구하고 순수하고 밝은 예술이 아닌 것은 이러한 사상과 공통점이 있기 때문이다. 새로운 문명에 대해 앞으로 어떤 세상이 올까 하는 두려움을 느꼈던 것이 세기말 예술이나 빅토리안 고딕(p. 182)이라면 앞으로 어떤 세상이 올까 하는 기대감이 나타난 것이 아르누보라고 이해하자. 세기말에 출몰한 세 가지 미술 양식의 이미지를 유추하기 쉬울 것이다.

빅토리안 고딕을 반영한 모리스의 디자인

요약

- 독일 통일에서 제1차 세계대전까지 평화로운 기간은 유럽 문화의 번영기였다.
- 세기말에는 이 세상의 끝과 같은 종말관과 섬뜩한 오컬트가 유행했다.
- 새로운 문명에 대해 공포감을 느끼는 것이 세기말 예술과 빅토리안 고딕이다.
- 새로운 문명에 대해 설렘과 기대감이 나타난 것이 아르누보이다.

역사 용어

아르데코 유행의 계기가 된
[제1차 세계대전]

인류 최초의 총력전쟁으로 유럽은 피폐해지고
미국이 세계의 중심으로 부상

전쟁이 없었던 화려한 시대

제1차 세계대전은 1914년 오스트리아령 보스니아의 수도인 사라예보에서 벌어진 오스트리아 왕세자 부부 암살사건으로 촉발돼 유럽을 중심으로 일어난 세계 전쟁이다. 독일, 오스트리아, 오스만 제국(튀르키에)을 중심으로 한 동맹국과 이에 대항하는 영국, 프랑스, 러시아를 중심으로 한 연합군이 전쟁을 벌였으며 1918년 연합군 측이 승리했다. 미국과 일본은 연합군 측에 합류하여 전승국이 되었다.

제1차 세계대전은 지금까지의 인간 사회의 본연의 자세를 근본적으로 뒤집는 큰 변화를 수반한 전쟁이었다. 우선 전쟁의 규모가 지금까지와는 비교가 되지 않았다. 이전의 전쟁은 주로 단기전으로 전쟁터는 거의 전장(전선)뿐이었다. 병사는 직업군인으로 시민 생활에 영향이 없었다. 그러던 것이 공업의 발전으로 무기의 대량생산이 가능해지면서 전쟁의 승패가 결정되기까지 4년이나 걸린 장기전이 되었다.

제1차 세계대전은 아르데코 문화를 낳는 계기가 되었다.

도시 폭격으로 유럽 전역이 전쟁터가 되었고 후방에서는 병사뿐만 아니라 온 국민이 동원되는 인류 역사상 최초의 총력전쟁이 된 것이다.

병사와 일반인을 합친 전사자는 스페인독감의 유행이 겹쳐지며 수천만 명에 이르렀다. 전쟁이 끝나자 유럽 전체가 인력도 식량도 연료도 부족한 수렁에 빠지게 됐다. 그러면서 오랜 세월 유럽이 해온 세계의 중심 역할은 20세기의 새로운 주역으로 우뚝 선 미국이 맡게 되었다. 제1차 세계대전에 의해 유럽에서 미국으로 주역이 교체된 것은 역사적으로 매우 중요한 의미라 할 수 있다.

새로운 가치관이 탄생

이런 흐름으로 본다면 제1차 세계대전에서 유럽에 물자를 대량 공급한 미국에서 아르데코가 꽃피운 이유를 쉽게 이해할 수 있을 것이다. 더불어 미국과 같은 입장이었던 일본에서도 이 시기에 다이쇼 모던 문화(p. 254)가 도래했다는 점도 납득이 갈 것이다.

제1차 세계대전은 유럽 시민들의 가치관을 완전히 바꾸어놓았다. 구름 위의 존재로 여겨졌던 귀족과 전쟁터에서 함께 생활한 일반 시민들은 귀족이 '그냥 사람'이라는 것을 알 수 있게 되었다. 더불어 귀족 가문의 전사도 잇따르며 귀족 사회는 급속한 쇠퇴를 맞이한다.

한편 유럽 내 남성들이 전쟁에 동원되면서 그동안 집 안에 갇혀 있던 여성들이 운전기사와 공장의 일꾼 등 닥치는 대로 직업을 가질 수밖에 없게 되었다. 그러면서 여성의 사회 진출이 극적으로 진행되었다.

반면 계속되는 전쟁으로 식량난과 정치적 불만이 고조된 러시아와 독일에서는 혁명이 일어나 양국의 황제가 쓰러지면서 러시아 제국은 소비에트 연방이 되었고 독일 제국은 독일공화국이 되었다.

제1차 세계대전 이후 20세기의 새로운 가치관을 얻은 시민들은 전기와 기계의 새로운 문명과 기능적이고 쾌적한 의식주를 가져다준 아르데코 문화를 만들어나갔다.

전쟁은 식기의 디자인을 바꾸었다.
위: 아르데코(전쟁 이후) / 아래: 아르누보(전쟁 이전)

요약

- 현대화로 가는 긴 여정의 마지막 코스가 제1차 세계대전이다. 이를 계기로 세계의 중심이 유럽에서 미국으로 바뀌었다.
- 인류 역사상 첫 총력전쟁으로 인간 사회의 가치관을 근본적으로 뒤엎었다. 귀족 계급이 쇠퇴하고 여성의 사회 진출이 시작되었고 러시아와 독일은 혁명으로 이어진다.
- 20세기의 새로운 가치관을 손에 쥔 시민들은 아르데코 문화를 낳았다.

역사 용어

경제 호황으로 문화가 성숙된 시대
[다이쇼 모던과 시라가바파]

> 경제적 여유와 다이쇼 데모크라시로
> 모든 대중문화와 소비문화가 개화한 시대

제2차 세계대전 이전의 문화 성숙기

다이쇼 시대의 일본은 제1차 세계대전으로 인해 전례 없는 경제 호황에 들끓고 있었다. 이른바 '다이쇼 버블' '대전(제1차 세계대전) 경기'라고 부르는 시대이다. 아시아에서 일찌감치 근대화에 성공한 일본은 제1차 세계대전에서 물자 부족에 허덕이는 유럽 국가들을 대신해 물자 공급원이 되어 막대한 무역흑자를 기록했다. 도자기 분야에서는 올드 노리다케, 세토 노벨티(피겨린), 다이쇼 모던타일 등이 전 세계로 대량 수출되며 경기 호황을 뒷받침했다.

경제적인 여유와 다이쇼 데모크라시에 의한 자유주의적인 풍조로 일본에서는 다양한 대중문화와 소비문화가 꽃피웠다. 바로 '다이쇼 모던'이라고 불리는 것들이다. 백화점 등의 근대적인 상업 시설, 캐러멜이나 칼피스 등의 새로운 기호품, 다카라즈카 가극단이나 영화 등의 오락, 주부나 어린이를 위한 잡지, 고교 야구 대회를 비롯한 스포츠 문화 등등 이 시기 일본은 유럽 국가들이 19세기 말에 일으킨 대중문화를 서둘러 뒤쫓았다.

1919년(다이쇼 8년)에 발표된 무샤노코지 사네아쓰의 소설 『우정』을 읽으면 해수욕(서핑), 탁구, 마루젠 서점, 제국 극장 등이 등장해 당시 모던한 분위기를 엿볼 수 있다. 바로 이 무샤노코지 사네아쓰가 리더가 되어 간행된 동인지가 『시라가바(자작나무)』이다.

시라가바파가 보급한 서양미술

시라가바파란 화족(일본의 귀족 계급) 출신의 무샤노코지 사네아쓰를 중심으로 시가 나오야, 키노시타 리겐, 야나기 무네요시*를 비롯한 가쿠슈인 멤버가 발행한 잡지 『시라가바』의 동인 문예 그룹이다. 그들은 모두 무사 가문이나 귀족 가문 등 상류층 출신으로 태어난 금수저들이었다. 시라가바파는 다이쇼 문화의 고조와 맞물려 이상주의와 인도주의에 입각해

*역자 주) 다이쇼 시대는 일본 내에서도 논란이 많다. 외부적으로는 중국과 러시아 일부 그리고 한국을 식민 지배하였는데 '문화통치'라는 이름하에 문화 말살과 억압이 이루어졌다.
이런 가운데 야나기 무네요시는 조선의 미술과 민화, 특히 도자 문화에 관심을 갖고 개인적인 수집과 관련 글 기고 외에 적극적인 활동을 하였다. 경성의 도로 확장을 위해 광화문이 파괴되려 할 때 이를 이축 보존하는 데 결정적인 역할을 하였고 1924년 조선민족미술관을 설립하는 등 식민지 이데올로기에 순응하면서도 조선 미술의 유지와 발전에 기여하였다.

다이쇼 시대에 올드 노리다케가 해외에서 인기를 끌었다.

활발한 활동을 펼쳤다.

그들이 『시라가바』를 통해 특별히 공을 들인 것이 미술 계몽이었다. 문예지 이미지가 강한 『시라가바』는 사실 서양 미술을 소개하는 잡지이기도 했다. 당시는 아직 낯선 인상파 회화와 오귀스트 로댕의 조각 등을 잡지에 싣고 열의 넘치는 해설로 새로운 감상 노하우를 제공했다. 화랑도 전문가도 아닌 부잣집 도련님들이 서양 미술을 대중에게 알리고 시민들의 새로운 '교양'으로 만드는 데 큰 역할을 한 것이다.

지금은 문예사적인 공적보다 당시 유행하던 '인상파 그림을 일본에 전한 것'이 잡지 『시라가바』의 최대의 공적이 되었다고 해도 과언이 아니다. 오하라 미술관은 민예운동의 리더인 야나기 무네요시의 후원자였던 사업가 오하라 마고사부로의 미술 소장품을 전시했는데 폴 세잔과 로댕의 작품 등 서양의 대작들이 포함되어 있다.

세토 노벨티

요약

○ 제1차 세계대전으로 인한 전쟁 특수로 일본은 전례 없는 호황을 맞이하며 다이쇼 모던 문화가 꽃을 피웠다.
○ 올드 노리다케, 세토 노벨티, 다이쇼 모던 타일이 전 세계로 수출되었다.
○ 시라가바파가 서양 미술을 일본에 전파했다.

역사 용어

냉대받던 싸구려의 재평가
[민예운동]

> 사용해야 비로소 아름다운
> 서민들의 소박한 일상 도구 '민예품'

야나기 무네요시가 발견한 '사용의 미'

야나기 무네요시는 시라카바파(p. 254) 멤버로 '민예'라는 말과 개념을 만들어낸 것으로 유명하다.

민예란 한마디로 '민중의, 민중에 의한, 민중을 위한 실용적이고 아름다운 예술'이다. 도자기에서는 가키에몬, 구타니 자기, 시라사쓰마 자기 등 막부나 다이묘(지방 호족)에게 바치던 진상품이 아닌, 이름 없는 공인이 만든 민예품(민구)은 가치가 없는 '싸구려'로 푸대접을 받았다. 야나기는 물건은 장식이 아니라 사용해야 비로소 아름답다는 '사용의 미'를 주장했다. 그는 일본 각지에서 전해 내려오는 민예품을 찾아다니며 그것들을 '민예'로 인정하고 그 개념의 보급에 힘썼다. 다만 '인정'이라고 해도 현재의 엄격한 기준에 따른 인정 마크는 아니었고 야나기의 평가에 의해 인정된 것이었다.

야나기는 민예가 군더더기 없는 간소한 아름다움과 일상에서 도구로 사용되는 건강한 아름다움이 있어 민중의 삶에서 기쁨이 된다고 생각했다. 야나기가 민예로 평가한 도자기는 진상품과 같은 화려한 것이 아니라 소박하고 따뜻한 것이 특징이다.

야나기가 평가한 민예 식기

리치가 보급한 슬립웨어

야나기는 하마다 쇼지, 카와이 칸지로, 버나드 리치, 세리자와 케이스케, 무나가타 시코우 등의 동지를 얻어 전국으로 민예운동을 퍼뜨렸다.

당시는 마침 다이쇼 데모크라시의 시대로 근대화에 따른 대량 소비문화가 한창이었다. 반면 지방의 이름 모를 장인들이 묵묵히 만들고 있던 소박하고 검소한 민예품은 시대의 물결에 휩쓸려 사라져버릴 위험에 처해 있었다. 민예운동은 잊혀져가는 지방 장인들의 존재를 높이 평가하고 상기시키려는 시라카바의 인도주의적인 측면도 있었다.

한편 민예운동 멤버인 리치는 지방 가마의 장인들에게 서양 식기 만드는 기법을 전수했다. 리치가 가르친 슬립웨어(p. 134)나 일본에서 '리치 핸들'이라는 이름으로 친숙한 '웨트 핸들' 기법의 손잡이가 붙은 컵과 주전자는 오늘날에도 여전히 각지의 가마에서 만들어지고 있다.

리치는 웨트 핸들 등의 수법을 각지의 가마에 전수했다.

더 깊이 보는
식기×디자인

왕관과 바꾼 사랑과 도자기

에드워드 8세와 결혼한 심슨 여사와 수지 쿠퍼의 대표작
'드레스덴 스프레이'는 어떤 관계?

드레스덴 양식에 심은 아르데코의 숨결

'수지 쿠퍼'는 세계 최초 여성 도자기 디자이너 수지 쿠퍼가 20세기 초에 세운 공방이다. 영국 앤티크 수집가이자 요리 연구가이며 일본식 심플 라이프의 선구자였던 오하라 테루코는 일본에 수지 쿠퍼 제품을 널리 소개한 인물이다. 필자는 그녀의 라이프스타일을 경애한다. '마음에 드는 아름다운 식기를 조금만'이라는 사고방식도 오하라 테루코로부터 영향을 받았다. 오하라의 사랑을 받은 식기들은 핸드페인팅의 따뜻한 파스텔 색상의 무늬가 특징인 1920~1930년대의 것들이다. 일본에서는 지금도 그 시대 수지 쿠퍼의 앤티크 제품과 빈티지 제품(앤티크는 100년 이상 전, 빈티지는 수십 년 전~100년 미만의 상품)이 수입되고 있다. 이제는 영국보다 일본에 제품이 더 많이 있다고 할 정도로 그녀의 선견지명과 열정은 놀라울 따름이다.

필자가 특히 좋아하는 수지 쿠퍼는 '드레스덴 스프레이'이다. 1835년에 영국 왕세자였던 에드워드 8세가 후에 그의 아내가 될 월리스 심슨에게 선물한 스토리가 있는 시리즈이다. 에드워드 8세는 이른바 '왕관보다 귀한 사랑'이 무엇인지를 몸소 보여준 인물이다. 이혼 경력이 있는 기혼자에다가 미국인이었던 심슨 부인과 이른바 사랑의 도피로 왕좌에서 물러났기 때문이다.

수지 쿠퍼의 '드레스덴 스프레이'가 얼마나 독특한지는 다른 드레스덴 양식의 찻잔과 비교해보면 일목요연하게 알 수 있다. 화려한 금채와 함께 로코코 양식의 독일의 꽃(p. 257)이 호화스럽게 그려진 것이 기존 드레스덴 양식이다. 화려한 페인팅을 자랑하는 다른 브랜드의 고전적인 작품들과 나란히 놓으면 수지 쿠퍼의 페인팅 방식이 얼마나 참신하고 아르데코스러운지 잘 알 수 있다. 새로운 시대가 왔음을 느낄 수 있는 디자인이라 할 수 있다. (겐바)

왼쪽부터 수지 쿠퍼의 드레스덴 스프레이, 올드 노리다케의 드레스덴 양식의 찻잔, 독일 브랜드 바바리아의 드레스덴 플라워

식기×문학 (더 깊이 보는)

애거사 크리스티의 도자기 컬렉션

추리소설의 여왕 애거사 크리스티의 작품에는
종종 도자기 묘사가 등장한다

일가의 취미는 도자기 수집

"플로렌스가 쟁반에 크라운 더비의 고급 도자기를 들고 왔다. 이것은 미스 에밀리가 자택에서 가져온 것일 것이다."(다카하시 유타카 번역의 『움직이는 손가락』(하야카와문고)에서 발췌)

"드레스덴 찻잔으로 중국차를 마시고 놀랄 정도로 작은 샌드위치를 먹으며 수다를 떨었다."(나가노 키요미 번역의 『삼막의 살인』(하야카와문고)에서 발췌)

추리소설의 여왕 애거사 크리스티. 그녀의 작품에는 멋진 우스터 자기의 커피잔이나 유품 속의 스포드의 디저트 세트와 같이 도자기에 대한 묘사가 종종 보인다. 『버트럼 호텔에서』에는 "도자기들이 진짜 로킹엄과 데번포트 제품인지는 알 수 없지만 어쨌든 그래 보였다. 블라인드 얼 제품이 특히 인기 있어 보였다."(원은정 번역의 황금가지 출판사판 발췌) 등 꽤 세세한 묘사가 나오기도 한다.

'블라인드 얼'은 실명한 영국 백작을 위해 촉감으로 알 수 있도록 식물 모양을 볼록하게 입체적으로 그려 넣은 영국의 가마 로얄 우스터가 만든 식기이다. '실명한 백작'이라는 뜻으로 웬만한 도자기통이 아니면 모를 전문 용어이다.

사실 그럴 만도 하다. 크리스티는 일가족이 모두 도자기 수집가로 유명하여 그녀의 별장이었던 그린웨이 하우스에는 일가의 다양한 컬렉션이 남아 있다.

크리스티의 조부모와 부모의 도자기 컬렉션은 마이센과 드레스덴(독일), 샹송(프랑스), 카포디몬테(이탈리아), 로얄 크라운 더비(영국) 등이다. 그녀의 부친은 마이센과 마이센을 복제한 샹송의 피겨린을 사랑했다. 마이센의 걸작 '스노볼'이나 '코메디아 델라르테(p.51)'의 복사품인 샹송의 작품은 일가의 컬렉션 중에서도 인상적이다. 진짜와 꼭 닮은 바닷가재 마졸리카 자기(포르투갈)는 바닷가재를 좋아하는 크리스티다운 취향이 돋보인다. 두 번째 남편이자 고고학자인 맥스 맬로완은 고고학자답게 당나라 시대의 낙타와 송나라 시대의 접시 진품을 크리스티에게 선물했다.

딸 부부들은 영국의 스튜디오 포터의 작품을 모으고 있었다. 스튜디오 포터는 일본에서 말하는 도자기의 '개인 가마' '개인 작가'로 일본의 개인 가마를 둘러본 버나드 리치(p. 134)가 영국에 수입한 개념이다.

영국에서는 그때까지 개인 공방이라는 것이 없었고 대규모 공장을 가진 기업이 도자기를 생산하고 있었다. 리치와 하마다 쇼지, 그리고 단바 자기의 단소 가마에서 수업하던 리치의 아내 재닛 리치의 작품도 그린웨이 하우스 컬렉션에 있다.

크리스티는 상위 중류계급의 남편 두 명과 결혼을 했다. 그녀의 부친이 미국인 자산가였기 때문에 원래 출신은 영국에서 말하는 '젠트리 계급'이었다. 이러한 계급의 사람들에게 도자기, 역사적인 물건, 박물학적 물건들을 소장하는 것은 지적이고 교양 있는 취미이자 좋은 습관이었다. 여러 세대에 걸쳐 크리스티 일가에게 많은 소장은 '공통의 흥미이며 서로를 연결하는 소중한 유대'였던 것이다. (겐바)

로얄 우스터의 블라인드 얼

5장

서양 식기와 인물들

서양 식기의 탄생과 발전에 빼놓을 수 없는 위인들과
도자기를 사랑한 세계사 속의 유명인사들을 소개한다.
2장의 명품 브랜드를 소개한 장에서도 주요 인물들을
간단히 소개하고 있으니 참고해서 함께 읽어보자.

인물

과학자와 화가 등의 다양한 얼굴을 가진 도공
[베르나르 팔리시]

강한 인내심으로 도기 제조를 계속하고 신앙을 지켜낸 인물로
있는 그대로의 생생한 자연의 세계를 그릇에 표현하다

에나멜 도자기에 매료되어 도예가의 길로

프랑스에 있는 국립 세브르 도자기 박물관 정면 입구에는 커다란 타원형 그릇을 든 인물의 브론즈 동상을 볼 수 있다. 그의 정체는 베르나르 팔리시(Bernard Palissy, 1510~1590)로 프랑스 르네상스 시기에 활약했던 도공이다. 브론즈 동상의 팔리시가 손에 들고 있는 그릇은 그의 이름을 세상에 알리는 계기가 된 '전원풍 도기'이다.

지금은 '팔리시웨어'라고도 불리는 전원풍 도기는 얼핏 보기에 그로테스크하다는 느낌마저 들 정도로 사실적이고 입체적으로 동식물을 표현했다. 뱀, 도마뱀, 개구리 등 그릇에 부조된 생물들은 팔리시가 실물에서 형태를 따와서 실물 크기로 표현되어 마치 실제라고 착각될 정도로 사실적이다.

팔리시는 원래 유리 세공을 하는 장인이었는데 어느 날 하얀 에나멜 도기를 보고 그 아름다움에 매료되어 도예가가 되기로 결심하게 되었다. 아직 서양에서 자기 제조가 시작되기 200여 년 전인 1540년경의 일이었다.

'전원풍 도기' 특유의 미묘한 색조의 유약은 당시의 프랑스에는 없었던 것으로 팔리시가 필사의 노력으로 개발하였다. 팔리시는 가난과 주위의 몰이해를 견디면서 수십 년간 시행착오를 거쳐 유약을 개발해냈다. 고진감래 끝에 탄생한 도기가 높은 평가를 받으면서 메디시스(프랑스 왕 앙리 2세의 왕비) 등 권력가들로부터 주문을 받게 된다. 이로 인해 팔리시는 프랑스에서 탄압받던 칼뱅파 개신교인 위그노(p. 227)

임에도 불구하고 왕비의 비호를 받아 이례적으로 '왕실 정원 공식 도공'이라는 지위를 부여받고 궁궐 내 공방에서 왕실을 위해 도기 제작을 계속했다. 가톨릭 궁전 내에서 개신교 도공들이 작도를 한다는 것이 얼마나 이례적인 사례였는지는 쉽게 짐작할 수 있을 것이다.

팔리시의 인내

그는 자신을 비호하던 권력자가 사망한 뒤 가톨릭으로의 개종을 거부하는 바람에 바스티유 감옥에 투옥되어 옥사하는 최후를 맞고 말았다.

프랑스에는 예로부터 '팔리시의 인내'라는 말이 있다. 원래 유리 장인이었던 그는 도자기 제조 지식이 없었고 창작 활동은 암중모색의

연속이었다. 유약의 완벽한 조합에 성공하기까지 16년, 연구를 시작한 지 18년 만에 비로소 스스로를 '도공'이라고 말할 수 있게 됐다.

또 가톨릭으로의 개종을 완강히 거절하고 마지막까지 개신교인 위그노 신자로서 신앙을 지켜냈다. 그런 그를 『서국입지편西国立志編』(p. 263)에서는 "강인한 의지야말로 성공에 이르는 원동력이다."라며 칭송했다. 더 자세히 알고 싶다면 뒤에 설명하는 『서국입지편』을 참고하길 바란다.

그런데 왜 그는 '그로테스크'하다고 할 수 있는 실물 그대로의 동식물을 그릇에 표현했을까? 그것은 가난 때문에 신학이나 철학을 배운 적이 없었던 그에게 자연에서 배운 것이야말로 진리였기 때문이다. 그가 소재로 삼았던 도마뱀도 가재도 모두 사랑해야 할 작은 동물이었다. 그것들을 '징그럽고 그로테스크하다'고 보는 것은 인간의 편향된 시각이고 야생의 물가에서 살고 있는 작은 동물과 식물의 세계는 자연 법칙 속에 사는 거짓 없는 세계이자 신앙의 세계였던 것이다. 그렇기 때문에 당시 왜곡된 신앙이 만연했던 가톨릭으로 개종하지 않은 것이리라.

팔리시가 바스티유 감옥에 투옥됐을 때 당시 프랑스 국왕이 팔리시에게 개종을 설득하자 그는 "저는 처음부터 자신의 생명을 창조주 하느님께 바치기로 결심했습니다. 저는 천한 신분이기는 하지만 어떻게 죽어야 하는가는 잘 알고 있기에 국왕이나 국민의 강요에 의해 스스로 의사를 바꾸는 일은 없을 것입니다."라고 선언하고 며칠 후 옥중에서 조용히 숨을 거두었다.

팔리시가 제작한 '전원풍 도기'의 오리지널 작품은 얼마 남아 있지 않다. 현재 '전원풍 도기'라고 알려진 것들은 그의 영향을 받은 도공들의 모방품이다. 또한 전원풍 도기는 19세기 중반부터 다시 각광을 받게 되었다. 전원풍 도기 기술은 아르누보 시기에 유행했던 바르보틴 (p. 133)의 뿌리로도 알려져 있다. 그가 남긴 공적이 얼마나 큰지를 엿볼 수 있다.

국립 세브르 도자기 박물관 입구에 있는 팔리시의 브론즈 동상. 왼손에는 그가 만든 전원풍 도기가 들려 있다.

전원풍 도자기
(출처: 위키미디어커먼즈)

> 👉 **더 알아보기…**
>
> 프랑스 파이앙스 도기와 바르보틴…p. 133
> 종교개혁…p. 226
> 『서국입지편』…p. 263

인물

유럽 최초로 백자를 제작
[요한 프리드리히 뵈트거]

제약사 출신으로 과학 지식을 높이 평가받아
아우구스트에게 고용되어 경질자기를 개발한 인물

자기 제조에 농락당한 인생

18세기 유럽 전체가 혈안이 되어 연구하던 자기 제조법을 마침내 규명해낸 인물은 요한 프리드리히 뵈트거(Johann Friedrich Böttger, 1682~1719)이다. 하지만 그의 인생은 자기 제조에 농락당했다고 해도 과언이 아니었다.

뵈트거는 14세부터 베를린에서 약사 수업을 시작했고 그곳에서 연금술에 매료됐다. 당시 강건왕 아우구스트는 작센 왕국을 포함해 여러 나라에서 전쟁을 벌이고 있었는데 군자금 마련이 절실했다. 그러던 중 뵈트거가 은화를 금으로 바꾸는 실험에 성공했다는 소문이 나면서 프로이센 왕에게 쫓겨 작센으로 도망친다(p. 48). 1701년 강건왕 아우구스트는 그를 사로잡았고 이후 작센의 죄수로서 황금 만들기 실험에 종사시킨다.

그러나 금을 만든다는 소문은 거짓이었다. 과학의 기초를 닦았다고 평가되며 당시 유행한 연금술의 실체는 일종의 눈속임이었다.

뵈트거는 사형을 당할 뻔했지만 당시 궁정 과학자인 치른하우스가 그의 화학적 재능을 높이 사서 아우구스트에게 황금이 아니라 사람의 손으로 만들어낼 수 있는 '하얀 금', 즉 자기의 소성을 맡길 것을 제언한다. 약 9년간 뵈트거는 필사적으로 연구를 거듭했고 치른하우스의 도움을 받아 마침내 독일 에르츠 산맥 기슭의 아우에 마을에서 카올린을 발견하고 경질 자기 소성에 성공했다.

그런데 자기 제조법의 비밀이 타국에 알려질까 두려워한 아우구스트는 뵈트거를 놓아주지 않았다. 왕국에 거대한 부를 가져다주는 비법은 탄생한 그 순간부터 중요한 국가 기밀이 되기 때문이다. 뵈트거는 유폐된 채 술에 찌든 나날을 보내다 37세의 젊은 나이에 옥사했다. 아이러니컬하게도 아우구스트의 의도와 달리 비법은 순식간에 유럽 전역에 알려지게 된 것은 2장에서 소개한 바와 같다.

술에 빠진 뵈트거를 그린 벽화. 근심 어린 표정으로 왼손에 소성에 사용하는 도구를 들고 오른손에는 마시다 만 술이 담긴 잔을 들고 있다.

👉 더 알아보기…

카올린…p. 20
마이센…p. 46
서양 식기의 시작…p. 28

역사　『서국입지편』과 도자기

『서국입지편西国立志編』은 후쿠자와 유키치의 『학문의 권장』과 함께 메이지 시대에 베스트셀러였다. 교육자였던 나카무라 마사나오가 영국인 새뮤얼 스마일즈가 쓴 『자조론』(1859년)을 번역하여 1871년에 간행되었다.

원서 『자조론』은 '하늘은 스스로 돕는 자를 돕는다.'라는 유명한 격언으로 시작해 300명 이상의 위인들의 성공담을 모은 책이다. 새 시대를 맞아 청년의 입신출세의 본보기로서 스스로 꾸준히 노력해야 성공한다는 것을 설명하였다.

「3장 인내심이야말로 성공의 원천이다」에서 '도예가 중 놀라운 인내로 훌륭한 성과를 남긴 사람들'의 예가 나오는데 세 사람을 언급한다. 첫 번째는 팔리시야말로 성공에 이르는 원동력이다."라는 격언의 대표 인물로 소개되었다. 두 번째는 뵈트거(p. 262). 그는 "아름다운 마음으로 성공을 추구하지 않으면 불행해진다."라는 조금은 반면 교사적으로 묘사되어 있다. 세 번째는 웨지우드 창업자인 조사이아 웨지우드(p. 268). 그는 단순한 도자기 분야의 위인이 아니라 문명 세계 발전의 영웅으로 삼아야 할 인물로 평가받았다. (카노)

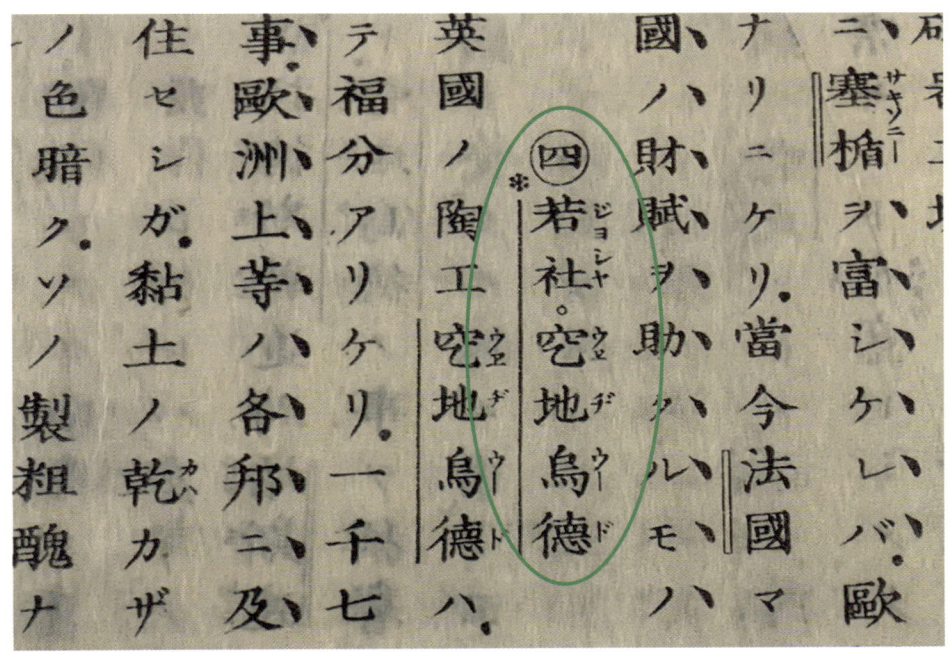

『서국입지편』에서 조사이아 웨지우드를 한자로 '若社・空地烏德'라고 기재하였다.
(『서국립지편 원명 자조론 제2권』 새뮤얼 스마일스 저, 나카무라 마사나오 역, 카노 소장)

> 인물

도자기를 사랑하고 발전시킨 일족
[합스부르크 왕가]

> 동양자기 수집가였던 마리아 테레지아를 이어
> 마리 앙투아네트와 프란츠 요제프도 자기 가마를 후원하다

현존하는 자기 가마의 후원자

유명한 관광지이기도 한 빈의 쇤브룬 궁전은 마리아 테레지아(p. 228)가 사랑한 여름 별장이다. 궁전 내에는 '일본 방'이 있어 아름다운 올드 이마리 컬렉션을 볼 수 있다. 사실 마리아 테레지아는 열성적인 동양 자기 수집가였다.

그녀가 당시 '하얀 금'이라 불리던 자기를 자국 영토 내에서 제작하는 데 많은 관심을 보인 것은 당연했다. 테레지아는 영토 내에서 유일하게 자기 제조에 성공한 빈 가마(p. 102)를 아낌없이 원조해 마이센 가마(p. 46)나 세브르 가마에 비견될 정도로 키웠다.

마리아 테레지아의 딸 마리 앙투아네트(p. 266)는 프랑스의 세브르 가마(p. 64), 마리아 테레지아의 후손인 프란츠 요제프 1세는 헝가리의 헤렌드 가마(p. 106)의 후원자로 군림하면서 합스부르크가는 빈 가마와 함께 세 나라를 대표하는 가마의 후원자가 되었다

디자인 | 지노리1735의 그란두카

이탈리아를 대표하는 명품 가마 지노리1735에는 과거 마리아 테레지아를 위해 디자인되었다고 알려진 '그란두카Granduca' 시리즈가 있다. 이 이탈리아 브랜드가 빈을 거점으로 하는 테레지아에게 식기를 헌상한 데는 결혼과 관련된 에피소드가 숨어 있다.

1736년에 테레지아는 프란츠 1세와 결혼한다. 정략결혼이 주류였던 당시치고는 드물게 연애결혼으로 맺어졌다. 그러나 주변국들의 맹반발로 프란츠 1세는 결혼을 허락받기 위해 고국인 로렌 공국(현재의 프랑스와 독일의 국경 부근)을 내놓기로 했다. 그 대신 얻은 것이 지노리1735의 거점인 토스카나 대공국이었다.

지노리1735는 남편이 토스카나 대공국을 승계하면서 토스카나 대공비를 겸임하게 된 테레지아를 위해 그란두카를 디자인한 것으로 알려져 있다. 테레지아가 사랑했던 동양풍의 꽃무늬가 매우 인상적이다. 애초에 왜 이 시리즈에 '그란두카(대공비라는 뜻)'라는 이름이 붙었는지까지 알면 더 재미있다.

세브르 가마를 키운 왕의 애첩
[퐁파두르 부인]

> 부르주아 계급에서 신분 상승한 인물로
> 뱅센 가마를 왕립 제도소로 육성하다

그녀의 살롱에서 로코코 문화가 발전

퐁파두르 부인은 본명이 잔 앙투아네트 푸아송Jeanne-Antoinette Poisson으로 1721년 오를레앙 가문 집사의 딸로 태어났다. 어린 시절부터 빼어난 미모와 더불어 문학과 예술적 재능을 타고났으며 재치 있는 입담으로 주위 사람들을 매료시켰다고 한다. 이 재능 덕분에 관례적으로 귀족 가문의 기혼 여성이 맡는 국왕의 '공식 정부'에 처음으로 부르주아 계급의 그녀가 임명된 것이다.

스무 살에 결혼했지만, 4년 뒤인 1745년 숲에서 사냥을 즐기던 루이 15세를 처음 만나 사랑에 빠지게 됐다. 루이 15세는 그녀를 베르사유 궁전으로 불러들여 프랑스 중부의 퐁파두르 영지와 여후작 작위를 수여했다. 이후로 '퐁파두르 후작부인'은 프랑스 사교계에 오랫동안 군림했다.

보석이든 드레스든 퐁파두르는 아름다운 것에 대한 집요한 애착을 보였다. 그중에서도 가장 깊게 빠져든 물건이 바로 자기였다. 그녀는 백자 소성에 성공한 뱅센 가마를 왕립 도자기 제작소로 끌어올리고 가마 유지에 막대한 국고를 할애하는 한편 이후 20년간 뱅센 이외의 가마에 자기 제조를 금지했다. 뱅센 가마가 명실상부한 왕립 자기 제작소로 기능하기 시작하자 퐁파두르는 가마를 자택 부근의 세브르로 옮기고 명칭도 '프랑스 왕립 세브르 자기제작소'로 바꾸었다(p. 64).

그녀의 살롱에서는 매일 밤 많은 사상가, 학자, 예술가로 붐비는 화려한 파티가 벌어졌다.

그들과 교류하며 그녀의 풍부한 감성과 지성이 한층 더 깊어지고 빛나게 되는데 이러한 살롱 내 문화가 우아하고 화려한 로코코 양식으로 승화되면서 로코코 양식의 절정기를 맞게 됐다.

정치를 싫어하는 루이 15세와는 달리 퐁파두르는 정치적 능력도 겸비했다. 외교 문제와 국가 경제 등이 모두 그녀의 살롱에서 결정되었다. 7년 전쟁(p. 228)에서는 그녀가 마리아 테레지아가 이끄는 오스트리아와 동맹을 맺음으로써 프랑스는 치명적인 패배를 당했다. 이 동맹이 계기가 되어 후술하는 마리 앙투아네트가 프랑스에 정략결혼으로 시집을 가게 되었다.

> 👉 **더 알아보기…**
>
> 세브르…p. 64
> 로코코 양식…p. 154
> 페티코트 동맹과 7년 전쟁…p. 228
> 마리 앙투아네트…p. 266

> 인물

사치가 심한 왕비가 아니었던 그녀의 진면목
[마리 앙투아네트]

> 경박하고 사치스러운 이미지와는 다른 그녀의
> 본래 모습을 알 수 있는 루이 16세 양식의 식기들

"경박하고, 사치가 심하고, 난잡하게 놀기만 좋아하던 왕비" "조그맣고 우둔한 남편에게 정나미가 떨어져 부부 사이는 냉랭했다." 우리가 아는 마리 앙투아네트와 루이 16세에 대한 평가다. 그러나 현재는 많은 연구가 진행되면서 국왕 부부를 단두대로 보낸 사람들이 만들어낸 이미지가 아닌 진면목을 알 수 있게 되었다.

루이 16세는 장엄한 체격에 다국어를 구사하는 박식한 왕이었고, 마리 앙투아네트는 탁월한 미적 센스를 갖추고 솔직하고 상냥한 성격의 소유자였다. 만일 루이 16세의 통치 시대가 태평성대였다면 국민들에게 흠모를 받았을 국왕 부부였겠지만 거대한 혁명의 물결을 앞두고 통치 수완을 발휘하지 못하면서 비극적 운명을 벗어나지 못했다. 마리 앙투아네트의 비극은 시대의 톱니바퀴가 더 이상 구체제를 허용하지 않던 시대적 변혁으로 인해 생겨났다고 생각된다.

그녀의 후반생에서는 루이 15세 시대(로코코 시대)에 꼭두각시처럼 조종당하던 모습이 아니라 본모습을 엿볼 수 있다. 그 본모습이 단적으로 드러나는 것이 루이 16세 양식의 식기이다. 당시 세브르에는 루이 16세가 수집한 신고전 양식의 카메오와 마리 앙투아네트가 사랑한 수레국화를 함께 그린 식기 등 국왕 부부의 취미를 모두 반영한 숨은 부부애를 느낄 수 있는 자기가 남아 있다.

그녀의 비극에는 아이러니컬하게도 루이 16세가 공식 정부를 두지 않았던 것도 요인 중 하나가 되었다. 공식 정부는 패션 리더의 역할과 국민의 증오를 한몸에 받는 등의 주요 임무가 부여되었다. 간접적으로 국왕의 정실인 왕비

(대부분 정략결혼에 의한 타국의 왕족으로 귀중한 존재)를 지키는 역할을 하는 공식 정부 시스템은 어떻게 보면 합리적이기도 했다. 그러나 루이 16세는 공식 정부를 두지 않았다. 결과적으로 그녀는 왕비이면서 공식 정부의 역할도 담당해야만 했다.

마리 앙투아네트는 국모로서 왕세자를 출산했고 패션 리더가 되었으며 동시에 국민의 증오를 한몸에 받았지만 구체제하의 상식 속에서 자신에게 부과된 역할을 해낸 여성이기도 했다.

> 🕮 더 알아보기…
>
> 세브르…p. 64
> 루이 16세 양식…p. 160
> 합스부르크 왕가…p. 264

유럽 전역에 자기 제조법을 누설한 가마꾼
[크리스토프 콘라트 훙거]

> 5개 가마를 전전하며 마이센의
> 자기 제조 비법을 유럽 전역에 퍼뜨린 인물

수완 하나로 온 유럽을 떠돌아다니다

떠돌이 장인은 자신의 솜씨(기술) 하나로 각지를 떠돌아다니는 장인을 말한다. 이런 사람들 중에는 동서고금을 막론하고 독불장군이 많이 있었다. 훙거Christoph Konrad Hunger도 그런 인물이었다. 마이센 가마 출신의 훙거는 유명 가마를 전전했고 마이센(p. 46)의 자기 제조법은 줄줄이 누설됐다.

1710년 마이센에 들어간 훙거는 1717년에 빈 자기 공방으로 옮기고 불과 3년 만에 베치 가마로 전직했다. 1725년에는 다시 마이센으로 돌아가지만 1735년에 도치아 가마(p. 74)로 옮겼다. 그 2년 후 마지막은 코펜하겐 가마(p. 112)로 들어갔다.

현대 사회라면 이력서 제출 단계에서 떨어질 것 같은 화려한 전직 이력이다. 하지만 당시 국가 기밀인 자기 제조법을 경쟁국에 누출하면서도 용케 암살을 피한, 어찌되었건 대단한 인물이다.

☞ **유럽 경질 자기의 계보** 【마이센 가마의 훙거를 통한 자기 제조법 전파】

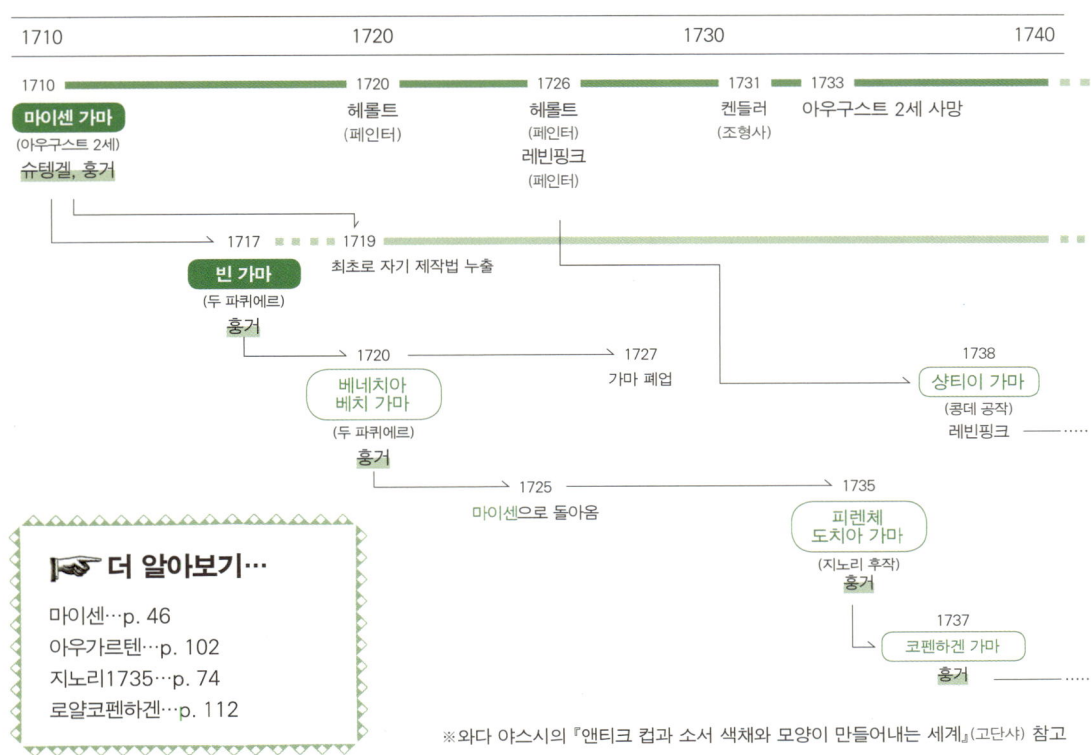

☞ **더 알아보기…**
- 마이센…p. 46
- 아우가르텐…p. 102
- 지노리1735…p. 74
- 로얄코펜하겐…p. 112

※와다 야스시의 『앤티크 컵과 소서 색채와 모양이 만들어내는 세계』(고단샤) 참고

> 인물

영국 도자기의 아버지로 불리는 노력가
[조사이아 웨지우드]

> 과학자이자 자선가이자 세계 유수의 도자기 브랜드인
> 영국 웨지우드의 창업자

도자기 업계에 그치지 않는 지대한 공적

웨지우드의 창업자 조사이아 웨지우드(Josiah Wedgwood, 1730~1795)에 관해서는 수많은 문헌이 남아 있다. 문헌마다 다소 과장도 있겠지만 웨지우드가 노력가이자 사업가이고 심지어 자선가이자 과학자 등의 얼굴을 가진 것은 사실이다. 그의 삶의 밀도는 상당히 높았을 것이라 짐작된다.

그는 웨지우드를 창업해 '영국 도자기의 아버지'라는 칭송을 받았다. 도자기의 양산화를 실현했고 당시로서는 참신한 마케팅 수법인 쇼룸이나 카탈로그 판매 등을 도입했다. 여기에 운하까지 만들어 최신 물류 시스템을 구축했다. 어린 시절에 천연두에 걸려 한쪽 다리를 절단해야 했다. 그러다 보니 그는 약자의 시선으로 사물을 바라보며 도자기 업계에 그치지 않고 엄청난 사회 공헌을 이루었다.

그러나 이렇게 수많은 찬란한 직함과 달리 스토크온트렌트 중심부에 있는 교회 묘비에는 오직 '도공 조사이아 웨지우드(Josiah Wedgwood, 1730~1795)'라고만 새겨져 있다.

웨지우드 관계자를 간단히 살펴보자. 조사이아의 사촌 누이 세라는 1764년에 그와 결혼하여 아내가 되었다. 총명하고 통찰력이 뛰어나고 높은 교육을 받았기 때문에 상담역이나 비서 역할도 소화했다. 서양 식기 디자인에 대해서도 종종 의견을 냈고 반영됐다고 한다.

웨지우드 가마의 공동 경영자였던 토머스 벤틀리(p. 86)는 고학력으로 고전에 정통했다. 그랜드 투어(p. 235) 경험자로 조사이아가 신고전주의에 매료되는 데 큰 영향을 미쳤다.

그의 주치의인 에라스무스 다윈은 자연철학자이자 의사로서 조사이아와는 서로 존경하는 사이였다. 나중에 조사이아의 딸과 에라스무스의 아들이 결혼했다. 그 사이에서 태어난 인물이 『종의 기원』의 저자 찰스 다윈이다.

> 📖 **더 알아보기…**
>
> 웨지우드…p. 86
> 신고전 양식…p. 164
> 대서양 삼각무역…p. 234
> 『서국입지편』…p. 263

웨지우드와 스포드 창업자의 의외의 인연
[조사이아 스포드]

유년기의 경험과 일했던 도자기 공방이 일치,
매장된 묘지까지 같은 두 인물의 관계는?

스포드의 창업자

웨지우드의 창업자 조사이아 웨지우드와 스포드(p. 88)의 창업자 조사이아 스포드(Josiah Spode, 1733~1797). 두 사람은 이름이 '조사이아'로 같을 뿐만 아니라 여러 부분에서 공통점이 많다.

주목할 점은 두 사람 모두 당시 영국에서 유명했던 도예가 토머스 휠든과 일했다는 점이다. 스포드는 장인이고 웨지우드는 공동 경영자로서 각각 그와 일했다.

스포드와 웨지우드가 함께 일한 기간은 얼마 되지 않았다. 하지만 세 살 연상의 웨지우드가 공동 경영자로 일하며 영국 도자기 업계에 많은 공적을 남긴 것 등은 스포드에게 동경과 함께 좋은 자극이 되었을 것이다. 두 사람의 관계는 양호했던 것으로 알려져 있다. 실제로 웨지우드가 스포드에게 가마 경영에 대한 조언을 했다는 기록도 남아 있다.

절차탁마로 영국 도자기 업계를 부흥시킨 두 사람은 같은 묘지에 매장되었다. 영국 도자기의 고향 스토크온트렌트(p. 84)에 대한 공헌도를 엿볼 수 있는 부분이다.

👉 더 알아보기…

웨지우드…p. 86
스포드…p. 88

역사 ▷ **웨지우드 창업기에는 본차이나를 만들지 않았다**

많은 사람이 웨지우드 창업기에는 본차이나를 만들지 않았다고 말하면 놀랄 것이다.

대부분의 사람이 '웨지우드=본차이나'라는 이미지를 갖고 있다. 하지만 사실은 조사이아 시절에는 본차이나를 만들지 않았다. 이상하게도 조사이아는 완강하다고 할 정도로 자기 개발에는 손을 대지 않았다. 웨지우드가 본차이나를 본격 생산하기 시작하는 것은 창업자 조사이아의 아들 조사이아 웨지우드 2세 때부터이다. 그렇다면 본차이나를 가장 먼저 상품화한 브랜드는 어디일까? 정답은 스포드이다.

디자인 | 빅터 스켈런

웨지우드의 파인 본차이나를 대표하는 식기 시리즈를 꼽으라고 하면 누가 뭐래도 '와일드 스트로베리(p. 270)'일 것이다. 1965년 웨지우드 5세 시대에 탄생해 지금까지도 인기 있는 시리즈이다.

웨지우드 5세는 1929년 일어난 세계 공황의 이듬해에 이사로 취임하면서 웨지우드의 경영난을 바로잡기 위해 1934년부터 새로운 디자인 디렉터로 빅터 스켈런Victor Skellern을 기용했다. 스켈런은 창업자 조사이아 시대의 패턴 북에서 영감을 얻어 1957년에 '스트로베리 힐'이라는 디자인을 고안해냈다. 그것을 개량해 1965년에 탄생한 것이 '와일드 스트로베리'이다. 지적인 신고전 양식으로 인기가 높은 '플로렌틴'(p. 171)도 스켈런의 손을 거친 시리즈이다.

그가 디자인한 '스트로베리 힐'과 '플로렌틴'은 모두 과거 패턴을 참고하여 디자인된 '아카이브 작품'이다. '스트로베리 힐'은 창업자 조사이아의 시대에 만든 최초 패턴 북에 있던 도안을 수정하고 '플로렌틴'은 1874년 초판이 발표된 이후 빅터가 도안을 수정해 현재의 디자인이 되었다.

이처럼 웨지우드의 디자인에는 과거 도안을 소중히 계승하고 현대의 디자이너들이 새롭게 숨을 불어넣으면서 생겨난 온고지신의 디자인이 많이 있다. 웨지우드의 식기를 접했을 때 '전에 본 적이 있을지도 몰라.'라고 생각된다면 인터넷이나 웨지우드의 과거 카탈로그 등을 살펴보자. 어쩌면 새로운 발견을 할지도 모른다. (카노)

스트로베리 힐

와일드 스트로베리

부록

서양 식기 사용법

서양 식기에 대해 알고 난 후에는 꼭 구매해 사용해보기를 권한다.
그냥 동경만 하다가 끝내버리기는 아깝기 때문이다. 배운 지식을 가지고
실제로 사용해봄으로써 서양 식기의 세계가 더욱 넓어지게 마련이다.
서양 식기를 더 즐겁게 활용하기 위해, 구매하기 위해, 요리와 조합하기 위해,
그리고 보관하기 위해 어떻게 해야 하는지 알아보자.

서양 식기 사용법

용도별 서양 식기

필자들은 업무상 교재로 많은 식기를 가지고 있지만,
사실 개인적으로 실제 사용하는 식기의 가짓수는 적은 편이다.
선택 기준은 자신 취향에 맞는 것을 엄선해 구입하는 것이다.
그러면 아름다운 공예품에 둘러싸인 넉넉한 생활이 될 것이다.

구매 전 정리정돈이 먼저!

불필요한 식기를 처분한다

식기를 구매하기 전에 먼저 집에 있는 식기를 정리하자. 깨지거나 금이 가는 등의 결함이 있는 식기를 사용하는 것은 위험하므로 이번 기회에 깨끗이 처분하는 것이 좋다. 불필요한 식기는 필요한 사람에게 양보하거나 재활용센터나 바자회 등을 활용하는 것도 좋다. 추억이 담긴 식기 중 사용하지 않는 것은 수납장에 넣어두지 말고 추억용으로 별도로 수납하자.

수납장에 잠들어 있는 선물용 식기를 사용하자

새로운 식기를 구입하기 전에 오래전에 받았지만 포장 그대로 넣어둔 선물용 식기가 있다면 상자에서 꺼내 사용하자. 아깝다고 일상에서 사용을 자제하는 사람이 많은데 사용하지 않는 편이 훨씬 아깝다는 것을 기억하자.

식기 선택의 포인트

마음에 드는 것을 조금씩 모으자

대부분 서양 식기 판매점에서는 낱개 구매가 가능하기 때문에 반드시 풀세트를 갖출 필요는 없다. 부담 없이 정말 마음에 드는 것들만 엄선해서 모아보자. 그리고 소중히 보관해두는 것이 아니라 평소 식사나 손님 접대 등 일상에서 편하게 사용하는 것이 좋다. 가까운 사람들뿐만 아니라 스스로를 대접하기 위해서 아름다운 식기를 사용하는 것이다. 마음에 드는 식기가 놓인 식탁은 분명 기분 좋은 하루를 선물할 것이다.

실제로 손에 들고 고르자

식기의 무게, 크기, 질감은 실제로 만져봐야 알 수 있다. 집에 수납장이 좁다면 쌓아두었을 때의 두께 등도 식기 구입 시 중요한 포인트가 된다. 구입하기 전에 매장에 먼저 양해를 구한 후 꼭 손에 들고 꼼꼼히 살펴보자.

망설여질 때는 스테디셀러를 고르자

무엇을 고를까 망설여질 때는 스테디셀러 중의 스테디셀러 제품을 추천한다. 유명 스테디셀러 제품들은 왕후와 귀족과 심미안이 있는 사람들에게 계속 선택을 받으면서 유행이나 시대의 흐름 속에서 살아남았기 때문이다. 스테디셀러 제품을 선택하면 아마추어라도 '틀림없이 아름다운' 식기를 얻을 수 있다. 특히 집에서도 레스토랑처럼 시리즈를 갖추어서 사용하고 싶다면 좋아하는 스테디셀러 제품을 선택하여 오랫동안 소중히 사용하는 것이 좋다.

가족의 취향을 존중하자

밥그릇, 젓가락, 찻잔, 머그컵 등 사용자를 명확하게 구별하기 쉬운 식기들은 가족 각자의 취향에 따라 선택하는 편이 좋다. 일상의 식기들은 손님 접대용으로 갖춘 식기와는 구별해서 생각하자.

균형 있게 계획적으로 구입하자

사용을 위한 식기는 같은 크기를 종류별로 많이 구비할 필요가 없다. 집에서 부족한 것, 평소 먹는 요리와의 궁합이나 갖고 있는 식기와의 조합, 수납 공간, 예산을 의식하여 계획적으로 구입하자.

주제를 정하여 수집하자

그릇을 좋아하고 사용하는 것보다 수집하는 것 자체를 좋아하는 수집가는 사용을 위한 식기와는 다른 발상이 필요하다. 무작정 사 모을 것이 아니라 스스로 테마를 정해서 수집하는 것이 중요하다. 좋아하는 브랜드, 미술 양식, 셰이프 등 주제를 좁혀보자.

추천하고 싶은 것은 데미타스 컵 컬렉션이다. 수집가용으로 캐비닛 컬렉션(감상용)을 다수 갖추고 있다.

서양 식기 사용법

사용이 편리한 수납 방법

사용 빈도에 따라 장소를 나누자

일상에서 사용하는 식기는 사용하는 빈도에 따라 높이를 나누어 수납한다. 가장 많이 쓰는 1군은 수납장의 눈높이나 그보다 약간 아래로, 2군은 손이 닿기 쉬운 상부나 하부로, 계절용이나 대형 식기들인 3군은 그 이외의 공간에 수납하자. 서랍에 넣어둘 경우에는 미끄럼 방지 시트를 아래에 깐다. 아름다운 그림 접시 등은 찬장에 넣어두는 것보다 인테리어로 꾸미는 방법을 추천한다.

식기를 겹쳐 보관할 때 포인트

겹쳐 놓기 가능한 접시는 두께, 무게, 선반 높이에 맞춰서 겹쳐 수납하자. 이때 도자기와 자기 등 소재가 다른 것을 겹쳐놓으면 흠집의 원인이 되므로 주의해야 한다. 컵 앤드 소서의 경우 구경(입을 대는 부분)이 밖으로 넓게 펼쳐지지 않은 타입이라면 4개씩 손잡이를 집어넣어 콤팩트하게 수납할 수 있다(사진3 참조).

전자레인지에 사용 가능한 것은 따로 구분하자

금장식이나 은장식이 있는 식기, 핸드페인팅 식기는 전자레인지에 사용할 수 없는 제품이 많다. 가족이 실수로 전자레인지에 사용하지 않도록 공간을 나누어 수납하는 것이 좋다.

1: 필자의 집 찬장 일부. 노리다케의 세르 블랑은 쌓았을 때 컴팩트하게 수납할 수 있도록 설계되었다. /2: 플레이트류는 평평한 접시 위에 깊은 접시를 겹쳐 놓으면 꺼내기 쉽다. /3: 같은 모양의 컵은 4개씩 손잡이를 안으로 포개 넣어 콤팩트하게 수납할 수 있다. /4: 한 개씩 넉넉하게 선반을 사용하는 것도 좋다. /5: 그림 접시는 인테리어로 장식하는 것을 추천한다.

서양 식기 취급 방법

전자레인지와 식기세척기 사용 가능 여부 확인

고급 식기 대부분은 전자레인지와 식기세척기에 사용할 수 없다. 특히 앤티크 제품은 거의 모든 것이 불가하다고 생각하면 틀림없다. 최근에는 전통있는 브랜드에서도 전자레인지와 식기세척기에 사용할 수 있는 식기를 판매하고 있다. 매일 상차림에서 전자레인지와 식기세척기 사용이 필수라면 이러한 식기를 구입하는 것이 좋다. 또한 북유럽 브랜드는 오븐에 사용할 수 있는 제품이 많이 있다.

손세척이 원칙 매직블럭은 사용 불가

고급 식기는 중성세제를 사용해 손으로 부드럽게 세척하자. 특히 핸드페인팅 되어 있는 부분이나 금채 부분은 빡빡 문지르지 않도록 주의해야 한다. 설령 얼룩이 심하더라도 매직블럭이나 연마제가 들어간 스펀지를 사용해서는 안 된다는 점은 반드시 기억해두자.

관입이 있는 도자기는 얼룩에 각별히 주의

이것은 깜빡 잊어버리기 쉬운 실수이기 때문에 조심하도록 하자. 프랑스의 파이앙스의 앤티크 제품 등 관입(제조 시 유약에 의해 생긴 미세한 금으로 결함이 아니다)이 있는 도자기는 수분이 배어들기 쉽다. 그 때문에 커피, 홍차, 간장 등 색이 짙은 액체가 묻은 채로 그릇을 방치하면 얼룩이 생겨 표백해도 완전히 제거할 수 없게 된다. 사용 후에서는 바로 닦아서 말려두자. 이런 손질이 번거롭다면 자기나 본차이나를 추천한다.

관입에 얼룩이 스며든 식기. 같은 디자인이라도 앤티크 제품은 관입이 있는 도기 제품이었다. 현재는 자기나 본차이나로 바뀌어 손질이 쉬워진 시리즈도 있다.

급열과 급랭 주의

급열과 급랭에 특히 주의하자. 차가운 그릇에 갑자기 뜨거운 물을 붓거나 하면 퍽하고 깨질 수 있다. 특히 얇고 섬세한 백자 식기는 깨질 확률이 높기 때문에 뜨거운 물을 붓기 전에 미리 따뜻한 물로 그릇을 데워두어야 한다.

서양 식기 사용법

식기와 요리의 테이블 세팅 방법

식기와 요리의 '격'을 맞추자

"식기는 요리의 옷이다." 미식가이자 도예가인 기타오지 로산진의 말이다. 식기는 음식을 담기 위한 것이며 요리를 돋보이게 하는 역할이라는 뜻이다. 여러분이 앞으로 요리를 담을 식기를 무엇으로 할까 고민할 때 대략적인 '식기와 요리를 세팅하는 규칙'을 염두에 두면 좋을 것 같다.

옷은 입고 가는 시간, 장소, 상황TPO에 따라 드레스코드가 정해져 있다. 특별한 날인지, 일상적인 날인지에 따라 스타일이 다르기 마련이다. 이는 옷의 가격이 아니라 '격'으로 결정된다.

마찬가지로 식기도 요리의 격에 맞게 선택해야 한다. 식기의 '격'도 옷의 경우와 동일하게 가격에 관계없기 때문에 유의해야 한다. 격이 낮아도 비싼 식기가 있고, 저렴한 프린트 식기이지만 격이 높은 식기도 있다. 예산에 맞춰 구비하도록 하는데 가끔 짝이 맞지 않는 것이 있어도 상관없다. 너무 보수적으로 생각하지 않아도 좋다.

식기의 드레스코드를 알아두는 것은 그 사람의 교양이나 품성을 나타내기 때문에 중요한 일이라고 생각된다. 꼭 식기의 '테이블 세팅 규칙'을 몸에 익혀 다채로운 식탁을 즐겨보자.

☞ 격이 높은 식기는 손님 접대용으로

- 금채가 있는 것
- 로코코 양식, 신고전 양식, 앙피르 양식
- 모티프가 가키에몬 사본이나 사쓰마 자기 모작 등 진상품(p. 256) 사본의 식기는 손님 접대나 가족 축하와 같은 특별한 날에 사용하는 것이 좋다.

☞ 격이 낮은 식기는 일상 식탁용으로

- 금채가 없는 것
- 모던한 북유럽 무늬
- 따뜻하고 캐주얼한 도기
- 동판전사(트랜스퍼)
- 민예 식기 등은 일상적으로 먹는 반찬이나 패스트푸드, 스낵 등을 담는 데 사용하자.

사진 위는 하빌랜드의 루브시엔이고 왼쪽 아래는 오쿠라 도엔의 블루 로즈이고 오른쪽 아래는 아우가르텐의 임페리얼 가든이다.

사진 위는 아라비아의 파라티시 블랙이고 왼쪽 아래는 로스트란드의 몬아미이고 오른쪽 아래는 웨지우드의 수지 쿠퍼이다.

다른 식기와의 코디네이트 요령

갖고 있는 식기와의 코디에서 중요한 것은 '색조' '재질' '식기의 격'을 의식하는 것이다. '색조'는 동계열의 색을 선택하면 틀림없다. 특히 어느 브랜드나 블루 앤드 화이트 식기는 있기 때문에 코디하기 쉽다.

'재질'은 식기의 질감이나 두께를 맞추는 것이다. 일본 식기는 소재가 다른 그릇들을 식탁에 진열하는 것도 센스 있는 코디가 될 수 있지만 서양 식기에서는 결코 좋은 코디는 아니다. 얇은 자기와 두께감이 있는 도기를 조합하면 짝짝이처럼 보이게 된다. 자기는 자기, 도기는 도기끼리 식탁을 통일하는 것이 좋다. 다른 재질의 제품을 사용할 때는 식기의 두께가 비슷한 것으로 통일하면 코디하기 쉽다. 또한 반들반들한 자기와 칠기, 약간 거칠거칠한 도기와 석기, 슬레이트 그릇 등 '촉감이 비슷한 식기'를 함께 코디하는 것도 추천한다.

식기의 격에 대해서는 앞 페이지에서 설명한 대로이다. 식기의 격이 각각 다르면 통일감이 없어진다. 식기의 격은 다른 식기와 코디할 때 꼭 필요한 정보이니 기억해두면 좋을 것이다.

같은 색조로 코디한다. 블루 앤드 화이트(p. 42)는 일본 식기와 서양 식기를 혼용할 수 있어 편리하다.

도자기는 같은 재질끼리 맞추면 실패할 확률이 적다. 사진은 웨지우드로 모두 본차이나이다. 문양이 있는 식기와 무지 식기는 코디하기 좋아서 초보자에게 추천하는 조합이다.

금채가 들어간 자기(헤렌드 '아포니')와 칠기의 조합. 모두 귀빈용으로도 사용할 수 있는 코디이다. 격이 높은 화과자를 담으면 그릇과 격이 맞아 떨어지며 차분한 분위기를 낼 수 있다.

색조가 비슷하고 같은 셰이프라면 문양이 모두 달라도 제각각으로 느껴지지 않는다.

웨지우드의 와일드 스트로베리
무늬에 맞게 싱그러운 딸기를 담았다.

왼쪽: 서양 식기를 일상의 식탁에서 애용하는 즐거움을 누려보자. 손잡이가 없는 오리엔탈
컵이나 그릇에는 덮밥을 담는다 /오른쪽: 서양 식기에 화과자를 담았다. 마이센의 웨이브.

식기는 사용할 뿐만 아니라
보는 재미와 꾸미는 재미도 있다.
로얄 크라운 더비의 이마리 패턴.

서양 식기 디자인과 네일을 코디하는 것도
또 다른 즐거움일 것이다. 로얄코펜하겐의
블루 팔메트.

같은 셰이프로 다른 문양을 수집하는 즐거움이 있다.
모두 웨지우드의 리 셰이프이다.

색인

브랜드명 색인 (가나다 순)

나루미	125, 221
노리다케	8, 30, 69, 124, 126, 127, 159, 180, 206, 220, 274
니나스	69
니코	39, 125, 181, 220
님펜부르크	44, 45, 50, 51, 55, 56, 158, 215, 216, 229
레이노	163
로모노소프	101
로브마이어	196, 197, 199
로스트란드	110, 111, 114, 115, 118, 119, 120, 121, 214, 221, 276
로얄 덜튼	21, 79, 83, 98, 99, 181, 203, 209, 213, 218, 246
로얄 앨버트	111, 159
로얄 우스터	78, 82, 83, 85, 111, 182, 192, 194, 216, 217, 219, 246, 258
로얄코펜하겐	26, 46, 55, 110, 111, 112, 113, 116, 117, 153, 202, 203, 210, 216, 217, 220, 246, 267, 279, 291
로얄 크라운 더비	39, 78, 80, 81, 83, 158, 176, 177, 216, 258, 279
로젠탈	45, 56, 57, 58, 59, 61, 220
루아얄 리모주	66, 67, 69, 163, 215, 217
루트비히스부르크	55
리차드 지노리	74, 75, 76
마이센	17, 20, 26, 29, 39, 40, 44, 45, 46, 48, 49, 50, 51, 54, 55, 57, 60, 61, 65, 73, 100, 101, 102, 104, 105, 108, 112, 115, 116, 119, 142, 149, 153, 156, 157, 158, 194, 214, 215, 228, 229, 230, 258, 262, 264, 267, 278
민턴	65, 79, 80, 81, 83, 84, 92, 93, 94, 96, 133, 179, 181, 217, 218, 219, 246, 248
바바리아	50, 257
버얼리	27
베르나르도	9, 63, 66, 67, 68, 69, 163, 175, 219, 221, 242, 246, 247
빌레로이앤보흐	45, 52, 53, 61, 94, 133, 191, 215, 290
사르그민	18, 132
상송	258
세브르	44, 48, 62, 63, 64, 65, 66, 69, 70, 71, 80, 81, 83, 92, 93, 95, 108, 154, 155, 157, 158, 163, 216, 217, 246, 248, 260, 265, 267
셀리	207, 221
스튜디오 포터	258
스포드	27, 30, 79, 81, 83, 84, 88, 89, 90, 93, 96, 111, 176, 182, 183, 213, 216, 217, 218, 225, 235, 236, 238, 246, 258, 269
아라비아	111, 114, 115, 118, 119, 120, 121, 219, 221, 276
아우가르텐	19, 36, 100, 101, 102, 103, 104, 142, 157, 175, 185, 187, 196, 197, 199, 207, 214, 218, 221, 228, 230, 240, 249, 267, 276
앤슬리	207
앨프리드 미킨	191

오쿠라도엔	22, 23, 26, 32, 124, 127, 128, 129, 130, 141, 203, 221, 276, 285
웨지우드	7, 16, 19, 31, 37, 39, 46, 79, 81, 84, 86, 87, 93, 111, 133, 141, 164, 165, 166, 167, 168, 170, 171, 175, 179, 181, 183, 195, 213, 216, 221, 234, 235, 246, 263, 268, 269, 270, 276, 277, 278, 279
이딸라	111, 114, 119, 120, 121, 220, 221
임페리얼 포슬린	101, 141, 218
지노리1735	9, 36, 39, 39, 53, 72, 73, 74, 75, 76, 149, 157, 167, 187, 207, 215, 216, 264, 267
지앙	39, 63, 136, 137, 218
카페엠 베를린	45, 54, 55, 117, 216, 228, 229, 230
포르셀레이너 플러스	39, 138, 139, 153, 214
퓨어스텐베르크	55
프랑켄탈	55
하빌랜드	63, 69, 70, 71, 133, 163, 195, 203, 218, 220, 246, 276, 290
헤렌드	6, 31, 33, 39, 61, 100, 101, 103, 106, 107, 108, 109, 153, 157, 163, 187, 218, 219, 244, 245, 246, 249, 264, 277
후이스터	51, 55, 187, 191
후첸로이터	45, 49, 56, 57, 58, 59, 61, 217, 218
C&WK 하비	191

인명 색인 (가나다 순)

갈레	200, 201
강건왕	
아우구스트	29, 46, 48, 50, 73, 104, 115, 149, 262
구스타프 3세	117
구스타프 클림트	197
귀스타브 에펠	245
나쓰메 소세키	180, 238, 250
나카무라 마사나오	63
나폴레옹→나폴레옹 보나파르트	
나폴레옹 1세→나폴레옹 보나파르트	
나폴레옹 3세	63, 67, 71, 242, 243, 245, 246, 249
나폴레옹 보나파르트	39, 64, 65, 113, 172, 173, 174, 175, 184, 217, 240, 241, 242
니콜라 빌레로이	52, 53
데이비드 하빌랜드	70, 71
데지레 레로이	80, 81
돔 형제	200, 201
두 파퀴에르	102, 104, 267
들라크루아	188, 189
랄리크	200, 201
레오나르 베르나르도	67, 68
로렌초 2세	76
로버트 애덤	151, 216, 235
로버트 체임벌린	82, 83
로비샤 울리카	117
로젠탈 2세	57
루벤스	146, 147
루이 14세	90, 148, 154, 173

루이 15세	53, 64, 69, 154, 160, 215, 228, 265, 266
루이 16세	66, 160, 161, 163, 216, 229, 232, 266
루이 나폴레옹→나폴레옹 3세	
루이 다비드	173
루이 솔롱	92, 93
루이트폴트 왕자	50, 51
루카스 크라나흐	60, 227
링글러	51
마르코 폴로	28, 29, 30
마르틴 루터	60, 61, 226, 227
마리 앙투아네트	63, 66, 69, 70, 160, 161, 162, 163, 175, 216, 217, 228, 229, 230, 232, 264, 265, 266
마리아 테레지아	36, 37, 52, 53, 100, 103, 142, 157, 215, 228, 229, 230, 231, 264, 265
막시밀리안 1세	56
막시밀리안 3세	
요제프	50, 51, 216
메테르니히	108, 184, 240, 241
모리무라 이치자에몬	30, 126, 127, 128
모리무라 토요	126, 127,
모모키 하루오	
모차르트	37, 57, 157, 166
몰 피셔	106, 107, 108
무나가타 시코우	256
무샤노코지 사네아쓰	254
무하	200, 201
바그너	189
바스쿠 다가마	222
바흐	50, 51, 148
버나드 리치	134, 135, 256, 258
베르나르 팔리시	63, 214, 260, 261, 263
베르나르도 에르네스트	
샤플레	220
베토벤	164, 166
벨르스케스	
뵈트거→요한 프리드리히 뵈트거	
부셰	151, 155
부스텔리	50, 51
비르게르 카이피아이넨	118
비발디	148
빅터 스켈런	86, 87, 171, 270
빅토르 위고	190
빅토리아 여왕	59, 60, 80, 81, 92, 93, 94, 95, 98, 106, 107, 245, 246
빌헬름 1세	249
사무엘 스틸첼	102, 104
사카이타 가키에몬 가문	40
살바토르 로사	178, 179, 180, 236, 238
새뮤얼 라이트	94
새뮤얼 스마일스	263
샤를 페로	90
샬럿 왕비	83, 87, 177
세리자와 케이스케	256
수지 쿠퍼	257
슈베르트	37, 185
스메타나	189

스티븐슨	180		카롤루스 마그누스			187
시가 나오야	254		후첸로이터	56	개신교	80, 93, 94, 146, 147, 149, 179, 183, 223, 224, 226, 227, 233, 249, 260, 261
아르놀 크로그	112, 113, 203, 220, 246		카를로			
아이노 알토	120, 121		지노리 후작	74, 75		
안나 마리아			카를로스 3세	73	경덕진	17, 20, 24, 25, 38, 42, 150
공작부인	158		카와이 칸지로	256	경질자기	17, 20, 22, 23, 25, 29, 30, 44, 48, 50, 66, 67, 74, 75, 78
안데르센→한스 크리스티안 안데르센			카이 프랑크	118, 119, 120		
알바 알토	121		카트린 드		고대 그리스와	
아르투아 백작	163		메디시스	260	로마	72, 86, 144, 164, 165, 179, 226, 227, 231, 241
애거사 크리스티	107, 258		컨스터블	191		
앙드레 플랑슈	80, 81		켄들러	46, 48, 51, 215, 267	고대 이집트	173
앨버트 공	60, 245		콜럼버스	75, 214, 222	고딕 복고	79, 92, 94, 177, 178, 179, 180, 181, 182, 216, 217, 218, 219, 220, 235, 236,
야나기 무네요시	135, 254, 255, 256		크롬웰	233		
에드워드 8세	257		크리스토프			
에르네스트			콘라트 홍거	103, 104, 214, 267	고딕 소설	178, 179, 180, 183, 196, 216, 236,
샤플레	70, 71, 220		클로드 로랭	161, 178, 179, 189, 236, 238	골회	18, 19, 25, 89
에오산더			클로드 모네	249	골회자기	17, 20, 30
폰 괴테	148		키노시타 리겐	254	관입	18, 19, 275
에쿠안 켄지	34		타마라 드 렘피카	205	구연부	32
예카테리나 2세	112, 117, 165, 167		토마스 앙투안		구타니 자기	195, 256
엘리자베타 여제	101, 228, 229		에드메 홀름	136, 137	구타니 자기 모작	152
오스만 남작	242		토머스 민턴	92, 93, 94, 96	국립 마이센	
오토 폰			토머스 벤틀리	86, 213, 234, 268	자기제작소	46
비스마르크	248, 249		토머스 윌든	269	굽	18, 32
오하라			페르메이르	139, 147	굽바닥	32
마고사부로	255		페테르 망누스		굽술	32
오하라 테루코	98, 257		아브라함손	121	그란두카	53, 76, 215, 264
와토	38, 154, 155, 156, 157		펠릭스 브라크몽	70, 71	그랜드 투어	79, 87, 165, 179, 189, 216, 235, 236, 239, 268
외제니	67, 70, 71, 203, 244		퐁파두르 부인	64, 65, 154, 155, 160, 214, 215, 228, 265		
요스트 토프트	138, 139				그로테스크 문양	87, 171
요제프 호프만	197, 199, 207		프라고나르	155	그리스 신화	38, 39, 90, 132, 166, 167, 170, 174, 187
요한 고틀리에프			프란츠 요제프	95, 187, 219, 244, 246, 264		
알트만	134		프랑수아 보호	52, 53	그리핀	39, 167, 175
요한 울프	114, 115		프레드리크 1세	115, 117	그림	
요한 크리스토프			프리드리히 2세→프리드리히 대왕		그리기(페인팅)	23, 26, 54
바이엘	112		프리드리히 니체	251	그림 소성	23
요한 프리드리히			프리드리히 대왕	54, 55, 117, 228, 229	그림 없는 그림책	51, 210, 218, 238, 241,
뵈트거	29, 46, 47, 48, 60, 102, 104, 214, 262, 263		피에르 오귀스트		금납수	38, 177
			르누아르	193, 249	납유	21
월리스 심슨	257		필립 로젠탈	57	낭만주의	158, 183, 184, 188, 189, 190, 191, 197, 210, 217
윌리엄 모리스	39, 181, 182, 183		하마다 쇼지	256, 258		
윌리엄 체임버스	117, 151		하버드 민턴	92, 94	내면(안울)	32
윌리엄 터너	249		하이든	166	네덜란드	
이삼평	42, 224		한스 크리스티안		동인도회사	29, 139, 147, 150, 222, 223, 224, 225, 227, 233
재닛 리치	258		안데르센	190, 210, 218, 238, 241		
제럴딘 매코크런	97		합스부르크가	52, 59, 102, 103, 104, 107, 149, 161, 187, 215, 228, 248, 249, 264, 266	네오클래시컬	
조르겐탈 남작	102, 103				스타일	164
조사이아 스포드	30, 88, 89, 90, 96, 213, 216, 269				노동자계급	193, 213
조사이아			헤롤트	41, 46, 48, 104, 105, 153, 214, 267	다이쇼 모던 문화	204, 253, 255
스포드 2세	88, 89		헤플화이트	164, 165	대서양 삼각무역	75, 214, 234, 268
조사이아			헨델	148	더비 가마	80, 81, 83, 177
웨지우드	79, 86, 87, 183, 213, 216, 234, 235, 239, 263, 268, 270, 269, 248		헨리 덜튼	98, 99	데지마	139, 190, 193, 223, 224, 225
			홍거→크리스토프 콘라트 홍거		덴마크 자기 공장	112
조지 3세	80, 83, 87, 177, 217				델프트 도기	17, 29, 115, 132, 139, 149, 214
조지 4세	88, 177		👉 용어 **색인**(가나다 순)		델프트 블루	138, 139
존 덜튼	98, 99				도석	17, 19, 20, 24, 25
존 러스킨	178, 181, 182, 183		가키에몬	38, 40, 76, 194, 256, 276	도자기	13, 16, 17, 18, 21, 22, 23, 24, 25, 26, 27, 28, 29, 30, 31, 36, 38, 40, 45, 51, 52, 53, 59, 60, 61, 64, 65, 67, 69, 73, 74, 78, 81, 82, 83, 84, 86, 87, 89, 90, 98, 99, 105, 111, 114, 115, 117, 118, 119, 120, 126, 127, 128, 132, 133, 134, 135, 137, 138, 139, 140, 144, 149, 150, 151,
존 월	82, 83		가키에몬 문양	153		
줄리안 마리	55, 112, 113		가키에몬 양식	40, 49, 60, 76, 152, 153		
지노리 리시	76		가톨릭	93, 94, 146, 147, 149, 179, 182, 183, 223, 224, 226, 227, 231, 233, 248, 249, 260, 261		
찰스 1세	233					
찰스 다윈	183, 268					
카날레토	182, 210, 235, 236, 238					
카라바조	147		갈런드	38, 54, 161, 162, 163, 176, 186,		

- 281 -

		152, 154, 155, 156, 158, 160, 162, 164, 166, 170, 172, 174, 176, 177, 179, 181, 182, 184, 186, 188, 190, 192, 193, 194, 197, 200	메테르니히 체제	240	
			모리무라구미	126, 127, 128	
			민예운동	125, 134, 182, 221, 255, 256	
			민턴 블루	92, 158, 162	
도자기의 방	148		민턴 타일	94	
도치아 가마	74, 75, 76, 215, 267		밑그림		
도토	18, 19, 24, 89, 139		그리기(하회)	22, 26, 88	
독일 7대 명요	45, 55		바로크 시대	90, 146, 148, 149, 152, 154, 164, 165, 171, 173	
독일 도자기 가도	45, 59, 60, 61		바로크 양식	38, 46, 47, 48, 60, 73, 74, 75, 76, 146, 147, 149, 151, 155, 164, 214, 226	
독일 통일	45, 219, 248, 249, 250, 251				
독일의 꽃	156, 157, 158, 257				
동판전사	27, 79, 88, 190, 191, 217, 225, 236, 276		바르보틴	70, 71, 132, 133, 220, 261	
			밤베르크	41, 59, 60	
동판전사기법	27, 88, 89, 93		백스탬프	13, 32, 64, 80, 87, 113, 115, 228	
드레스덴	224, 257, 258		백자기	17, 127	
드레스덴 스프레이	257		뱅센 가마	64, 65, 155, 215, 265	
드레스덴 양식	257		베치 가마	267	
디너 서비스	46, 70, 71, 107, 112, 113, 117, 127		벨 에포크	67, 200, 243, 250	
디너 플레이트	33		본차이나	17, 18, 19, 20, 25, 30, 31, 53, 79, 81, 86, 87, 88, 89, 93, 94, 98, 125, 131, 134, 139, 171, 217, 269, 270, 275, 277	
디저트 플레이트	33, 130				
랑브르캥	39, 133, 140				
런던 엑스포	153, 245				
레요닝	133, 178, 179		볼레스와비에츠 가마	132, 134	
로스 하우스	196				
로얄 델프트	138, 139, 153		뵈트거 석기	46, 47, 60, 214	
로카이유	154, 156		부용수	38, 150, 151, 152, 153	
로코코 복고	90, 107, 156, 158, 159, 177, 193		분리파	199, 201	
로코코 양식	38, 46, 48, 50, 51, 54, 55, 56, 62, 63, 64, 65, 66, 67, 70, 74, 76, 80, 89, 102, 106, 107, 117, 153, 154, 155, 156, 157, 158, 159, 160, 161, 162, 164, 166, 173, 174, 186, 187, 191, 203, 206, 214, 232, 233, 246, 257, 265, 276		분산된 작은 꽃	186, 187	
			브레드 플레이트	33	
			블라인드 얼	258	
			블루 앤드 화이트	29, 42, 88, 89, 112, 113, 138, 139, 140, 277	
			블루 어니언	39, 45, 46, 47, 49, 150, 215	
			비더마이어 양식	101, 103, 107, 158, 172, 184, 185, 186, 210, 218, 240, 241	
루이 16세 양식	62, 63, 66, 160, 161, 162, 163, 164, 165, 166, 173, 174, 175, 176, 217, 248, 266		빅토리안 고딕	178, 180, 181, 182, 183, 193, 220, 251	
			빅토리안 마졸리카	133, 218	
르네상스	28, 72, 165, 171, 214, 260		빅토리안 컵	158	
르네상스 양식	214		빈 가마	48, 51, 65, 100, 102, 103, 104, 105, 106, 156, 158, 197, 214, 217, 218, 219, 228, 240, 249, 264, 267	
리 셰이프	37, 279				
리모주	62, 63, 64, 65, 66, 69, 70, 71, 127, 155				
			빈 공방	197	
리모주 가마	23, 63, 67, 69, 70		빈 대개조	196, 243, 250	
리모주 그릇	69		빈 분리파	196, 199	
리젠시 양식	80, 81, 88, 89, 177, 217, 218, 238		빈 자기 공방 아우가르텐	103	
리처드 도자기제작소	75				
리치 핸들	256		빈 체제	101, 103, 158, 172, 174, 184, 189, 210, 218, 240, 241	
림	32				
마시코 자기	17		빈 회의	217, 218, 240, 241	
마욜리카 도기	17, 21, 72, 73, 132, 133, 135, 140		사르그민 가마	18, 132, 133, 137, 220	
마이센			사실주의	218	
자기제작소	29, 46		사쓰마 모작	195, 219, 276	
마졸리카	92, 93, 133, 246		사쓰마 자기	78, 82, 195	
마졸리카 자기	258		사쓰마 셰르 미야마	195	
마졸리카 타일	179				
마졸리카유	133, 218		산업혁명	27, 30, 31, 78, 87, 89, 103, 123, 134, 137, 158, 161, 165, 166, 177, 180, 182, 184, 212, 213, 216, 232, 233, 234, 251	
만국박람회	30, 68, 70, 83, 95, 99, 106, 107, 113, 125, 127, 129, 136, 137, 153, 200, 213, 218, 219, 220, 221, 243, 244, 245, 246				
			상감 타일	92, 93, 94, 179	
머그컵	33, 118, 183, 273		상류계급	158, 212, 235	
메디치 자기	28				

상위 중류계급	158, 180, 212, 258	
상회	23, 26, 38, 64, 69	
샐러드 플레이트	33	
샹티이 가마	65, 267	
서민용 도자기	29, 132	
서양 자기	28, 29, 30, 44, 46	
석유	21	
석유도기	17, 29, 31, 132, 133, 218	
세기말 예술	103, 182, 183, 192, 196, 197, 200, 201, 220, 243, 248, 249, 250, 251	
세브르 가마	48, 56, 64, 66, 155, 158, 264, 265	
세브르 리모주 도자기 도시	64, 65	
세브르 블루	158	
세브르 자기	154	
세브르 자기제작소	64, 65	
세세션	196	
세토 노벨티	254, 255	
셰이프	36, 37, 44, 54, 56, 58, 76, 88, 202, 206, 207, 273, 277, 279	
소메츠케	26, 38, 42, 49	
소지	17, 21, 22, 23, 24, 25, 26, 27, 40, 48, 78, 86, 104, 127, 195	
손잡이	32, 33, 34, 62, 88, 109, 256, 274, 278	
수레국화	66, 70, 161, 162, 163, 266	
수프 플레이트	33, 75	
슈거포트	33	
슈미즈 드레스	160, 161, 173	
슈베르트 셰이프	37, 185, 187	
슐레스비히 -홀슈타인 전쟁	123, 219, 248	
스칸디나비아 디자인	57, 58, 110, 111, 113, 114, 115, 118, 119, 120, 121, 122, 123, 182, 208, 221	
스토크온트렌트	27, 83, 84, 88, 89, 92, 93, 268, 269	
스톤웨어	16, 97, 98, 99	
스트로베리 힐	179, 216, 270	
슬립웨어	21, 28, 84, 132, 134, 135, 140, 258	
시누아즈리	30, 36, 38, 41, 46, 48, 66, 76, 77, 89, 100, 106, 107, 117, 148, 149, 150, 151, 152, 153, 155, 177, 192, 194, 214, 215, 225	
시라카바	254, 255, 256	
시라카바파	125, 254, 255, 256	
시유	21, 22, 23, 24	
식기	16, 97	
신고전 양식	39, 41, 54, 63, 73, 74, 77, 79, 86, 87, 89, 151, 160, 161, 162, 164, 165, 166, 167, 168, 169, 170, 171, 172, 173, 174, 177, 178, 179, 185, 186, 188, 189, 190, 191, 196, 206, 207, 210, 215, 232, 233, 235, 239, 246, 266, 270, 276	
아라비아 제도소	114, 115, 119	
아르누보	70, 112, 113, 126, 133, 177, 182, 183, 192, 196, 197, 200, 201, 202, 203, 204, 207, 208, 220, 221, 243, 245, 246, 250, 251, 253, 261	
아르데코	68, 70, 74, 75, 77, 109, 122, 126, 166, 197, 204, 205, 206, 207, 208, 221, 232, 245, 252, 253, 257	

아리타 자기	17, 40, 123, 153, 225	임페로 셰이프	36, 167	파리 9가마 칙허	69
아리타 자기 모작	152	자기	17, 19, 48	파리 대개조	67, 68, 99, 196, 218, 242, 243, 250
아칸서스	39, 162, 174	자연유	21	파리 엑스포	30, 245
아트 앤드 크래프트	177, 182, 183, 208	자포니즘	70, 71, 82, 83, 92, 95, 112, 113, 192, 193, 194, 195, 197, 201, 202, 203, 219, 243, 245, 246	파이앙스	46, 53, 60, 63, 115, 133, 135, 136, 137
안테미온	175	재벌구이	21, 22, 23	파이앙스 도기	132, 133, 137, 140
앙피르 양식	39, 41, 62, 63, 64, 66, 67, 77, 92, 102, 103, 105, 151, 164, 165, 166, 171, 172, 173, 174, 175, 177, 187, 217, 218, 232, 233, 276	재스퍼 컬러	167	파이프 셰이프	181
		재스퍼웨어	16, 79, 86, 87, 165, 167, 216	파인 본차이나	86
		재즈 에이지	204	파트 쉬르 파트 기법	219
애시드 골드 기법	219	전사지 기법	26	팔리시웨어	133, 214, 260
야키시메	16	전원풍 도자기	261	팔메트	39
어트리뷰트	170, 174	제1차 세계대전	196, 200, 204, 220, 250, 251, 252, 253, 254, 255	패턴	36, 37, 39
언더글레이즈 (하회)	22, 26, 88, 112, 113, 202, 220	젤프	56, 57, 59, 61	페스툰	38, 162, 167
		조선인 도공	224	페티코트 동맹	48, 103, 216, 228, 229
에나멜 그림 그리기	69	종교개혁	48, 60, 81, 146, 214, 223, 226, 227, 261	포슬린	28
에투알 개선문	173	중국 문양	139, 192	포터리즈	84
엑스포	68	중국 자기	28, 49, 108, 150, 151	포트메리온	82, 83, 88, 89, 111
연유도기	17	중위 중류계급	213	포트랜드 항아리	86, 87
연질자기	17, 20, 65	지킬 박사와 하이드	180	폴리시 포터리	134, 135
염유	21, 98	진정자기	17, 20	폼페이 유적	73, 87, 165, 210, 215, 239
영국 혁명	65, 79, 81, 87, 214, 232, 233	차고임 자리	32	퐁파두르 핑크	155, 156, 158
예첨창	178, 179, 181	찻잔	31, 33, 34, 71, 73, 123, 152, 174, 195, 257, 258, 273	풍경식 정원	161
오란다 자기	225			프랑스 왕립 세브르 자기제작소	65
오채	152	천사	38, 156	프랑스 혁명	63, 65, 79, 81, 87, 89, 189, 217, 229, 231, 232, 233
오카 염색	23, 26, 129	철혈 재상	248, 249		
온글레이즈	26	청교도	227, 233	프로이센-오스트리아 전쟁	249
올드 노리다케	203, 207, 220, 221, 254, 255, 257	청화	42		
올드 사쓰마 자기	195	초벌구이	16, 21, 22, 23, 26, 27	프로이센-프랑스 전쟁	92, 93, 248, 249
올드 이마리	80, 139, 195, 222, 223, 224, 225, 264	초벌도자기	22, 23, 26, 30	프린트웨어	27
		치펜데일 양식	37, 151	플로라 다니카	46, 112, 117
와일드 스트로베리	37, 141, 221, 270, 278	카올린	20, 22, 24, 25, 30, 46, 48, 65, 69, 78, 113, 224, 262	플로렌틴	37, 171
와토	38, 155	카포디몬테	73, 258	피겨린	48, 113, 202, 258
와토 그린	155, 156, 157, 162, 215	카포디몬테 가마	73, 75	피스카스	86, 92, 93, 111, 112, 118, 119
왕립 세브르 자기제작소	64, 216, 265	칼뱅파	223, 224, 226, 227, 233, 260	픽처레스크	79, 89, 161, 165, 178, 179, 180, 189, 190, 191, 216, 225, 235, 236, 237, 238
왕실 납품 허가증	83	캐브리올 레그	154, 155, 156, 161		
왕실 정원 가마	44, 50, 51	컵 앤드 소서	33, 195, 274		
우물	32	코르누코피아	39	하기 자기	17
월계수	39, 162, 163, 167, 170, 173, 174, 175, 176	코메디아 델라르테	50, 51, 210, 258	하돈홀	92, 181, 218
		코발트블루	26, 110, 112, 152, 176, 202	하위 중류계급	213
웨어	16	코부르크	59, 60, 226	핸들	32, 187, 256
웨트 핸들	256	코펜하겐 가마	267	허스크 서비스	165, 167
위그노	80, 93, 227, 260, 261	콘플라워 블루	162, 163, 175	호프만 멜론	207
윌로 패턴	38, 92, 93, 96, 97, 125, 150, 151, 152, 210, 217, 225	콜로네이드	175	호프만 블랙	197
		쿼터포일	178, 179	화훼화	174
유(釉)	21	퀸 앤 셰이프	154, 207	히노데 상회	126, 127
유백수	40	퀸즈웨어	31, 86, 87, 171	1759 셰이프	175
유약	16, 17, 18, 21, 22, 23, 24, 26, 27, 29, 42, 94, 128, 134, 202, 260, 261, 275	크라크웨어	42, 151	7년 전쟁	46, 48, 51, 55, 64, 65, 101, 103, 117, 228, 229, 231, 265
		크리머	33		
유하채	202, 203, 220	크리스털 글레이즈	220	VOC	222, 223
이마리	80, 81, 88, 195	크림웨어	31, 87, 106, 108, 134, 139		
이마리 자기	177	타이태닉호	94, 176		
이마리 패턴	177, 217, 238, 279	탁수	40		
이장	22, 71, 134	테두리	32		
이집트 컬러	174, 175	토기	16, 17		
인도 문양	46, 153	트랜스퍼웨어	27		
인상파	71, 193, 218, 220, 242, 249, 255	트리오	33, 130		
		티포트	33, 101, 107, 109		

저자 후기

철들 무렵부터 외국인을 포함해 손님이 많은 가정에서 자랐다. 미국, 유럽, 아프리카, 동남아시아, 오세아니아 등 세계 각국의 사람들이 짧게는 몇 시간에서 길게는 몇 주 동안 우리 집에 머물렀다. 지식인인 그들과 역사, 종교, 문화 등의 이야기를 나누는 것은 어린 우리에게 큰 자극이 되었다. 10대 시절에는 세계 여러 나라를 돌며 홈스테이를 하면서 현지인들과 함께 생활했다.

평소에는 외딴 시골의 평범한 생활이었지만 돌이켜보면 어린 시절부터 청춘기의 추억은 늘 다른 문화의 사람들과 함께 있었고 그 추억은 어김없이 따뜻한 식탁에 둘러앉은 것처럼 활기찼다. 식탁은 세계인과 어우러지는 국제 교류의 자리였다.

지금은 그 사람들과 함께 즐겼던 30~40년 전 시절의 아름다운 식기를 부모님에게 물려받아 일상에서 사용하고 있다. 부모에게 물려받은 명품 가마의 식기들을 사용할 때마다 단순한 식기가 아니라 그리운 그 시절의 추억을 되살리는 존재라는 사실을 절감한다. 아름다운 식기들은 질리지 않고 오래 사용할 수 있고 그 가정의 역사가 될 수 있다.

서양 식기 수집가인 부모님 슬하에서 태어났다. 사실 우리 집안에는 도자기와 관련된 조상이 있다. 증조모는 아리타 자기의 '붉은색 그림'에 가장 중요한 적색 원료인 '벵갈라(산화철적)' 제조에 종사하여 거부가 된 비츄나리와備中成羽번의 히로가네 가문 출신이며, 일대의 촌락은 국가 유산으로 인정되어 증조모의 생가도 관광지가 되어 있다.

이번 책의 출판으로 과거 조상들이 만든 벵갈라가 화려한 도자기로 변모하고 그 것이 바다를 건너 유럽의 왕후와 귀족들에게 사랑받았던 것과 우리가 쌓아온 서양 식기에 대한 지식을 더 많은 사람에게 전하는 것이 뭔가 운명적으로 얽혀 있는 듯이 느껴진다.

이 책은 그동안 우리가 진행해온 '지식 제로의 초보자도 즐겁고 알기 쉽게 배우는 서양 식기 강좌'의 정수를 정리한 것이다. 많은 사람이 서양 식기뿐만이 아니라 문화와 교양까지 통째로 즐길 수 있어서 좋아했다. 그것이 우리에게 큰 격려가 됐다.

"서양 식기에 대해 '예뻐서 좋아!'라고 하는 감상 외에 구체적으로 '○○이기 때문에 좋아!'라고 말할 수 있게 되었습니다."

"선물로 받은 고급 그릇을 상자에서 꺼내 써봤습니다."
"학교 역사 수업 시간에는 전혀 몰랐는데 이 강좌를 듣고 식기와 역사가 연결되었어요!"

매회 강좌에서 참석자들이 밝은 목소리로 들려준 이러한 감상들이 이 책을 읽은 여러분에게도 해당된다면 더없는 기쁨이 될 것이다.

부디 이 책이 서양 식기의 즐거움을 알리는 것에 머무르지 않고 문화와 교양을 아는 묘미도 함께 알리게 되어 일상의 식탁에서 느끼는 즐거움에 조금이라도 도움이 되었으면 한다.

마지막으로 이 책을 집필하며 신세를 진 많은 분에게 이 자리를 빌려 깊이 감사드린다. 쇼에이샤의 야마다 후미에 씨는 전에 없던 테마를 가지고 정말로 '새로운' 서양 식기 책을 만들기 위해서 끈기 있게 도와주었고 또 다방면에 걸쳐 수고해주었다. 우리의 첫 번째 책의 담당자가 야마다 씨였음을 무엇보다도 영광스럽게 느끼고 있다.

이 책을 위해 많은 사진을 제공해주신 노블 트레이더스와 도자기 제조공정 취재를 허락해주신 오쿠라도엔을 비롯해 협력해주신 도자기업계 여러분께도 진심으로 감사드린다. 우리의 세세한 요망에 정중하게 응해주신 디자이너 후지타 코헤이 씨, 시라이 유미코 씨, 치밀하고 섬세한 터치로 훌륭한 일러스트를 그려 주신 사카이 마오리 씨에게도 깊은 감사의 말씀을 드린다.

칼럼 기고가이자 매제 또는 남편인 겐바 슈이치로의 도움에도 감사를 드린다. 도자기 연구와 함께 광물 패류 연구에도 힘쓴 조사이아 웨지우드처럼 암석 광물, 생물이 만들어낸 광물인 패류, 그리고 인공 광물인 도자기를 무엇보다 사랑하는 그에게서 참으로 많은 다각적인 조언을 받았다.

초보자 눈높이에 맞춘 표현으로 해설 만들기에 협조해준 친자매이자 약사이며 4컷 만화가인 마미코와 아름다운 서양 식기를 가깝게 접할 수 있는 환경을 만들어주신 부모님께도 깊은 감사를 표하고 싶다.

카노 아미코, 겐바 에미코

역자 후기

이 책은 우리가 일상적으로 사용하면서도 구체적으로 알지 못하는 서양 식기의 특징과 제조 과정을 소개하고 세계적인 브랜드의 개요, 발전과 관련된 역사적 사건, 문화예술의 변화에 대해 두루 정리한 기획서이다.

도자기는 실로 오랜 시간 역사와 대륙을 관통하는 문화의 매개체로서 중요하고도 독특한 역할을 하였다. 그러다 보니 이 분야만큼 이야깃거리가 많은 분야도 드물 것이다. 너무나 많은 주인공이 등장해 복잡한 관계 속에서 사건 사고가 끊이지 않는 드라마 같다. 특히 여성이 주도적으로 이끌어 가거나 여성의 사회적 지위에 많은 변화를 일으킨 분야이기도 하다는 점에서 더욱 흥미롭다. 문학, 사회, 예술을 논하던 커피하우스는 남성의 전유물이었으나 티하우스는 여성에게 열려 있는 사교의 장이면서 나아가 여성참정권을 논하는 중요한 장소였던 것이 대표적이다.

저자인 카노와 겐바 자매는 도자기와 서양 식기에 관한 핵심적 개념뿐 아니라 넘쳐나는 주제들 때문에 하나의 일관된 스토리로 미처 다 엮어내질 못할 사소하거나 주변적인 이야기들도 손색없이 망라하고 있다. 동양에서 서양으로 건너간 도자기가 유럽 각국에서 개성적으로 깊이를 더해간 배경, 관련 인물들의 관계, 상호작용과 발전에 대해 체계적으로 정리해주고 있는 점이 훌륭하다.

서양 식기의 중심은 찻잔이며 찻잔에 담긴 차와 관련된 이야기 또한 아시아, 유럽, 그리고 식민지를 통해 오대양 육대주에 걸친 모험담부터 과학의 발전까지 수없이 많은 주제를 내포하고 있다. 차와 찻잔이 불가분의 관계이듯 차의 산지와 서양 식기의 패턴에는 필연적인 역사와 우연한 사건들이 얽혀 있어 더 깊은 가치가 있는 것이다. 아름다운 찻잔에 향기로운 차를 마시며 이런저런 이야기를 나누다 보면 '교과서에서 보았던 보스턴 차사건에서 왜 하필 미국인들은 애꿎은 차를 아깝게 바다로 내동댕이쳤을까?' 같은 순진한 질문들에 대해서도 자연스레 답을 찾게 된다.

나는 예술 애호가이신 부모님 덕분에 어린 시절부터 미술관과 화랑을 자주 드나들었다. 해외로 가는 가족 여행에서도 북적이는 관광지보다 미술관과 예술품 경매에 들르는 미술 기행을 다니며 가져간 짐을 버려서라도 가방에 크고 작은 도자기와 식기를 채워오곤 하였다. 코펜하겐의 도자기 공장, 스리랑카의 차밭, 도쿄의 고미술품 경매 등에 기웃거리며 모은 도자기는 더 깊은 관심의 원천이었으며 이 책을 번역하는 계기가 되기도 하였다.

　보물찾기하듯 어렵사리 모아온 오래된 찻잔과 서양 식기들은 아무리 기술이 발전하여도 새롭게 만들어낼 수 없고 어떤 것들은 유일하여 대체할 수 없는 몹시 귀한 예술품이라 할 수 있다. 하지만 전시해두고 감상만 하는 회화 작품과 달리 이들 서양 식기는 단지 장식이 아니라 언제든 누군가와 향기로운 차와 다과를 함께하게 해주는 기쁨과 온기가 솟아나는 진정한 보물이 아닐까 한다. 차와 서양 식기에 매료된 모든 사람에게는 다른 예술품과 차별되는 특별한 공감의 장과 평화로운 한때가 선사하는 특별한 만족감이 있는 것이다. 그런 의미에서 이 책에서 다루고 있는 많은 소재와 정보가 서양 식기에 대한 애정과 더불어 찻자리의 즐거움을 배가시켜 주리라 기대한다.

　이 책을 번역하며 일본이 어떤 방법으로 갑자기 도자기 기술 혁신을 이루었는지에 대해서 자세히 나오지 않는 점과 서양 열강이 노예제도와 식민지 착취를 통해 쌓은 부를 고상한 문화발전에 쏟아부었던 점을 지적하면서도 반면 교사하지 않은 것이 아쉽기는 하다. 그런 부분 때문에 한편 강탈과 억압의 역사 속에서 끊어졌다가 어렵사리 다시 이어지기를 반복하며 오늘날에 이른 한국 도자기에 대한 애잔한 마음이 여운으로 남는다.

　마지막으로 이 책이 번역 출간되어 널리 읽혀 더 많은 사람의 서양 식기에 관한 관심과 이해가 넓고 깊어지길 바란다. 나아가서 이 역서가 우리나라의 차 문화와 서양 식기에 관한 관심 고양과 융성에 작은 밑거름이 되기를 희망한다.

　박서영

주요 참고문헌

여기 기재된 것 이외에도 이 책의 성격상 사전이나 신문기사, 잡기, 오락서 등의 자료도 참고하였다. 또한 여러 설이 있는 도자기 역사와 해석이 복잡하여 초보자는 알기 어려운 미술, 역사, 문예 등의 분야에서는 나름대로 여러 문헌 중에서 최선이라고 생각하는 것을 추려 정리한 부분도 있다.

☞ 도자기 관련 서적

[世界陶磁全集 22. ヨーロッパ] 小学館/1986년
[ヨーロッパ宮廷陶磁の世界] (저자 前田正明/櫻庭美咲) 角川学芸出版/2006년
[アンティーク・カップ&ソウサー色彩と形が織りなす世界] (저자 和田泰志) 講談社/2006년
[ヨーロッパアンティーク・カップ銘鑑] (저자 和田泰志) 事業之日/1996년
[器物語 知っておきたい食器の話] (저자 ノリタケ食文化研究会編) 中日新聞社/2000년
[洋食器を楽しむ本] (저자 今井秀紀) 晶文社/1999년
[洋食器カタログ ナヴィ・インターナショナル] 東栄社/1996년
[お茶を楽しむ 西洋アンティーク] (저자 大原照子) 文化出版/1995년
[英国アンティーク PARTⅡ テーブルを楽しむ] (저자 大原照子) 文化出版/2000년
[図説 英国美しい陶磁器の世界 イギリス王室の御用達] (저자 Cha Tea 紅茶教室) 河出書房新社/2020년
[やきものの科学] (저자 樋口わかな) 誠文堂新光/2021년
[ウェッジウッド物語] 日経BP社/2000년
[すぐわかるヨーロッパ陶磁の見かた] (저자 大平雅巳) 東京美術/2006년
[わかりやすい西洋焼きものみかた―ブランド・特徴・歴史・選び方が一目瞭然] (감수 南大路規) 有楽出版/1997년
[ワンテーマ海外旅行 陶磁器in ヨーロッパ] (감수 前田正明) 弘済出版/1997년
[やきものの教科書] (저자 陶工房編集部編) 誠文堂新光社/2020년
[洋食器& ガラス器] 新星出版社/1999년
[洋食器の事典] 成美堂出版/1997년
[洋食器] 永岡書店/1997년
[東欧のかわいい陶器] 誠文堂新光社/2014년
[スリップウエア] 誠文堂新光社/2016년
[やきものの事典] 成美堂出版/2006년
[美しい洋食器の本―一流ブランドの名品1380 選] 講談社MOOK/1992년
[新 美しい洋食器の世界―眺める楽しみ'選ぶよろこび'使うしあわせ] 講談社/1994년
[ヨーロッパ名窯図鑑――流行食器をたのしむ] 第一出版センター/1988년
[北欧フィンランド 巨匠たちのデザイン] パインターナショナル/2015년
[ふでばこ 36 號 特集 もてなしの器] DNP アートコミュニケーションズ/2017년
[柳模様の世界史―大英帝国と中国の幻影] (저자 東田雅博) 大修館書/2008년
[デザインの国イギリス―「用と美」の「モノ」づくり ウェッジウッドとモリスの系譜] (저자 山田真実) 創元社/1997년
[西洋陶磁入門―カラー版] (저자 大平雅巳) 岩波新書/2008년
[図録 国立マイセン磁器美術館所蔵 マイセン磁器の300 年] 2011 - 2012년
[図録 魅惑の北欧アール・ヌーヴォー―ロイヤル コペンハーゲン・ビング オー グレンダール―塩川コレクション] 2012년
[英国陶磁の名品展 ロイヤルドルトン ミントン ロイヤルクラウンダービー ヴィクトリア朝~アール・デコ] 1998년
[図録 ブダペスト国立工芸美術館名品展 ジャポニスムからアール・ヌーヴォーへ] 2020년
[図録 ヘレンド展 ―皇妃エリザベートが愛したハンガリーの名窯] 2016 - 2018년
[図録 イタリア陶磁器の伝統と革新―ジノリ展] 2001년
[図録 フランス宮廷の磁器―セーヴル創造の300 年] 2017년
[図録 デミタスカップの愉しみ ―シノワズリからアール・デコ デザインの大冒険] 2020 - 2021년
[図録 フランス印象住の陶磁器 1866-1886] 2013 - 2014년
[図録 第5 回企画展 紅茶とヨーロッパ陶磁の流れ マイセン' セーヴルから現代のティー・セットまで] 2001년
[図録 特別展 ジャポニスムのテーブルウエア― 西洋の食卓を彩った"日本"] 2007년
[図録 創立250 周年 ウェッジウッド―ヨーロッパ陶磁器デザインの歴史] 2008 -2009년
[図録 特別展 パリに咲いた古伊万里の華] 2009 - 2010년
[図録 もてなす悦び ― ジャポニスムのうつわで愉しむお茶会] 2011년
[Wiener Porzellan 1718-1864] 1970년

☞ 미술, 건축, 공예

[栓補新装 カラー版 西洋美術史] (감수 高階秀爾) 美術出版/2002년
[美術でめぐる 西洋史年表] (저자 池上英洋/青野尚子) 新星出版社/2021년
[西洋絵画のみかた] (감수 岡部昌幸) 成美堂出/2019년
[鑑賞のための西洋美術史入門] (저자 早坂優子) 視覚デザイン研究所/2006년
[巨匠に学ぶ配色の基本] (저자 内田広由紀) 視覚デザイン研究所/2009년
[印象住美術館] 小学館/2004년
[すぐわかるヨーロッパの装飾文様 ~ 美と象徴の世界を旅する] (저자 鶴岡真弓) 東京美術/2013년
[ヨーロッパの文様辞典] 視覚デザイン研究所/2000년
[新古典・ロマン・写実主義の魅力] (감수 中山公男) 同朋舎出/1997년
[もっと知りたい世紀末ウィーンの美術~ クリムト'シーレらが活躍した黄金と退廃の帝都] (저자 千足伸行) 東京美術/2009년
[ロブマイヤー シャンデリアとグラスの世界 ロブマイヤー] (감수 日本総代理店ロシナンテ) 本阿弥書店/2018년
[英国貴族の邸宅] (저자 田中亮三) 小学館/1997년
[図説 英国のインテリア史] (저자トレヴァー・ヨーク 역자 村上リコ) マール社/2016년
[図説 英国インテリアの歴史 魅惑のヴィクトリアン・ハウス] (저자 小野まり) 河出書房新社/2013년
[イギリスの家具 ジョン・ブライ] (역자 小泉和子) 西村書店/1993년
[ヴェネツィアの石 建築・装飾とゴシック精神 ジョン・ラスキン] (저자 内藤史朗) 法蔵館/2006년
[もっと知りたいウィリアム・モリスとアーツ& クラフツ] (저자 藤田治彦) 東京美術/2009년
[図説 ウィリアム・モリス ヴィクトリア朝を越えた巨人] (저자 ダーリング・ブース, ダーリング・常田益代) 河出書房新社/2008년
[ウィリアム・ド・モーガンとヴィクトリアン・アート] (저자 吉村典子) 淡交社/2017년
[北欧スタイル No.18] 枻出版社/2010년
[デザインの現場No.164] 美術出版社/2009년
[北欧の巨匠に学ぶデザイン アスプルンド/アールト/ヤコブセン] (저자 鈴木敏彦, 杉原有紀) 彰国社/2013년
[大原美術館ロマン紀行] (저자 今村新三) 日本文教出版/1993년
[手仕事の日本] (저자 柳宗悦) 岩波書店/1985년
[茶と美] (저자 柳宗悦) 講談社/2000년
[民藝とは何か] (저자 柳宗悦) 講談社/2006년
[夕顔] (저자 白洲正子) 新潮社/1997년
[ピクチャレスクと「リアル」] (논문저자 大河内昌) 2008년
[ピクチャレスクとイギリス近代] (저자 今村隆男) 音羽書房鶴見書店/2021년
[図録 大原美術館Ⅰ 海外の絵画と彫刻~ 近代から現代まで] 大原美術館
[図録 大原美術館Ⅱ 日本近・現代絵画と彫刻] 大原美術館
[図録 珠玉の東京富士美術館コレクション] 東京富士美術館/2019년
[図録 ヴィクトリア& アルバート美術館所蔵英国ロマン主義絵画展] 2002년
[図録 華麗なる宮廷 ヴェルサイユ展~ 太陽王ルイ14 世からマリーアントワネットまで] 2002 - 2003년
[図録 特別ナポレオン展 英雄のロマンと人間学] 1999년
[図録 ウィーン・モダン クリムト・シーレ 世紀末への道] 2019년

☞ 역사, 종교

[哲学と宗教全史] (저자 出口治明) ダイヤモンド社/2019년
[旅する出島] (저자 山口美由紀) 長崎文献社/2016년
[街道をゆく35 オランダ紀行] (저자 司馬遼太郎) 朝日新聞社/1994년

[초도해 一番わかりやすいキリスト教入門」 (저자 月本昭男) 東洋経済新報/2016년
[イギリス王室 1000 年の歴史」 (감수 指田博) カンゼン/2014년
[ハプスブルク家」 (저자 菊池良生) ナツメ社/2008년
[学習漫画 世界の歴史できごと事典」 (감수 鈴木恒之) 集英社/2002년
[学習漫画 世界の歴史人物事典」 (감수 鈴木恒之) 集英社/2002년
[山川 詳説世界史図録 (第2版)」 山川出版社/2017년
[出島所蔵名品図録～異文化交流の島～」 長崎市文化観光部元整備室/2016년
[よみがえる出島オランダ館～ 19 世紀初頭の街並みと暮らし」 長崎市出島復元整備室/2020년
[小学館版学習まんが世界の歴史⑦⑨⑩⑪⑫⑬⑮」 小学館/2018년
[講談社 学習まんが日本の歴史⑰大正デモクラシー」 (감수 船橋正真, 西山優里子) 講談社/2020년
[斉藤孝のざっくり！西洋哲学」 (저자 斉藤孝) 祥伝社/2017년
[斉藤孝のざっくり！世界史」 (저자 斉藤孝) 祥伝社/2011년
[デンマークの歴史」 (편저 橋本淳) 創元社/1999년
[グランドツアー 18 世紀イタリアへの旅」 (저자 岡田温司) 岩波書店/2010년
[ゲーテ『イタリア紀行』を旅する」 (저서 牧野宣彦) 集英社/2008년
[名画で読み解くプロイセン王家12 の物語」 (저자 中野京子) 光文社/2021년
[皇妃ウジェニー ～ 第二帝政の栄光と没落」 (저자 窪田般彌) 白水社/1991년
[ロスチャイルド家 ユダヤ国際財閥の興亡」 (저자 横山三四郎) 講談社/1995년
[ダーウィンと進化論 その生涯と思想をたどる」 (번역 大森充香) 丸善出版/2009년
[マリー・アントワネット」 (저자 惣領冬実) 講談社/2016년
[Dr.Robert D.Ballard"The Last Days of the TITANIC"」 E.E.O'DONNELL /1997년

음악, 문예, 문화 등

[ルネサンスからロマン主義へ 美術・文学・音楽の様式の流れ」 (저자 フレデリック・アーツ 번역 望月雄二) 音楽之友社/1983년
[新版 クラシックでわかる世界史 時代を生きた作曲家"歴史を変えた名曲」 (저자 西原稔) アルテスパブリッシング/2017년
[音楽史を学ぶ 古代ギリシアから現代まで」 (저자 久保田慶一) 教育芸術社/2017년
[キリスト教と音楽」 (저자 金澤正剛) 音楽之友社/2007년
[名画で読み解く『ギリシア神話』」 (감수 吉田敦彦) 世界文化社/2013년
[古代ギリシアのリアル」 (저자 藤村シシン) 実業之日本社/2015년
[バッハ ポール・デュ=ブーシェ」 (감수 樋口隆一) 創元社/1996년
[ベートーベン 音楽の革命はいかに成し遂げられたか」 (저자 中野雄) 文藝春秋/2020 년
[ベートーヴェンを聴けば世界史がわかる」 (저자 片山杜秀) 文藝春秋/2018년
[愉しいビーダーマイヤー 19 世紀ドイツ文化史研究」 (저자 前川道介) 国書刊行会/1993년
[図説 ヴィクトリア朝の女性と暮らし ワーキング・クラスの人びと」 (저자 川端有子) 河出書房新社/2019년
[アフタヌーンティーの楽しみ 英国紅茶の文化誌」 (저자 出口保夫) 丸善株式会社/2000년
[不思議を売る男」 (저자 ジェラルディン・マコックラン 번역 金原瑞人) 偕成社/1998년
[絵のない絵本」 (저자 アンデルセン 번역 矢崎源九郎) 新潮社/1987년
[絵のない絵本」 (저자 アンデルセン 번역 鈴木徹郎) 集英社/1990년
[アンデルセン ある語り手の生涯」 (저자 ジャッキー・ヴォルシュレガー 번역 安達まみ) 岩波書店2005년
[ペロー童話のヒロインたち」 (저자 片木智年) せりか書房/1996년
[完訳ペロー童話集」 (번역 新倉朗子) 岩波書店/1982년
[眠れる森の美女 シャルル・ペロー童話集」 (번역 松ölder) 新潮社/2016년
[憧れのウィーン便り」 (저자 牛尾篤) トラベルジャーナル/1999년
[現代語訳 西国立志編 スマイルズ『自助論』」 (저자 サミュエル スマイルズ 번역 村正直.金谷俊一郎) PHP新書/2013년
[友情」 (저자 武者小路実篤) 新潮社/1987년
[『白樺』住の文学」 (저자本多秋五) 新潮社/1960년

[パリ 世紀末パノラマ館～エッフェル塔からチョコレートまで」 (저자 鹿島茂) 中央公論新社/2000년
[ジーキル博士とハイド氏」 (저자 スティーブンソン 번역 田中西二郎) 新潮社/1989년
[怪物のトリセツドラキュラのロンドン ハリーポッターのイギリス」 (저자 坂田薫子) 音羽書房鶴見書店/2019년
[英国ゴシック小説の系譜」 (저자 坂本光) 慶応義塾大学出版会/2013년
[ゴシック小説をよむ」 (저자 小池滋) 岩波書店/1999년
[アン ラドクリフ ユードルフォの謎 II ～抄訳と研究」 (번역 惣谷美智子) 大阪教育図書/1998년
[高慢と偏見」 (저자 ジェイン オースティン 번역 大島一彦) 中央公論新社/2017년
[自負と偏見」 (저자 ジェイン オースティン 번역 小山太一) 新潮社/2014년
[ジェイン オースティンの生涯 小説家の視座から」 (저자 キャロル シールズ 감수 内田能嗣.惣谷美智子) 世界思想社/2009년
[ロンドンの夏目漱石」 (저자 出口保夫) 河出書房新社/1991년
[漱石芥川太宰」 (저자 佐古純一郎,佐藤泰正) 朝文社/2009년
[坊ちゃん」 (저자 夏目漱石) 新潮社/2003년
[草枕」 (저자 夏目漱石) 新潮社/1987년
[三四郎」 (저자 夏目漱石) 新潮社/1986년
[赤毛のアン」 (저자 L.M. モンゴメリ 저자 松本侑子) 文藝春秋/2019년
[図説 赤毛のアン」 (저자 奥田実紀) 河出書房新社/2013년
[アルプスの少女ハイジ」 (저자 ヨハンナ シュピリ 번역 松永美穂) KADOKAWA/2021년
[『ハイジが見たヨーロッパ」 (저자 森田安一) 河出書房新社/2019년
[ハイジの原点アルプスの少女アデライーデ」 (저자 ペーター ビュトナー 번역 川島隆) 都文堂/2013년
[1920 年代旅行記」 (저자 海野弘) 冬樹社/1984년
[愛しのアガサ クリスティー」 (저자 ヒラリー マカスキル 번역 青木久恵) 清流出版/2010년
[アガサ クリスティーとコーヒー」 (저자 井谷芳惠) いなほ書房/2018년
[少ないモノでゆたかに暮らすゆったりシンプルライフのすすめ」 (저자 大原照子) 大和書房/1999년
[THE MAKING OF PRIDE AND PREJUDICE] BBC BOOKS PENGUINBOOKS /1995
Jane Austen [Pride and Prejudice] PENGUIN BOOKS /1995

웹페이지

https://floradanica.royalcopenhagen.com
http://test.nmni.com/Home.html
https://www.nationaltrustcollections.org.uk/article/collectingceramics-at-greenway

👉 촬영 협력

앤틱 하우스 포트벨로 https://www.portbelo.com
하빌랜드 일본 공식 대리점 https://haviland-tokyo.jp
에센 코퍼레이션주식회사
빌레로이앤보흐 https://villeroy-boch.co.jp
이무라 미술관·교토비쇼주식회사 https://kyotobisho.com
소비주식회사 http://www.sohbi-company.com
나루미 제도주식회사 https://www.narumi.co.jp
닛코 주식회사 https://www.nikko-tabletop.jp
노블 트레이더스 주식회사 https://www.le-noble.com
베르나르도 재팬주 식회사 https://www.bernardaud.jp
로얄크라운더비 재팬 주식회사 http://www.royalcrownderby.jp
로젠 앤코 재팬 합동회사 https://rosenthalshop.jp
님펜부르크 자기제작소 https://www.nymphenburg.com

👉 제작 협력

오쿠라도엔주식회사 https://www.okuratouen.co.jp
엘큐이 레이노 아오야마점 https://housefoods.jp/shopping/ercuis-raynaud
리치드 지노리 아시아퍼시픽 주식회사 https://www.ginori1735.com
가네다 이치로 (金田一郎)
후쿠이 토모코 (福井ともこ)
요네야마 아즈미 (米山明泉)

👉 저자 소개

카노 아미코 加納亜美子
서양 도자사 연구가. 주식회사 아리베ARIBE 대표이사. 학원 강사, 서양 식기 수입회사를 거쳐 명품 그릇 공유 서비스업체인 카리뇨CARINO를 설립했다. 서양 식기 강좌 외에도 도자기 관련 강연, 집필, 레시피 제공 등 폭넓게 활동하고 있다.

겐바 에미코 玄馬絵美子
주식회사 아리베 이사. 약사. 카리뇨의 '도자기 독서회' 강사. 카노의 친언니이며 약사로 일하면서 도자기, 미술, 문예를 독학으로 연구하고 있다. 카리뇨 강좌에서는 세계 명작의 역사적, 문화적 배경을 망라하여 문학적 읽을거리를 해설하고 있다.

* 이 책에 게재한 브랜드 시리즈는 편집 방침에 근거해 선정한 것입니다. 저자의 개인 소장품인 앤티크 제품이나 절판된 제품도 포함되어 있습니다. 그러다 보니 현재는 판매되지 않는 것과 국내에는 유통되지 않는 것도 많이 있습니다.

로얄코펜하겐
「블루 필메트」

아트 디렉션	후지타 코헤이(Barber)
디자인	시라이 유미코
일러스트	사카이 마오리
촬영	카노 아미코
편집	야마다 후미에

아름다운 서양 식기의 세계
초보자가 처음부터 하나씩 배워가는 서양 식기의 모든 것

초판 1쇄 인쇄 2023년 2월 7일
초판 1쇄 발행 2023년 2월 14일

지은이 카노 아미코 겐바 에미코
옮긴이 박서영 김경철
펴낸이 안현주

기획 류재운 이지혜 **편집** 안선영 박다빈 **마케팅** 안현영
디자인 표지 정태성 본문 장덕종

펴낸곳 클라우드나인   **출판등록** 2013년 12월 12일(제2013-101호)
주소 우) 03993 서울시 마포구 월드컵북로 4길 82(동교동) 신흥빌딩 3층
전화 02-332-8939   **팩스** 02-6008-8938
이메일 c9book@naver.com

값 25,000원
ISBN 979-11-981209-4-6 03540

* 잘못 만들어진 책은 구입하신 곳에서 교환해드립니다.
* 이 책의 전부 또는 일부 내용을 재사용하려면 사전에 저작권자와 클라우드나인의 동의를 받아야 합니다.
* 클라우드나인에서는 독자 여러분의 원고를 기다리고 있습니다. 출간을 원하시는 분은 원고를 bookmuseum@naver.com으로 보내주세요.
* 클라우드나인은 구름 중 가장 높은 구름인 9번 구름을 뜻합니다. 새들이 깃털로 하늘을 나는 것처럼 인간은 깃펜으로 쓴 글자에 의해 천상에 오를 것입니다.